Einleitung

»Sie wollen schon eine Biographie über Ottmar Hitzfeld schreiben?«, fragt mich verwundert der ehemalige Präsident der Zürcher Grasshoppers, Fritz Peter, bei dem ich zu Gast bin. »Hitzfeld steht doch noch Tag für Tag auf dem Platz. Nicht ganz einfach, umfassend über einen Menschen zu schreiben, der noch lebt, insbesondere über Ottmar Hitzfeld, der sein Herz ja bekanntlich nicht auf der Zunge trägt.« – »Ottmar Hitzfeld ist einer der besten Fußballtrainer der Welt«, wende ich ein, »die Liste seiner Erfolge ist lang, seine Verdienste um den Fußball groß, und die Aufgabe, Ottmar Hitzfeld mehr zu entlocken als ›Der Gegner war auch stark‹ ist reizvoll.« Er sei gespannt, sagt Fritz Peter am Ende unseres Gesprächs und bittet mich, ihm unverzüglich ein persönlich signiertes Exemplar der Biographie zu schicken, sobald sie auf dem Markt sei.

In seiner Jugend ein schüchterner Junge, ist Hitzfeld mit den Jahren ein weltgewandter Fußballlehrer geworden. Alles begann mit seiner leidenschaftlichen Liebe zu einem vergleichsweise belanglosen Gegenstand, zu einem Fußball. Diese Liebe ist geblieben, hat ihn zu grandiosen Leistungen beflügelt und ihm Ruhm, Ehre und Bewunderung eingetragen. Aber selbst ein Fachmann von exzellenter Qualität wie der derzeitige Bayernchef kann von der Kurzatmigkeit des Phänomens Fußball schnell einmal weggespült und vergessen werden. Welcher Klubtrainer hat sich schon über Jahrzehnte im Gedächtnis der Fußballfans erhalten?

Im Sommer 1984 übernahm Ottmar Hitzfeld den FC Aarau. Mit seiner Familie bezog er in Oberentfelden ein Haus. Seit zwei Jahren leitete ich mit einem Amtskollegen zusammen die Pfarrei St. Martin in Oberentfelden. Die Hitzfelds kamen hie und da zur Kirche; so saßen Ottmar, seine Frau Beatrix und Sohn Matthias auch eine Woche vor dem Pokalsieg des FC Aarau gegen Xamax Neuenburg mitten unter den Gottesdienstbesuchern, alle drei sportlich gekleidet, Ottmar trug ein Sakko, Jeans und Turnschuhe. Es war Mai. Die katholische Kirche ehrt in diesem Monat Maria, die Mutter Jesu, in besonderer Weise. Ich hielt an jenem Sonntag eine Marienpredigt, legte ihr das »Magnifikat« zugrunde, ein Lied, das Maria aus lauter Freude über die Ankündigung Gottes, mit Jesus schwanger zu sein, gesungen haben soll, und rückte die Worte in den Mittelpunkt, die der Evangelist Lukas so formulierte: *Er* [Gott] *streckt seinen starken Arm aus und fegt alle Stolzen samt ihren Plänen hinweg. Er stürzt die Mächtigen vom Thron und richtet die Unterdrückten auf. Er macht die Hungrigen satt und schickt die Reichen mit leeren Händen fort.* Diese Worte nahm ich zum Anlass, in meiner Predigt für eine Gesellschaft zu plädieren, in welcher die Menschen miteinander umgehen, ohne Herrschaft auszuüben. »Christinnen und Christen zeichnen sich dadurch aus, dass sie eine Gesellschaft schaffen, die geprägt ist von einem Zusammenleben von Menschen, die keine Sieger und Verlierer kennen«, sagte ich.

Begleitet mit den Worten »Das Brot des Lebens« empfing Ottmar Hitzfeld aus meiner Hand die Kommunion, wollte sich abdrehen, da schob ich nach: »Und alles Gute für das Pokalendspiel in Bern!« – »Danke!«, schmunzelte er, leicht irritiert, und ging an seinen Platz zurück.

Nach dem Gottesdienst wartete die Familie Hitzfeld auf mich. Als fußballbegeisterter Pfarrer genoss ich den besonderen Moment, dem Trainer des FC Aarau persönlich die Hand schütteln zu dürfen. Ottmar Hitzfeld sprach meine Predigt an und fragte mich, ob er denn kein guter Christ sei, er wolle schließlich für seine Mannschaft immer den Sieg und für den Gegner stets die Niederlage. Für den Bruchteil einer Sekunde zögerte ich, fing mich aber gleich und konterte, der Evangelist Lukas habe wohl nicht den FC Aarau vor sich gesehen, als er seinen Text verfasste. Befreiendes Lachen. »Jetzt steht's 1:1, Herr Pfarrer«, stellte Trainer Hitzfeld fest und meinte mit gewinnendem Charme, bei einer Flasche Wein und einem Essen ließe sich trefflich weiterdiskutieren.

Das folgende Abendessen zwischen dem Fußballtrainer und dem Pfarrer blieb keine Eintagsfliege. Wir entdeckten bald ein magisches Dreieck, das uns verband: den Gedankenaustausch über weltanschauliche Fragen, über Fußball und das Kartenspiel.

Im Dezember 1985 setzte Ottmar Hitzfeld ein Zeichen der Solidarität und stärkte damit den Boden unserer beginnenden Freundschaft. Am Weihnachtsmorgen lag ein Umschlag in unserem Briefkasten, darin waren tausend Franken und ein Kärtchen mit der Aufschrift: *Ottmar und Beatrix*. Einen Monat zuvor hatte mich der Bischof von Basel mit Berufsverbot belegt, weil ich mit der Unterstützung eines beachtlichen Teils der Kirchenmitglieder als verheirateter katholischer Priester alle Amtsvollmachten ausübte, was das Kirchenrecht aber verbietet.

Der Kontakt zur Familie Hitzfeld brach nicht ab, als Ottmar bei den Zürcher Grasshoppers unterschrieb und mit Beatrix und Sohn Matthias nach Zürich übersiedelte, auch nicht nach seinen Wechseln nach Dortmund und München. Ottmar und Beatrix verfolgten mit Interesse meinen weiteren Lebensweg, und ich begleitete mit Begeisterung Ottmar meist aus der Ferne, ab und an auch vor Ort, auf seinem kontinuierlichen Weg nach oben in den innersten Kreis der besten Fußballtrainer Europas.

Als Ottmar Hitzfeld 1996 mit Borussia Dortmund zum zweiten Mal deutscher Meister wurde, erachtete ich seine Leistungen für würdig genug, sie einem breiten Publikum in Buchform vorzulegen. Ottmar lehnte ab. Seine Erfolgsbilanz sei zu dünn, urteilte er. Heute gebe ich ihm Recht, er hatte damals noch kaum internationale Erfolge erzielt, konnte sein Können noch nicht bei einem wirklich großen Klub unter Beweis stellen. Die Biographie über Ottmar Hitzfeld rückte in den Hintergrund, sie war kein Thema mehr – bis zum Frühling 2001, Ottmar war mit dem FC Bayern drauf und dran, zum dritten Mal hintereinander deutscher Meister zu werden, im Champions-League-Wettbewerb winkte das Finale. Noch einmal startete ich einen Versuch, sollte Ottmar auch jetzt nicht zusagen, würde nie eine Biographie über ihn erscheinen oder ein anderer Autor würde aktiv werden. Bei meinem zweiten Versuch gestattete ich mir einen strategischen Winkelzug. Mit Beatrix gewann ich die beste Anwältin für mein Vorhaben. Sie eröffnete mir gleich, etliche hätten bei Ottmar schon angeklopft, sollte aber je eine Biographie über ihn erscheinen, bekäme ich garantiert den Zuschlag.

Am Samstag, 10. Februar 2001, saß ich mit meiner Frau und mit Beatrix Hitzfeld und ihrem Sohn Matthias auf der Tribüne des Münchner Olympiastadions. Unten auf der Trainerbank führte Ottmar die Bayern zum 1:0-Sieg über den VfB Stuttgart. Spätabends fuhren wir nach Hause. Ottmar saß am Steuer seines Wagens, ich daneben, die beiden Frauen und Matthias auf dem Rücksitz. »Jetzt könnte Sepp doch deine Biographie schreiben«, sagte Beatrix unvermittelt zu ihrem Mann, sie wollte ihre Überzeugung äußern, dass der richtige Zeitpunkt dafür jetzt gekommen sei. »Nein«, gab Ottmar zurück, »ist immer noch zu früh!« Typisch Ottmar: Er grinste mich an, wollte mich verunsichern, hatte innerlich aber klar entschieden: »Bist du bereit?« Klar war ich bereit.

In Stetten-Lörrach, Basel, Stuttgart, Lugano und Luzern hatte Ottmar Hitzfeld als Fußballer gewirkt, ehe er seine Karriere als Trainer in Zug begann und in Aarau, Zürich, Dortmund und München fortsetzte. Zwei Jahre intensiver Recherchen erlauben mir, ein Lebensmosaik des Menschen und Fußballers Ottmar Hitzfeld vorzulegen. Das Buch erzählt einerseits chronologisch, was Hitzfeld an jeder Station geleistet hat und was ihm widerfahren ist, andererseits beleuchte und vertiefe ich in jedem Kapitel ein besonderes Thema im Leben von Ottmar Hitzfeld. Diese besonderen Lebensaspekte können an verschiedenen Stationen auftauchen und eine Rolle spielen.

Jedes Kapitel wird eingeleitet von der prominenten Stimme eines Menschen aus Ottmars Lebens- und Arbeitsumfeld. Zur Mitarbeit waren bereit: Jutta Deiss, Sir Alex Ferguson, Günther Jauch, Oliver Kahn, Günter Netzer, René Ritter, Werner Schepperle, Edmund Stoiber, Rudi Völler und Paul Wolfisberg.

Ich bat Ottmar Hitzfeld, jene Spiele zu nennen, die er als die drei wichtigsten seiner gesamten Karriere betrachtet. Er entschied sich für sein erstes Meisterschaftsspiel mit dem FC Basel gegen Servette Genf im Jahre 1971, bei dem ihm gleich zwei Tore gelangen, für das Spiel Borussia Dortmund gegen den Hamburger SV aus dem Frühjahr 1995, das ihm die erste deutsche Meisterschaft eintrug, und schließlich für das Champions-League-Finale zwischen dem FC Bayern München und dem FC Valencia im Jahre 2001, das die Münchner als Sieger beendeten. Diese drei Spiele finden einen speziellen Platz in diesem Buch.

Wer auch nur ein klein wenig Ahnung von Fußball hat, kennt Ottmar Hitzfeld – und kennt ihn doch nicht. Es gibt nur eine Geschichte aus dem privaten Leben von Ottmar Hitzfeld, die überall in den Medien auftaucht, wenn mehr über Lörrachs begnadeten Fußballsohn geschrieben werden soll als nur ein Bericht über einen weiteren Erfolg seiner Mannschaft, die Geschichte, wie er drei Monate lang am Tisch nichts mehr erzählte, nachdem ihm die Familie klar gemacht hatte, er rede ohnehin nur Unsinn. Dass nur diese Geschichte zum öffentlichen Allgemeingut wurde, zeigt einen Wesenszug von Hitzfeld, seine Zurückhaltung ist zu einem Markenzeichen geworden. Ich wollte das Leben des Fußballers und Menschen Ottmar Hitzfeld intensiver ausleuchten, wollte seine Lebensgeschichte nachzeichnen. Das hieß nicht nur, seine ohnehin knapp bemessene Zeit zwischen Meisterschafts-, Pokal- und Champions-League-Spielen mit meinen Ansprüchen zu koordinieren, sondern auch die Gratwanderung zu wagen, als Freund der Lebensgeschichte eines Freundes und zugleich einer öffentlichen Persönlichkeit die nötige Balance von kritischer Betrachtung und ehrlicher Bewunderung angedeihen zu lassen. Wir haben in den letzten zwei Jahren viel miteinander diskutiert. Nicht selten staunte Ottmar über Begebenheiten aus seinem Leben, die ich im Zuge meiner Recherchen ausfindig machen konnte, sodass er eines Tages erstaunt feststellte: »Du weißt inzwischen mehr über mein Leben als ich selber!« Im Frühstadium meiner Arbeit an der Biographie fuhr Ottmar eines Tages bei mir zu Hause vor, öffnete den Kofferraum seines Autos und übergab mir unzählige Fotos und einen Stapel von Ordnern über seine Zeiten in

Aarau, Zürich, Dortmund und München. Allein das Dossier München umfasst über 500 Zeitungs- und Zeitschriftenartikel.

Meine Recherchen trieben mich durch ein Wechselbad der Gefühle. Kehrte ich von einem Gespräch nach Hause zurück und konnte meinem Diktaphon nicht mehr entlocken als die stets wiederholte Beschwörung meines Interviewpartners, Hitzfeld sei ein interessanter Mensch und ein sehr guter Trainer, war ich manchmal der Verzweiflung nahe. Mit der Zeit entwickelte ich ein Gespür für Menschen, die mir mit ihren Informationen und mit ihren Erfahrungen, die sie im Umgang mit Ottmar Hitzfeld gesammelt haben, weiterhelfen konnten.

Kapitel 1

Stetten-Lörrach

1960–1971

»Lörrach ist meine Heimat – der Ball ist mein Leben«

Trotz der vielen schönen Wohnorte, die Ottmar in seinem Fußballerleben schon hatte, hat er in seinem Innern ein Heimatgefühl für Lörrach und dessen geliebten Vorort Stetten bewahrt. Hier ging er zur Schule, hatte er seine ersten Freunde und Lebenserfahrungen, und hier lernte er bei unseren Trainern Oski, Sigi, Werner und Jimmy die Grundelemente des Fußballspielens kennen.

Lörrach hatte damals noch eine eigene Uni, wo er Sport und Mathe studierte. Wäre nicht schon immer das Fußballspielen sehr wichtig und schön für ihn gewesen, wäre er wohl Lehrer in Lörrach oder im nahe liegenden Markgräflerland geworden. Dies war ursprünglich auch der Wunsch seines Vaters, der viel Mühe damit hatte, dass sein Sohn »so einen Beruf« gewählt hat.

Hier lernte er auch in jungen Jahren seine Frau Beatrix kennen. Seine starken Familienbande ziehen ihn immer wieder mal nach Lörrach, wo immer noch seine Geschwister leben.

Von vielen Gesprächen mit ihm weiß ich, dass er nach seiner Fußballzeit gerne wieder in seinem Lörrach-Stetten leben möchte. Und falls es dann doch zu langweilig werden sollte, gibt es immer noch den TuS Stetten, den FV Lörrach oder den FC Basel, wo er entspannt und locker von der Tribüne aus beim Fußballspielen zuschauen kann.

Werner Schepperle, Schulfreund

An einem kalten Dezembertag besteige ich am Barfüsserplatz in Basel die Straßenbahn Nr. 6. Sie führt mich stadtauswärts zur Schweizer Grenze. Mit Blick zum Zollamt Riehen links eine Tankstelle, rechts ein Lebensmittelgeschäft, ein Secondhandladen, ein Kiosk und als letztes Gebäude auf Schweizer Boden das Restaurant »Zur Grenze«. Ich passiere das Zollamt Stetten. Niemand will etwas von mir, also marschiere ich los und beginne zu zählen. Nach wenigen Metern biege ich in die Alte Basler Straße ein, die an dieser Stelle von der Hauptstraße nach Lörrach wegführt. Nach 296 Schritten stehe ich vor dem Haus Nr. 20. Zwei Stockwerke. Die Fassade ist neu gestrichen. Ein alter Nussbaum steht im Garten. Links und rechts Häuser. Bis vor wenigen Jahren lebten hier die Eltern von Ottmar Hitzfeld. Mutter Erika starb im Herbst 1998, Vater Robert im Frühling 1999. Heute bewohnt Ottmars Schwester Vroni mit ihrer Familie das Elternhaus.

Hinter einem der Fenster muss am 4. Juli 1954 der 5-jährige Ottmar gestanden und die nicht enden wollende Autokolonne gesehen haben, die sich langsam Richtung Schweizer Grenze wälzte. Fahnen schwenkend und Trompeten blasend, marschierten die Fans vor seinen staunenden Augen unten auf der Straße vorbei, alle auf dem Weg zum WM-Finale zwischen Deutschland und Ungarn nach Bern. Vater und Bruder Winfried erlebten im Wankdorfstadion von Bern, wie Deutschland mit einem 3:2-Sieg über Ungarn Weltmeister wurde. Mutter schaltete hin und wieder das Radio ein, so erfuhr der kleine Ottmar die Nachricht vom großen Sieg seines Heimatlandes. Der Sieg von Bern war es aber nicht, der in Ottmar die Begeisterung für Fußball auslöste, die steckte schon länger in ihm.

Nach weiteren hundert Metern ist die Alte Basler Straße zu Ende. Hinter dem Haus die Bahnlinie aus Basel. Sie verbindet sich am nahe gelegenen Bahnhof Stetten mit der Linie, die von Weil am Rhein herkommend die Basler Straße überquert. Nach einer lang gezogenen Rechtskurve führt diese stark befahrene Straße an dreistöckigen Häuserzeilen vorbei direkt in die Stadt Lörrach hinein. Auf den ersten zweihundert Metern rechts das Gasthaus »Zollstüble«, links ein Hochhaus, eine Videothek und das Chinarestaurant »Lotus«. Leicht versetzt zum Haus Alte Basler Straße 20 führt eine kleine Treppe über die Böschung zur Straße nach Lörrach hinunter. Ich stelle mir vor, wie Ottmar vor über vierzig Jahren nach Erledigen der Schulaufgaben aus dem Haus gerannt kam: direkt die Böschung runter, schnell auf die andere Seite der Basler Straße, ein Spurt über zweihundert Meter, behende über den Zaun, Ziel erreicht, der Fußballplatz des TuS Stetten. Hier begann die Karriere des Ottmar Hitzfeld. Der Fußballplatz des TuS Stetten liegt im tiefen Winterschlaf. Kein Mensch ist da. Zwei einsame Holzbänke stehen im Abstand von zehn Metern verloren am Spielfeldrand. Hinter der Aschenbahn steigt das Gelände terrassenförmig an und bildet eine natürliche Tribüne. Mir gegenüber liegt das kleine Klubhaus mit der Aufschrift *TuS Stetten,* blau auf weißem Untergrund.

In der katholischen Kirche St. Fridolin in Stetten, einem Gotteshaus im Biedermeierstil, wurde Ottmar Hitzfeld getauft. Winfried, bei der Geburt seines jüngsten Bruders bereits 17 Jahre alt, ergriff in Sachen Namensgebung die Initiative. Selber schon ein begeisterter Fußballspieler, wollte er mit einem speziellen Vornamen auch seinen neugeborenen Bruder in den Bann des geliebten Spiels mit dem Ball ziehen. Winfried schlug seinen Eltern kurzerhand vor: »Taufen wir unseren jüngsten Spross ganz einfach Fritz! Ich hoffte, der kleine Bub in der Wiege würde dereinst ein Großer wie Fritz Walter, der legendäre Nationalspieler und unvergessliche Stürmer des 1. FC Kaiserslautern.« Die Roten Teufel dominierten in eindrücklicher Weise die Geschichte des deutschen Fußballs der Nachkriegszeit, sie wurden 1951 Meister (2 : 1 gegen Preußen Münster), holten den Meistertitel 1953 erneut (4 : 1 gegen den VfB Stuttgart) und waren 1954 (1 : 5 gegen Hannover 96) und 1955 (3 : 4 gegen Rot-Weiß Essen) Vizemeister.

»Geht nicht«, wandte Papa Hitzfeld ein, »denkt dran, wie die Russen uns Deutsche im Krieg verächtlich ›die Fritzen‹ nannten!« Das Problem war schnell vom Tisch. Hatte nicht Fritz Walter einen Bruder, den Ottmar? Der Name für den jüngsten Hitzfeld war gefunden. Fünf Jahre später lieferte Namensvetter Ottmar Walter als Mittelstürmer der Weltmeisterelf in Bern endgültig die Legitimation für den Taufnamen des Kickers aus Lörrach: Ottmar!

Im Geburtsjahr von Ottmar Hitzfeld stand Lörrach noch immer unter französischer Besatzung. Der Zweite Weltkrieg verwüstete die Stadt nicht so arg wie andere, trotzdem galt sie als schlechte Ernährungszone. Den Franzosen kann dies nicht angelastet werden, sie hatten selber nicht mehr als das Nötigste. Wie überall in Deutschland herrschte auch in Lörrach Hausnot, die Lebensmittel waren knapp, neue Kleider gab es kaum. Gelegentlich schenkten Bekannte aus der Schweiz der Familie Hitzfeld alte, ausgetragene Kleider. Erst nach der Währungsreform von 1949 füllten sich die Lager wieder langsam. Vater Hitzfeld war Zahnarzt. Im Krieg leistete er den Schwur, bestimmten Menschen kostenlos die Zähne zu flicken, wenn er gesund in die Heimat zurückkehren dürfe. Sein Wunsch ging in Erfüllung. Aus Dankbarkeit behandelte er alle Nonnen des Klosters Mariastein, die aus der Nähe von Basel zu ihm in die Praxis kamen, unentgeltlich.

Die vom Krieg verschonte Schweiz wurde als große Helferin in der Not empfunden. Sie organisierte regelmäßig Hilfssendungen nach Deutschland und kümmerte sich um die Schülerspeisungen. Oft waren die Kinder Winfried, Berthold, Bernd und Vroni mit dem Leiterwagen unterwegs, um Obst, einen Sack Kartoffeln oder Holz, das erst gespalten und dann noch auf den Speicher hinaufgetragen werden musste, heimzubringen. In den Jahren nach dem Zweiten Weltkrieg bot sich an gesellschaftlicher »Unterhaltung« fast nur Kirche und Sport an. Die knapp bemessene Freizeit nutzten die Hitzfeld-Kinder zum Fußballspielen. Bei allem Kraftaufwand, die Trümmer wegzuräumen, dachte Deutschland nach Kriegsende erstaunlich schnell wieder an den Fußball. Bei der entsprechenden Besatzungs-

Familie Hitzfeld, 1954

macht musste allerdings dafür vorerst um eine Genehmigung nachgesucht werden.

In seiner Taschenagenda, die Ottmar Hitzfeld bis auf den heutigen Tag sorgfältig aufbewahrt, findet sich aus dem Jahr 1960 ein Eintrag über sein allererstes Heimspiel: Stetten gewinnt gegen Wollbach mit 5:2 Toren. Ottmar schießt 3 Tore. Winfried, der älteste Bruder, spricht für die gesamte Familie Hitzfeld: »Der erste Gegenstand im Leben von Ottmar war ein Ball. Kaum konnte er richtig laufen, kickte er schon. Wenn unter dem Weihnachtsbaum ein neuer Ball lag, strahlte er seliger als alle Engel zusammen.« Als Jüngster rannte Ottmar bald einmal hinter seinen Geschwistern her, wenn sie nach dem Abendessen draußen spielen durften. Im Garten standen zwei eiserne Pfosten. Sie dienten als Tor. Gleich ging es los. Winfried und Ottmar spielten gegen Berthold und Bernd. Vroni musste ins Tor. Ottmars Brüder waren seine großen Vorbilder. Zu ihnen schaute er auf wie zu richtigen Stars.

Selten ging Ottmar ohne Ball auf einen Familienspaziergang mit.

Kam eine günstige Gelegenheit, kickte er ihn die Böschung rauf, nahm ihn ein paar Meter später wieder auf den Fuß, jonglierte zweimal, um ihn erneut den Hang hochzuschießen. Obwohl ihn ein Ball geradezu unheimlich anzog, versuchte sich Ottmar kurze Zeit als Leichtathlet. Er wurde immerhin südbadischer Meister über 400 Meter. »Klar war ich stolz über meinen Erfolg, aber ich spürte sehr schnell: Einzelsport wird nie mein Ding, ich werde kein Radrennfahrer, auch kein Sprinter, obwohl ich sehr schnell war, mir ist heute längst bewusst: Ich suchte die Erfahrung in der Gruppe, das Erlebnis, gemeinsam sich im Kampf zu messen, gemeinsam zu gewinnen oder zu verlieren. Der Ball war das Medium, das diese Erfahrung am Laufen hielt.«

Die Namen der Großen der damaligen Fußballwelt kannte Ottmar genauso wie die Heiligen der Kirche: di Stefano, Puskas, Santa Maria, Gento – Helden der legendären »Königlichen« von Real Madrid. Bevor er beim TuS Stetten zu kicken begann, organisierte er schon als kleiner Knirps Fußballspiele seiner Schulklasse gegen andere Schülermannschaften. »Ich hatte weder Lust noch Zeit auf Bücher«, erklärt Ottmar Hitzfeld, »Karl May habe ich schon gelesen, ein Buch über Alfredo di Stefano verschlang ich in kürzester Zeit, ich wollte unbedingt einer werden wie er!« Ein Grundstein dazu wurde am Weihnachtsfest 1959 gelegt. Bis jetzt kickte Ottmar bloß mit Turnschuhen. Sehnsüchtig betrachtete er die Fußballschuhe seiner großen Brüder. Er putzte sie oft mit hingebungsvoller Konzentration, kratzte mit einem kleinen Messer den Dreck von den Stollen und bekam 50 Pfennige für seine Arbeit. Damit war Schluss, schließlich wollte er in Kürze dem TuS Stetten beitreten, und da konnte er doch unmöglich mit Turnschuhen zum ersten Training erscheinen. Ein einziges Weihnachtsgeschenk, mehr wollte Ottmar nicht. Die ersten richtigen Fußballschuhe lagen in seinen Händen: »Puma waren es oder adidas, das weiß ich nicht mehr, 30 Mark sollen sie gekostet haben, verriet mir Papa später einmal. Für mich bedeuteten sie ein ganzes Vermögen, jetzt wollte ich alles geben für den TuS Stetten, meinen ersten Verein.«

TuS Stetten B-Jugend, 1962
(Ottmar Hitzfeld, vordere Reihe Zweiter von links)

Von erheblichem Selbstbewusstsein zeugen die kurzen Berichte, die Ottmar zu Beginn der sechziger Jahre nach jedem Spiel mit der C-Jugend in seine Agenda schrieb. Mit dem Ball am Fuß fühlte er sich stark. Der Rasen war sein Element, der Ball im gegnerischen Tor sein Ziel. Von 1960 bis 1963 schoss Ottmar für die C-Jugend Stetten in 63 Spielen 132 Tore.

Neben dem Fußballplatz war Ottmars Selbstvertrauen wie weggeblasen. Schon in den Kindergarten ging er nicht gern allein. »Ich wollte unbedingt von jemandem begleitet sein, dem ich voll vertrauen konnte, der mir Sicherheit gab. Ich traute mich in der Schule nicht, Klassensprecher zu werden, dafür hätte ich zu viel Verantwortung übernehmen müssen, innerlich sträubte ich mich, vor die Klasse zu treten, ich war kein Reißer, loyal war ich durchaus und stand zu dem, was die Klasse beschloss, aber ich hatte Angst, was ich sagte, könnte falsch sein, darum sagte ich lieber nichts, schlimm wäre gewesen,

JUNI						
So	Mo	Di	Mi	Do	Fr	Sa
					1	2
3	4	5	6	7	8	9
10	11	12	13	14	15	16
17	18	19	20	21	22	23
24	25	26	27	28	29	30

FREITAG
1
JUNI

JULI						
So	Mo	Di	Mi	Do	Fr	Sa
1	2	3	4	5	6	7
8	9	10	11	12	13	14
15	16	17	18	19	20	21
22	23	24	25	26	27	28
29	30	31				

8.00 C Jugend
8.30
9.00 Stetten-Lörrach 20.10.62. 3-0
9.30
10.00 Nach langer Pause meinerseits
10.30 (Blinddarmopperation 14.8.62)
11.00 durfte ich wieder spielen. In
11.30 der ersten Halbzeit fehlte
12.00 mir die Kondition als Halb-
12.30 stürmer. Erst in der zweiten
13.00 Halbzeit da ich Mittelstürmer
13.30 spielte, ging es bei mir wieder
14.00 aufwärts. Nach langem hin und
14.30 her schossen wir das 1·0. Wenige
15.00 Minuten darauf schoß ich
15.30 durch einen Alleingang das
16.00 2·0 sicher in die Maschen.
16.30 Gleich darauf verpaßten die
17.00 Lörracher eine sichere Chance. Fünf
17.30 Minuten vor Schluß setzte ich
18.00 durch ein bißchen Glück den
18.30 nun 3-0 Erfolg sicher.
19.00
19.30 20.10.62
20.00

22. Woche

JUNI

von den andern Kindern ausgelacht zu werden.« – Ottmar Hitzfeld, ein Kind wie so viele andere auf dieser Welt, mit der Besonderheit einer leichten Sprachschwäche, statt »Tasse« sagte er »Kasse«, statt »Wetter« entfuhr ihm das Wort »Retter«.

Ottmar hörte oft zu, wenn die Großen von den Kriegszeiten erzählten. Hie und da sah er Menschen, die der Krieg böse zugerichtet hatte. Eines Tages holte er den Leiterwagen aus dem Schuppen und zog zur Zollstation. In gebührendem Abstand zum Geschehen an der Grenze stellte er sich auf, hockte sich auf den Leiterwagen, ließ sein rechtes Bein herunterbaumeln, während er den linken Unterschenkel unter den Oberschenkel schlug, sodass jedermann den Eindruck haben musste, der arme Bub habe sein linkes Bein verloren und müsse sich mit einem Beinstummel durchs Leben schlagen. In seiner Hand hielt er ein paar sorgfältig zusammengesteckte Sträuße aus Wiesenblumen. Das Geschäft ging schlecht. 20 Pfennige kostete ein Blumenstrauß. Die Leute empfanden zwar Mitleid mit dem Jungen, hatten aber selber kein Geld. Ottmar biss sich durch. Nach zwei Stunden hatte er fünf Sträuße verkauft. Plötzlich wurde es brenzlig. Eine Freundin der Mutter passierte den Zoll und sah ihn. Abhauen war unmöglich. Die Frau ging am schauspielernden Ottmar vorbei und tat so, als ob sie ihn nicht bemerkt hätte. »Die läuft jetzt schnurgerade zu Mutter und verpetzt mich«, murmelte Ottmar vor sich hin, »ich habe doch gesehen, wie sie mich aus ihren Augenwinkeln gemustert hat.« Eine Stunde später entdeckte Mutter Hitzfeld ihren Jüngsten auf dem Lindenbaum hinter dem Haus. In einer Astgabel sitzend, löffelte Ottmar einen Pudding aus. Für die Mutter im Wohnzimmer war klar, ihr Sohn hatte wieder etwas angestellt. Sie wusste, gleich wird jemand kommen und ihr berichten, was vorgefallen war. Kaum hatte sie ihren Gedanken zu Ende geführt, hörte sie schon eine Stimme: »Du, stell dir vor, der Ottmar …!« – »Was für ein krummes Ding hat er denn jetzt wieder gedreht?«, wollte Frau Hitzfeld von ihrer Freundin wissen, die, schon im Flur stehend, zu erzählen begann. Ottmar sah sich entdeckt, war entlarvt, aber noch nicht geschlagen. Er stieg vom Baum und schlich in die Stube. Mutter wollte ihm eine Tracht Prügel verabreichen. Ottmar begann, um den Tisch herum zu rennen, gewann das Duell gegen seine Mutter locker und obendrein noch 2 Mark 40 für seine »Arbeit am Zoll«.

»Wenn dein geliebtes Lörrach unterginge«, will ich wissen, » wo könntest du dann noch richtig zu Hause sein?« – »Ich habe mich immer mit der Region, in der ich Trainer war, identifizieren können«, versichert Ottmar Hitzfeld, »wichtig ist mir die Möglichkeit, mich in die eigenen vier Wände zurückziehen zu können, das kann an jedem Ort der Welt sein.« Zum Beispiel in Engelberg. Jedes Jahr fährt er mit seiner Familie zum Skilaufen in die Zentralschweiz. Regelmäßig kündigt die Lokalzeitung sein Kommen an. Die Engelberger haben ihren prominenten »Einheimischen von auswärts« in ihr Herz geschlossen. Die Sympathien beruhen auf Gegenseitigkeit. Viele kennen ihn noch aus seiner Zeit als Spieler beim FC Luzern. Die Hitzfeld-Verehrer unter Engelbergs Dorfbewohnern haben genau die richtige Mischung angerührt: Sie sind stolz auf ihren berühmten Gast, aber nicht aufdringlich. Der Wirt auf dem Untertrübsee berichtet von einem Ritual, das sich seit Jahren wiederholt: »Wenn Ottmar meine Gaststube betritt, gehe ich in die Küche und richte ihm eigenhändig eine schmackhafte Rösti mit Bratwurst her.«

Ottmar Hitzfeld fährt gern nach Engelberg, aber mit Lörrach kann das Klosterdorf nicht konkurrieren, wenn es um seine Heimatgefühle geht. Engelberg – ein ›castle‹, eine Fluchtburg? Ganz gewiss. Aber nicht mehr. Das war in Zürich so, intensiver schon in Dortmund und ist ausgeprägt in München, Ottmar Hitzfelds Wohnhaus war immer umgeben von hohen Hecken, je hektischer der Betrieb auf allen Fußballplätzen der Welt, desto dichter die Büsche und Sträucher um das Haus. Oder der weltbekannte Wallfahrtsort Sachseln im Schweizer Kanton Obwalden, die Heimat von Bruder Klaus von Flüe, jenes meistverehrten Einsiedlers im Alpenraum aus dem 15. Jahrhundert. »Nicht die umstrittene Figur des Eremiten in der Ranft-Schlucht mit seiner seltsamen Lebensführung interessiert mich – er war Bauer, Ratsherr und Kriegsmann, ehe er sich von seiner Familie trennte und die Einsamkeit wählte«, erklärt Hitzfeld. »Ich weilte schon als Kind im Gebiet am Sarnersee und fühlte mich sehr wohl in der Gegend. Das hieß viel für mich, denn wo immer ich als Kind in der Fremde war, packte mich in kürzester Zeit das Heimweh. Noch heute besuche ich mit meiner Familie die Kirche von Sachseln und zünde eine Kerze an. Flüeli-Ranft ist für mich ein Ort der Geborgenheit.«

Es gibt Orte, die Ottmar Hitzfeld immer wieder kurz aufsucht. Einer davon ist das Restaurant »Schiffli« in Diepoldsau, an der österreichisch-schweizerischen Grenze. Dort steigt er auf der Fahrt von München in die Schweiz regelmäßig ab, isst etwas oder trinkt schnell einen Espresso. Das sind kleine Nischen, wohltuende Oasen, und der Besuch gleicht einem Ritual. Steigt ein Ort einmal zu solchen Ehren auf, bleibt er ein markanter Punkt auf den Lebenswegen des Ottmar Hitzfeld. Dennoch erreicht keiner dieser Orte die unglaubliche Faszination von Lörrach. Immer öfter denkt er darüber nach, wo er sich in der Zeit nach dem Fußball mit seiner Frau niederlassen könnte. Eine einzige Frage als Kriterium für die Tauglichkeit eines möglichen Standortes taucht regelmäßig auf: »Wie weit wäre es nach Lörrach?«

»Ich bin ein Alemanne!«, sagt Ottmar Hitzfeld. Er macht den Eindruck, stolz darauf zu sein. Als er die Trainerstelle in Dortmund antrat, sei es für ihn gewesen, als müsse er eine fremde Sprache sprechen. Aber es geht nicht nur um die Sprache. Die Alemannen lebten in Großfamilien. Die Sippe bot das Gefühl, eine Heimat zu haben, fest verankert zu sein, teilzuhaben an einer langen Tradition von Generationen.

Oberschefflenz, nördlich von Heilbronn, ist ohne Zweifel das Zentrum der Sippe Hitzfeld. Der Stammbaum der Familie liegt bis zu den Anfängen des 17. Jahrhunderts lückenlos vor. Noch vor dem Dreißigjährigen Krieg, im Jahre 1605, wurde Michael Hitzfeld in Praun/Schlesien geboren. Herausragend ist seine Tätigkeit als Kornett beim Löblichen Schwedischen Regiment Bolley. Gestorben ist er am 24. Januar 1685 in Jägersheim, 10. Generation vor Ottmar Hitzfeld. Mit Ausnahme seines Vaters, der den Beruf eines Zahnarztes ausübte, waren in der direkten Linie alle Hitzfelds als Lehrer tätig. Ottmar Hitzfeld setzt diese Tradition fort. Er lehrt bis heute junge Menschen, wie man erfolgreich Fußball spielt. Im 17. Jahrhundert hatten die Lehrer ganz andere Aufgaben zu erfüllen. Sie mussten die Kinder im Lesen und Schreiben unterrichten, damit diese die Lehren der Kirche begreifen konnten. Über eine Anstellung entschied der Kirchenrat, im Auftrag des Landesfürsten. Die Schüler kamen meist nur im Winter zur Schule. Im Sommer wurden sie auf den Feldern gebraucht.

Die über dreihundertjährige Lehrertradition der Hitzfelds spielte bei Ottmars Berufswahl keine Rolle. »Unbewusst vielleicht«, räumt er ein, »mein Traum war es, einen Beruf zu ergreifen, in dem ich mit Menschen umgehen kann, da bot sich der Lehrerberuf an. Äußere Umstände haben diese Wahl forciert. In Lörrach stand die pädagogische Hochschule, das kam mir sehr entgegen: Ich konnte in meiner Heimat bleiben. Zwar hätte mich auch ein Studium in Betriebswirtschaft interessiert, aber in diesem Fall hätte ich in irgendeine fremde Stadt ziehen müssen, undenkbar für mich, mit zwanzig wegzuziehen und allein zu leben.«

Ottmars Großvater, Hauptlehrer in St. Georg und Lörrach, war eine Respekt erheischende Autoritätsperson mit Weste, Vatermörder und breitrandigem Hut. Zu seiner Zeit, in den zwanziger Jahren des letzten Jahrhunderts, Fußball zu spielen galt in seinen Augen als ordinär. Das taten nur die Arbeiter. Konsequent verbot er seinem Sohn Robert, Ottmars Vater, dem Ball nachzujagen und auf diese Weise gemeinsame Sache mit dem Proletariat zu machen. Robert Hitzfeld hielt sich aber nicht an das Verbot seines Vaters. Er wusste ganz einfach ein paar Kameraden zu gewinnen, die in Reichweite der Wiese »Schmiere« standen und unverzüglich pfiffen, wenn sie Hauptlehrer Hitzfeld kommen sahen. So gelang es Robert jedes Mal, rechtzeitig das Weite zu suchen.

Jahrzehnte später erzählt mir Ottmar Hitzfeld beim Kartenspielen, sein Vater habe sich geschworen: »So wie mir darf es meinen

Söhnen nicht ergehen, wenn sie gerne dem Ball nachjagen, sollen sie es tun dürfen!« Ottmars Mutter rang sich durch, das Fußballspielen gerade noch zu dulden. Sie hielt es immerhin für eine Beschäftigung, die nicht schaden konnte. Wenn Ottmar mit so etwas wie einem Fußball-Gen auf die Welt kam, dann hat sein Vater in der Rolle einer Muse dieses Gen wachgeküsst. Der erste heimliche Coach im Leben von Ottmar Hitzfeld war sein Vater. Er nahm seinen Sohn schon früh mit auf den Fußballplatz und freute sich, zu sehen, wie sein Jüngster sich auf dem Rasen zu Hause fühlte.

Der kleine Ottmar war schon ein paar Mal bei einem Spiel. Im Frühjahr 1956 durfte er aber erstmals offiziell mit seinem Vater zu einer Partie der 1. Mannschaft des FV Lörrach. Die beiden wollten Winfried sehen. »Einfach Klasse, wie mein Bruder die Rolle des Stoppers spielte«, schwärmt Ottmar Hitzfeld, »ich habe ihn bewundert, weil er mit seiner überragenden Körpergröße souverän die Abwehr dirigierte. Ich war so begeistert vom Geschehen, vergaß mich völlig, rannte bei Halbzeit auf den Platz, stellte mich keck neben meinen großen Bruder, fasste ihn bei der Hand und führte ihn stolz wie der Besitzer eines Rennpferdes vom Platz. Die Zuschauer klatschen erheitert, ich sonnte mich in der Zuneigung des Publikums, winkte fröhlich zurück und genoss den Applaus.«

Viele Jahre später, 1991. Vater Hitzfeld ließ es sich nicht nehmen, seinen Sohn bei dessen Trainerdebüt in der Bundesliga persönlich zu unterstützen. An jenem heißen 3. August fieberte er beim 2:2 zwischen dem Karlsruher SC und Borussia Dortmund mit. Die Schweizer »SonntagsZeitung« schrieb am Tag danach: *Das Spiel war längst vorbei, das Wildparkstadion bereits wieder leer, die Tore geschlossen, und draußen unter dem Schatten eines Baumes auf einer Holzbank wartete Robert Hitzfeld auf seinen Sohn. 87 Jahre alt wird er bald, die Hitze machte ihm zu schaffen, und auch wenn Lörrach nicht weit weg liegt, war die Reise nach Karlsruhe mit den vielen Staus auf der Autobahn mühsam. Aber er wollte dabei sein, beim ersten Auftritt seines Sohnes als Trainer in der Bundesliga.*

Legende geworden sind die unzähligen Telefongespräche zwischen

Ottmar Hitzfeld und seinem Vater, bei denen er seinen Sohn oft ungehalten kritisierte und dafür tadelte, die Mannschaft falsch aufgestellt zu haben. Ottmar Hitzfeld nahm es gelassen: »Es war köstlich, wie sich mein Vater ins Zeug legen konnte!« Schon zu Zeiten, als er für den TuS Stetten stürmte, wachte Vaters Auge kritisch über seinen Sohn. Wenn er gut spielte, bekam er meistens fünf Mark.

Bei einem Spiel gegen Haltingen stand Vater Hitzfeld wieder am Spielfeldrand. Was sein Sohn auf dem Platz zeigte, gefiel ihm. In der 80. Minute pfiff der Schiedsrichter einen Elfmeter für den TuS Stetten. Während Ottmar sich den Ball zurechtlegte, griff sein Vater zum Geldbeutel, um die Belohnung für eine ordentliche Leistung nach Spielschluss gleich bei der Hand zu haben. Platziert schoss Ottmar in die rechte obere Torecke. Der gegnerische Torhüter schnellte hoch und faustete den Ball über die Querlatte. Ottmar vergrub das Gesicht in seinen Händen. Vater Hitzfeld schüttelte den Kopf. Nach Spielende schritt er entschlossen auf den tüchtigen Schlussmann der Haltinger Mannschaft zu, gratulierte ihm und drückte ihm die für Ottmar gedachten fünf Mark in die Hand. Der unglückliche Elfmeterschütze ging leer aus. Damit hat sich der alte Wahlspruch bewahrheitet, der seit Generationen über den Hitzfelds steht und auf einem Familienwappen aus dem Jahre 1715 erstmals auftauchte: »Sei gerecht ohne Rücksicht.«

Einer, der diesen Familiengrundsatz in einer besonders kritischen Zeit zu leben versuchte, war Otto Maximilian Hitzfeld, Ottmars Onkel, Kommandierender General des LXVII. Armeekorps im Zweiten Weltkrieg. Beim Gespräch über Onkel Otto gibt sich Ottmar Hitzfeld zurückhaltend. Sein Onkel war immerhin ein führender Mann unter Hitler, lehrte Taktik an der Kriegsschule in Dresden, hielt 1943 als Generalleutnant und Vertreter des Heeres einen Vortrag aus Anlass der alljährlich in München stattfindenden Führerbesprechung. Seinen Ausführungen folgte damals auch die Prominenz des Dritten Reiches: Göring, Himmler und Goebbels. Dr. Erich Mende, im Zweiten Weltkrieg Hitzfelds Regimentsadjudant und von 1963–1966 Vizekanzler und Bundesminister für gesamtdeutsche Fragen, schrieb in seinen Memoiren: *Die 102. Schlesische Division lag im Raum zwischen Rshew und Olenino mit Frontrichtung nach Osten, zum Teil im Rshewbogen nach Südosten und Süden [...]. Die Division führte Oberst Hitzfeld, ein mit Eichenlaub ausgezeichneter Regimentskommandeur, der sich bei der Erstürmung von Sewastopol hervorgetan hatte und den man daher auch scherzhaft den Löwen von Sewastopol nannte. Er war Schwabe, stammte aus Baden-Württemberg, war ein sportlicher, hoch gewachsener Mann von einer imponierenden Natürlichkeit und Frische.* Immer wenn der Onkel General zu Besuch in Lörrach weilte, mussten Ottmar und seine Geschwister artig sein und seinen Erzählungen aus dem Krieg zuhören, auch wenn die sie nicht interessierten. Ottmar Hitzfeld räumt seinem Onkel trotzdem einen speziellen Platz ein, nicht weil er General war. »Das imponiert mir nicht«, versichert er, »ich schätze ihn für das, was er auf der Grundlage seiner Auffassung von Verantwortung geleistet hat, Briefe von ehemaligen Kriegskameraden zeugen davon, dass mein Onkel ein sehr harter, aber menschlicher und gerechter Vorgesetzter war, ein Vorbild für mich.«

Heimweh ist ein alemannisches Wort. Sollte ein Wort ganz eng mit Ottmar Hitzfeld verknüpft werden, dann »Heimweh«. In seinem geliebten Lörrach begann seine Traumkarriere, nach Lörrach zieht er sich zurück, wann immer es der Spielbetrieb der Bundesliga erlaubt. Auf die Frage, wo einst sein Grab liegen solle, zögert er keinen Moment: »In Lörrach, auf dem Friedhof von Stetten, wo meine Eltern ruhen, dort bin ich dann verbunden mit den Hitzfeld-Generationen.«

1955 hat das Heimweh den Sechsjährigen arg gebeutelt. Der Kleine erreichte sein normales Körpergewicht nicht, weshalb Mutter Hitzfeld fand, es täte ihrem Ottmar gut, für gewisse Zeit getrennt von der Familie zu leben, um sich besser entwickeln zu können. »Sechs lange Wochen fern von Lörrach«, erinnert sich Ottmar Hitzfeld an jene traurige Zeit, »ich sollte mich in einem Caritasheim auf dem Feldberg erholen, kein Papa, keine Mutti, keine Geschwis-

Mit seinen Eltern, Weihnachten 1997

ter, herausgerissen aus meiner vertrauten Umgebung, es war fürchterlich! Mich packte ein grauenhaftes Heimweh, mit zwanzig anderen Kindern sollte ich fröhliche Lieder singen, ich bewegte bloß die Lippen, zählte die Tage und Stunden bis zur glücklichen Heimkehr. Wie hasste ich dieses Wandern in der Gruppe, viel lieber wäre ich doch zu Hause mit meinen Freunden Werni Schepperle und Werni Zörb durch den Wald gestreift und hätte mit ihnen zusammen Baumhütten gebaut.« Ottmar blieb allein mit seinem Heimweh. Er biss sich durch, vertraute sich keiner Menschenseele an. Endlose Tage. Unruhige Nächte. Kaum erblickte er wieder die Alte Basler Straße 20, blühte Ottmar auf. Er hatte in der Fremde kein Gramm zugelegt.

Eines Tages hockte er auf dem Gartenzaun und übte sich im Gleichgewicht. Prompt fiel er nach kurzer Zeit vom Zaun, dabei riss er an einem vorstehenden Draht den neuen Pullover auf. Aus Angst vor der Mutter eilte er zu seiner Schwägerin. »Waldtraut, schau da, mein Pullover, der ist zerrissen!«, wies er kleinlaut auf sein Missgeschick hin, um mit unüberbietbarem Schalk in den Augen gleich schon eine perfekte Erklärung über den Hergang der Dinge vorzutragen: »Weißt du, ich saß auf dem Gartenzaun, da fuhr ein Zug mit großer Geschwindigkeit vorbei, und vom Zugwind hat es mir ein

Loch in den Pullover gerissen!« Waldtraut musste sich Mühe geben, ihr Schmunzeln zu verbergen und den kleinen Schwindler ernst zu nehmen. Sie wollte ihn nicht dem sicheren Donnerwetter seiner Mutter ausliefern. »Kannst du mir den Pullover flicken?«, bettelte Ottmar. Klar doch, Waldtraut konnte.

Ottmar Hitzfeld ist seit vielen Jahren einer der Großen auf der Bühne des Weltfußballs. Irgendwann muss seine beispiellose Begeisterung für den Fußball ausgebrochen sein. »Mit neun Jahren nahmen mich meine Brüder mit zu einem Spiel des FC Basel gegen den Hamburger SV. War ich aufgeregt! Zum ersten Mal in meinem Leben betrat ich ein großes Fußballstadion. Es war Abend, Flutlicht erhellte das weite Rund, Tausende von Zuschauern machten Lärm, die Mannschaften erschienen auf dem Platz, um sich warm zu laufen, noch nie hatte ich Uwe Seeler, Gerd Dörfel, Willi Schulz in Natura gesehen, ich kam mir vor wie im Film, hatte Mühe, das Geschehen für Wirklichkeit zu halten – ein Traum! Auf einmal spürte ich einen Stoß: Ich will Fußballer werden, und genau auf diesem Platz will ich spielen! Beglückt kehrte ich nach Hause zurück. Mein Wunsch war zunächst, Balljunge zu werden, um den Stars nahe zu sein und die berauschende Atmosphäre zu spüren. Mich drängte es ins Rampenlicht, nicht um mich zu produzieren, ich glaube, ich wollte einfach auf höchstmöglichem Niveau Fußball spielen.«

Vier Jahre Grundschule lagen hinter Ottmar, er besuchte die Realschule, da schlug das Heimweh erneut zu. Die Eltern beschlossen, ihren Sohn ins Missionsgymnasium von Mörschwil im Kanton St. Gallen zu schicken. Mutter hatte ihren Wunsch, Ottmar würde den Priesterberuf ergreifen, noch nicht aufgegeben. »Meinen Eltern war klar, dass es einem Seiltanz gleichen würde, mich zu einem Studienaufenthalt in der Ostschweiz zu bewegen, sie fädelten ihren Plan aber sehr geschickt ein«, anerkennt Ottmar Hitzfeld. »Es gelang ihnen, Bekannte dazu zu bringen, ihren Sohn, einen Mitschüler von mir, auch nach Mörschwil zu schicken.« Ottmar verwandelte seine Not in eine halbwegs plausible Erklärung: »Zu Hause musste ich gehorchen, Mutter wusste genau, wann mein Training zu Ende war,

Missionsgymnasium Waid in Mörschwil, April 1961

also rechnete sie mir vor, um wie viel Uhr ich daheim zu sein hatte. Für das Leben im Internat rechnete ich mir mehr Freiheiten aus.«

Mitte April 1961 war es so weit. Koffer gepackt und ins Auto verladen. Abschied nehmen von den Geschwistern, von Freunden, von der vertrauten Umgebung. Ottmar Hitzfeld erzählt: »Vater und Mutter begleiteten mich auf der Reise an den Bodensee. Dann war ich wieder allein, inmitten fremder Menschen. Das Leben im Internat entsprach nicht im Geringsten den Wunschbildern, die ich mir ausmalte. Vorschriften an allen Ecken und Enden. Ein strenger Ablauf diktierte das Tagesgeschehen.« Mit fremden Menschen sollte Ottmar fortan sein Leben teilen, kein Schwarzwald, kein heimatlich anmutender Familientisch. Ein böses Erwachen: Heimweh. Auf einer Postkarte vom 18. April 1961 berichtete Ottmar seinen Lieben vom Leben im Internat: *5 Uhr 30 aufstehen, dann in den Gottesdienst, anschließend zum Frühstück, dann ist Schule bis 12 Uhr, Freizeit bis 13 Uhr 40, Aufgaben machen bis 14 Uhr 30, erneut Schule bis 16 Uhr, Zwischenverpflegung und Freizeit bis 16 Uhr 40, dann Ro-*

senkranz beten, Aufgaben erledigen, 19 Uhr Nachtessen, Freizeit bis 19 Uhr 30, Studium bis 20 Uhr 30, Nachtgebet und Nachtruhe.

Nach acht Wochen hielt Ottmar den Schmerz des Heimwehs nicht mehr aus. Er meldete sich beim Pater Direktor, allerdings nicht für ein Gespräch, das seine Sorgen lindern sollte, Ottmar wollte mehr. Äußerlich selbstbewusst und forsch, trat der Zwölfjährige vor den priesterlichen Leiter des Gymnasiums Waid und erklärte: »Pater Direktor, wenn meine Eltern nicht nächstes Wochenende kommen und mich heimholen, dann haue ich ab! Ich mache Autostopp und schlage mich auf eigene Faust nach Lörrach durch! Wenn was passiert, dann sind Sie ganz allein schuld!«

April 2001, genau 41 Jahre nach diesen Ereignissen. Auf einer der vielen Fahrten von München nach Lörrach steuert Ottmar Hitzfeld seinen Wagen vor St. Gallen von der Autobahn. Wenige Minuten später steht er zusammen mit seiner Frau Beatrix erstmals seit Jahrzehnten wieder vor dem Missionsgymnasium Waid in Mörschwil. Ottmar Hitzfeld ist aufgewühlt wie sonst selten, seltsame Gefühle schleichen in der Magengegend herum, Bilder von damals steigen auf. Beatrix Hitzfeld weiß, wie schlimm die Zeit für ihren Mann hier war. Sie begleitet ihn auf den Weg in die Vergangenheit. Wenige Worte fallen, kein Gesicht von damals taucht auf. Die beiden schreiten durch den Park, bleiben kurz vor dem Zimmer stehen, in dem der kleine Ottmar wohnte, betreten die Kapelle, beten still ein Vaterunser. Wieder auf der Autobahn, erzählt er seiner Frau, wie die Geschichte mit seinem Ausreißversuch ausging: »Mir scheint aus heutiger Sicht, die Eltern waren nicht einer Meinung, Mutti wollte, dass ich bleibe, Papa war so etwas wie mein Verbündeter, ich hatte großes Vertrauen in ihn, als einzigem Menschen schüttete ich ihm mein Herz aus, Papa hat mir oft geschrieben, hie und da legte er zehn Franken bei oder schnürte ein Päckchen mit Süßigkeiten, er hatte ein großes Herz für mich, ich war doch sein ›Bubele‹. – Irgendwie gelang es meinen Eltern, mich zu überreden, das Semester in der Ostschweiz fertig zu machen. Im Spätsommer 1961 besuchte ich jedenfalls wieder das Gymnasium in Lörrach.«

Meine Lieben. 20.6.61.

Wenn Ihr den Brief bekommt, so geht es nur noch 2 Wochen und ich kann endlich heim. Ihr könnt Euch gar nicht vorstellen wie froh ich bin, wenn ich wieder zu Hause bin. Ich habe immer noch Heimweh. Ihr könnt Euch es gar nicht vorstellen wie: Ich laß mir aber nichts anmerken und mach auch kein Theater. Ich lern jetzt auch fleißig Englisch, vergiß aber das andere Italienenis (nicht). Kommt der Winfried oder der Berthold noch, um mich zu besuchen? Fragt Sie und schreibt es mir gleich! Wenn der Winfried nicht kommt, so soll er mir so schnell wie möglich einen Brief schreiben. Vergeßt es nicht! Am Donnerstag den 22. Juni haben wir den Prüfungsaufsatz. Hoffentlich habe ich an dem Tag nicht so viel Heimweh. Schreibt mir immer, wie abgemacht am Donnerstag und am Montag. Liebe Mutti, bitte schreibe mir auch wieder einmal. ~~Was~~ Was hat der Winfried mit dem Rektor vom Hanstoma Gymnasium am Montagabend gesprochen? Ich gehe aber nicht mehr in die Waid! Es hat ja kein Wert, daß ich noch einmal gehe, ich hab ja doch immer so viel Heimweh und es gefällt mir nicht. Da gehe ich tausendmal lieber auf das Hanstoma Gymnasium und dort lerne ich leichter! Oder nicht? Und das mache ich nicht noch einmal durch was ich bis jetzt in der Waid durchgemacht habe! Winfried soll mir auch noch einmal schreiben [wenn Er nicht kommt] was Er mit dem Rektor gesprochen hat und was er dazu meint. Aber sobald wie möglich. Aber jemand der Winfried oder der Berthold soll mich noch einmal besuchen, ist gleich ob es am ~~[illegible] 2. Juli~~ ist 25. Juni ist oder am 2. Juli. Bitte schickt mir noch den Schocki aber ~~[illegible]~~ [Black Schocki.]. Ihr habt ja gesagt. Papa soll mir also die Zeitungen im Kuvert schicken. Er weißts ja wie.

Sonst, was lauft noch alles daheim? Ist mein Vello schon aufgehängt? Ist Zeit, daß ich wieder nach Hause komme, gell Mutti! Mutti, ich habe noch keine Zeit gehabt den kleinen Aufsatz zu schreiben. Werde ihn aber (al) bald Dir schreiben. Wie gehts im Berthold, der Waldtraut und dem kleinen Peter? Sind sie gesund? Hoffentlich! Das Latein im Unterricht fällt mir schwer. Sagt im Opa, er soll mir auch wieder einmal schreiben! Ich werde ~~Eu~~ nun für Euch auch weiterhin fleißig beten, damit Ihr gesund bleibt, Euch nicht mehr so viel ärgern müßt und daß die Zeit schnell vorbei geht, bis am ~~2~~ 5. Juli. Viele Grüße

sendet Euch Euer lieber

kleiner

Muttis Schatz

und Papa's

Bubele.

Liebe Mutti lieber Papa am 5. Juli Abend sehen wir uns wieder.

Schreibt mir gleich.

Hoffentlich besucht mich der Berthold oder der Winfried.

Ich gehe nicht mehr in die Waid

Entschuldigung wegen der Schrift

Allen ein Gruß.

Buß zum nächsten Brief.

Habe wenig Zeit zum Schreiben gehabt. Darum die Schrift

Schreibt mir viel.

Heimweh

TuS Stetten A-Jugend, 1963
(Ottmar Hitzfeld, vordere Reihe ganz rechts)

Der A-Jugend-Spieler des TuS Stetten, Ottmar Hitzfeld, fiel bald auch den verantwortlichen Funktionären in der Region auf. Zwar war er nicht gerade ein Hüne, eher schmalbrüstig, dafür ehrgeizig, zäh und wieselflink, er forderte den Ball und entwickelte sich zu einem gefürchteten Torjäger. Derart versessen auf seinen Fußball, soll er einmal in seinem Feuereifer einem Schiedsrichter aus lauter Wut über dessen Entscheidung kurzerhand einen Stein an den Kopf geschmissen und sich so listig aus der Affäre gezogen haben, dass der Unparteiische statt ihn seinen besten Freund Schepperle vom Feld stellte.

Noch in den Reihen der Stettener spielend, nahm man ihn ins Aufgebot zu einem Spiel mit der Südbadischen Auswahl. *Für mich war dieses Spiel eine große Ehre, da ich mit 16 Jahren schon in einer Auswahl von Südbaden spielen konnte*, schrieb Ottmar am 4. September 1965 in sein Fußballtagebuch. *Zu meiner Freude kam noch, dass ich das ganze Spiel hindurch spielen durfte. Württemberg war uns überlegen, da sie schon zwei Spiele hatten und dazu noch 10 Tage in einem Trainingslager waren. Das ist aber keine Ausrede zu dem Spielendstand von 0:5. Wir verloren hoch, gingen aber dennoch zufrieden vom Platz.*

Fast auf den Tag genau ein Jahr später sah es anders aus. Eine Südbadische A-Jugendauswahl mit Stürmer Hitzfeld fegte den Trainingspartner FC Neustadt AI mit 10:1 vom Platz. Der Berichterstatter der Regionalzeitung geriet ins Schwärmen: *Die Auswahlmannschaft demonstrierte in der ersten Hälfte ausgezeichneten Fußball. Hervorragend spielte das Innentrio mit dem überragenden Spieler auf dem Feld, dem Lörrach-Stettener Hitzfeld, auf dessen Konto allein die ersten vier Treffer gingen.*

Der große Konkurrent des TuS Stetten, der FV Lörrach, wurde auf den jungen Stürmer aufmerksam und machte ihm ein Angebot, ab der Saison 1967/68 in seiner 1. Mannschaft zu spielen. »Du kannst doch Stetten nicht im Stich lassen, Bub!«, mahnte Vater Hitzfeld. Der bevorstehende Wechsel zum Erzfeind war ein Politikum ersten Ranges. Die Lörracher Vereinsspitze kreuzte bei den Hitzfelds auf. »Wir spielen in der 1. Amateurliga«, argumentierten die Lörracher, »das ergibt Zukunftsperspektiven für Ottmar!« Genau dieses Argument war ausschlaggebend. Obwohl Ottmar bei Stetten mit seinem Bruder Bernd zusammen kicken konnte, war ihm die Planung seiner Karriere wichtiger. Das Eis war also schnell gebrochen, der erste Transfer im Leben des Ottmar Hitzfeld unter Dach und Fach.

Nach einer eher ereignislosen Zeit sollte im Januar 1970 ausgerechnet ein Damen-Handballspiel in Lörrach zwischen der einheimischen Equipe Rot-Weiß Lörrach und dem Hamburger SV den Vorhang zu einer Schlüsselszene für den jungen Fußballer Ottmar Hitzfeld heben. »Bei diesem Handballspiel habe ich Ilka Seeler, die Frau von Uwe Seeler kennen gelernt«, erzählt Uwe Fajga, damals noch ein junger Journalist. »Ich war HSV-Fan und fragte Frau Seeler, ob sie ihren Mann zu einem Spiel zwischen dem Hamburger SV und dem FV Lörrach bewegen könnte. Ilka Seeler riet mir, einen Brief an den HSV zu schreiben. Am 22. Juli 1970 kam es tatsächlich zu einem

Freundschaftsspiel zwischen dem Goliath Hamburger SV und dem David aus Lörrach.«

»Ottmar hat in der Spitze gespielt, ganz allein, die übrigen zehn Mann zogen sich in die Verteidigung zurück«, erzählt Fajga weiter, »in den gegnerischen Reihen stand Nationalspieler Willi Schulz, der Haudegen mit den Säbelbeinen, die meisten Stürmer hatten Angst vor Schulz. Kurz vor der Halbzeit kam ein Steilpass auf Ottmar, der rannte los, Sekunden später hatte er nur noch Schulz vor sich, alle dachten: ›O Gott, o Gott, jetzt haut der Schulz unseren Ottmar um!‹ Vergebliche Angst, Ottmar spielte dem HSV-Crack kurzerhand den Ball zwischen den Beinen hindurch, vorbei an Schulz, der wutschnaubend hinterher, die Zuschauer sahen schon die Sense von hinten, aber Ottmar war weg!« Nach der Pause erschien Willi Schulz nicht mehr. Klaus Ochs, der Trainer des HSV, ließ ihn in der Kabine. Die Gefahr, Ottmar Hitzfeld zu verletzen, soll zu groß gewesen sein. Schulz, noch immer sauer, von einem Greenhorn so genarrt worden zu sein, verschaffte sich auf seine Art Luft. Während die zweite Halbzeit lief, verließ er die Umkleidekabine und erholte sich im 200 Meter entfernten Schwimmbad.

»Herr Seeler, was halten Sie von der Nummer 9 von Lörrach?«, fragte Fajga den Star vom HSV. »Sie meinen den Schnellen, den Dünnen vorne im Sturm? Der kann ein ganz Großer werden! Aber ein Großer wird er nur, wenn er hier weggeht, er muss zu einem gescheiten Verein in der Bundesliga.«

Es wird erzählt, Uwe Seeler wollte Ottmar Hitzfeld nach dem Spiel, beim gemeinsamen Essen im »Kranz« in Lörrach-Stetten, gleich eigenhändig an die Waterkant mitnehmen. Als dem 21 Jahre alten Hitzfeld die Wertschätzung Seelers zu Ohren kam, strahlte er. Aber gleichzeigig meldete sich die Heimatverbundenheit mit aller Kraft und sorgte dafür, dass sich die Dinge nicht Richtung Bundesliga entwickelten. »Wer wird mir dann die Wäsche richten, wenn ich irgendwo in Deutschland spiele?«, soll er nachdenklich geäußert haben.

Kapitel 2

Basel

1971–1975

Von blutenden Zehen im »Joggeli« bis Olympia

In die Trainerzeit von Ottmar Hitzfeld beim FC Aarau fiel 1987 auch die Gründung des »Klubs 100«, der bis zum heutigen Zeitpunkt wichtigsten Sponsorenvereinigung des Klubs. Als Trainer, der sich neben dem Fußball auch immer wieder mit Wirtschaft und Politik befasste, war ihm klar, wie wichtig ein solides Umfeld und eine gesunde finanzielle Basis für das positive Gedeihen eines Fußballklubs sind. Er engagierte sich deshalb für den »Klub 100« und war auch gern gesehener Gast oder Referent bei Klubanlässen.

Seine Einstellung zu finanziellen oder wirtschaftlichen Dingen hat sich inzwischen nicht verändert. Als Mitspieler in der obersten Liga der Großklubs, deren Budgets heute explodiert sind, und im Kreise von Trainern und Spielern, deren Lohnskala nach oben offen ist, hat er nie vergessen, was die wahren Werte sind und was in der Wirtschaft geleistet werden muss, um in solche Sphären vorzustoßen.

Aufgrund seiner außerordentlichen Leistungen kennt er aber seinen Marktwert und ist kein leichter Verhandlungspartner, wenn es darum geht, Verträge abzuschließen. Wie im Fußball, so hat er auch in Bezug auf seine Einkünfte klare Vorstellungen und geht auch mit dem erarbeiteten Vermögen sehr sorgfältig um. Dass er dabei eher konservativ denkt und stabile, dauerhafte Werte schätzt, hat sicher auch mit seiner Erziehung und Herkunft zu tun. Da er aber, vielleicht berufsbedingt, auch ein bisschen Gambler ist, der die Spannung und das Risiko liebt, blieb auch er in der Vergangenheit nicht von den Schwankungen an der Börse verschont. Er würde aber nie unkalkulierbare Dinge tun, die seine zukünftige Existenz gefährden könnten.

Im privaten Bereich hat sich Ottmar Hitzfeld trotz seines Erfolges und dem damit einhergehenden Wohlstand nicht verändert, und es liegt ihm fern, seinen Bekannten und Freunden heute anders zu begegnen als früher. Er gönnt sich vielleicht eine echte kubanische Zi-

garre mehr und genießt die Momente, in denen er nicht unter Stress steht, bewusster, aber er hat nie die Bodenhaftung verloren. Wie früher, als er von seinem Vater pro Tor fünf Mark geschenkt bekam, so strengt er sich auch heute noch mit vollem Engagement an, wenn er beim Kartenspiel einen oder mehrere Euro gewinnen kann, oder fragt, ob es um eine Prämie für denjenigen geht, der beim Golfspiel auf dem Green zuerst einlocht. Das Geld, um solche Beträge zu begleichen, trägt er stets lose und in verschiedenen Währungen in seiner Hosentasche; einen Geldbeutel habe ich bei ihm noch nie gesehen. Neben dem Euro braucht er primär Schweizer Franken, um bei seinen Besuchen seine bevorzugten Süßigkeiten einzukaufen. Dass Ottmar Hitzfeld neben allen öffentlichen Aktivitäten verschiedene Institutionen oder Personen unterstützt, darüber redet er nicht viel, er tut es einfach.

René Ritter, Freund

Für 1700 Franken Monatsgehalt hätte Ottmar bei Delémont im Schweizer Jura spielen können, kein schlechter Zusatzverdienst für einen Studenten, der sich anschickte, sein Studium in Mathematik und Sport zügig voranzutreiben, doch der Mythos FC Basel wirkte ungleich stärker, die RS Delémont war keine Alternative. Wie ein Magnet zogen ihn die Farben Rot-Blau an. Öl ins Feuer goss zudem ein »Blick«-Journalist, der die Empfehlung Seelers für den jungen Hitzfeld aufnahm und kurzerhand in eine Schlagzeile goss: *Uwe Seeler schickt den Otti zum FC Basel!*

Irgendwann im Frühling 1971 gab sich Ottmar Hitzfeld einen Ruck, lief zum Telefon, ergriff den Hörer und wählte. Den Text hatte er buchstäblich auswendig gelernt. »Benthaus!«, meldete sich die ersehnte Stimme. »Ottmar Hitzfeld hier! Ich bin Spieler beim FV Lörrach, habe 17 Mal in der badischen Auswahl gespielt, Herr Benthaus, ich möchte Sie fragen, ob ich zu einem Probetraining des FC Basel kommen dürfte, wenn es so etwas überhaupt gibt!« – »Möglich ist das schon, das möchten aber viele, mein Junge!« – »Ich habe voriges Jahr mit meinem Klub gegen Uwe Seeler gespielt, der meinte hinterher, ich müsste in einer besseren Mannschaft spielen, da sagte ich mir …« – »Welche Position spielst du denn?« – »Ich bin Mittelstürmer!« – »Schießt du Tore?« – »Ich habe in der laufenden Meisterschaft in 24 Spielen 22 Tore geschossen und bin Torschützenkönig in Südbaden!« – »Wir haben jetzt noch das Pokalviertelfinale, nachher kannst du mal zum Training kommen, wenn Seeler dir ein solches Lob ausgesprochen hat, dann müssen wir das schon ernst nehmen!«

Hitzfeld fühlte sich wie im siebten Himmel. »Ich, Spieler beim großen FC Basel, was für eine Chance!« Wie wenn er die Gunst der Stunde geahnt hätte, ergriff er die Initiative im Alleingang; sein Vater war außer Haus. »Wäre mein Vater an jenem Nachmittag zu Hause gewesen, ich wäre kaum zum Telefon gegangen, ›spinnst du, lass den Benthaus sein‹, hätte Vater gewettert, wer weiß, ob ich dann je beim FCB gelandet wäre!«

Wer als Mannschaft in der zweiten Hälfte der sechziger Jahre bis Mitte der siebziger Jahre in der obersten Etage des Schweizer Fußballs Ambitionen hegte, bekam es mit dem FC Basel zu tun. Der Klub am Rheinknie beherrschte in dieser Zeit die Szene. Baumeister dieser Erfolgsstory in Rot-Blau war Helmut Benthaus, 17 Jahre ohne Unterbrechung Trainer in Basel, Kopf des erfolgreichsten Kapitels in der Vereinsgeschichte, heute längst zur Legende geworden. Benthaus, ein Akademiker unter den Fußballtrainern, war Sportdozent an der Universität Basel. Er führte seinen FC Basel zu sieben Meistertiteln und zwei Pokalsiegen. Benthaus beschäftigte sich nicht bloß mit Fußball. Sein kulturelles Interesse brachte ihm Verbindungen zu Galeristen und Künstlern. Theaterdirektor Werner Düggelin zählt heute noch zu seinen Freunden. Intensiv war auch stets sein Kontakt mit dem verstorbenen Künstler Jean Tinguely. Durch Trainer Helmut Benthaus fand der Fußball in der Region Basel auch in gehobeneren Kreisen seine Akzeptanz. Im Gegenzug besuchten Fußballer vermehrt auch mal eine Theatervorführung oder tauchten bei einer Kunstvernissage auf. Benthaus verstand es, die gesellschaftliche Elite ins Stadion St. Jakob zu bewegen, während Düggelin Menschen ins Theater zu holen vermochte, die dort bis dahin kaum zu sehen gewesen waren.

Als Ottmar Hitzfeld im Frühjahr 1971 seinen Telefonanruf startete, war der FC Basel wieder drauf und dran, den Meistertitel zu holen. Nach einem Kopf-an-Kopf-Rennen mit den Grasshoppers aus Zürich lagen die beiden Klubs nach dem letzten Meisterschaftsspiel mit je 42 Punkten gleich auf. In einem dramatischen Entscheidungsspiel im Berner Wankdorfstadion ging die Benthaus-Elf mit 3 : 4 Toren als Verlierer vom Platz. Der Traum vom vierten Titel unter Benthaus war geplatzt. Die Niederlage von Bern vermochte aber die seit Jahren anhaltende Begeisterung der Basler für ihren geliebten FCB nicht im Geringsten zu dämpfen. Die Massen schwärmten von ihren Idolen, von Ramseier, Mundschin, Demarmels, Sundermann, Balmer und insbesondere von »Karli« Odermatt, der großen Vaterfigur.

Aber auch ein von Helmut Benthaus über Jahre hinweg sorgfältig geformtes Team konnte nicht ewig zusammenbleiben. Im Hinblick auf die Saison 1971/72 standen dem FCB namhafte Änderungen ins Haus.

Er habe nicht gewusst, dass es einen Ottmar Hitzfeld gab, der gleich um die Ecke in Lörrach spielte, erzählt Helmut Benthaus: »Da haben sich beim FC Basel täglich Leute gemeldet, die zu einem Probetraining wollten, 90 Prozent davon war Flugsand. Hitzfeld erschien mir am Telefon gekonnt bescheiden, jedenfalls interessant genug, ihn einmal am Ball sehen zu wollen.«

Der FC Basel trainierte damals täglich von 18 bis 20 Uhr. Nur ganz wenige Spieler waren Profis, die meisten gingen tagsüber einem Beruf nach, arbeiteten bis 17.30 Uhr, fuhren direkt zum Training und waren im besten Fall gegen 21 Uhr zu Hause.

Als er zum ersten Training mit dem FC Basel Richtung Landhof fuhr, war Hitzfeld bereits 22 Jahre alt. Am Nachmittag dieses denkwürdigen Tages versuchte er, ein paar Stunden zu schlafen, um möglichst viel Energie zu tanken und ausgeruht sein Können unter Beweis zu stellen. »Eine Stunde vor Trainingsbeginn parkte ich meinen VW Käfer diskret in der Nähe des Eingangs zur Umkleidekabine, eine volle halbe Stunde saß ich da und beobachtete die Umgebung, die ersten Spieler fuhren vor, erst als einige im Gebäude verschwanden, getraute ich mich auch rein.« In der Kabine gab er jedem einzelnen Spieler die Hand. Respektvoll sprach er seine zukünftigen Spielerkollegen mit Sie an, es war noch nicht lange her, dass er ihre Namen ehrfürchtig genannt und bloß im Traum erlebt hatte, was jetzt Realität war. 63 Kilogramm leicht, 1,78 m groß, Schuhgröße 42, Wadenumfang 37 cm, schmale Statur, das war Ottmar Hitzfeld an seinem ersten Trainingstag mit dem FC Basel. Und er legte los, als ob ihm das Schicksal bloß eine einzige Chance auf ein Leben mit dem Fußball offerierte. »Kraft und Kondition standen auf dem Programm, als der Junge aus Lörrach bei uns reinschaute«, erinnert sich Benthaus, »ich habe das Training ein bisschen umgestellt, wir haben ein kleines Spiel gemacht über den halben Platz, dann habe ich auf einen Blick gesehen: Da ist tatsächlich mehr drin als bei anderen.« Benthaus ließ die Mannschaft weitertrainieren, verließ das Trainingsfeld, stieg ein Stockwerk höher, wo die Klubleitung gerade ihre Sitzung abhielt, unterbrach die laufenden Gespräche und deutete auf den Trainingsplatz: »Meine Herren, da unten auf dem Platz könnte uns ein Schnäppchen über den Weg gelaufen sein, mit diesem Hitzfeld sollten wir einen Vertrag machen.«

Benthaus erzählt weiter: »Im ersten Moment kam mir Ottmar naiv vor, sehr schnell habe ich aber gemerkt, dass er ganz clever taktierte, er wusste haargenau, was er wollte, war fähig, sich durchzusetzen, visierte ein Ziel an und unternahm alles, es zu erreichen, nichts überließ er dem Zufall, wir boten ihm sofort einen Vertrag an, aber Ottmar stieg auf keine Verhandlungen ein, ohne seinen Bruder Winfried, Jurist und Präsident des FV Lörrach, dabeizuhaben, das war ganz schön selbstbewusst, ein unbekannter Spieler von einem Provinzklub steigt mit einem Juristen an seiner Seite und mit klaren Vorstellungen in die Vertragsverhandlungen mit dem großen FC Basel ein, ohne für diesen bisher auch nur eine Minute gespielt zu haben, und erreicht eine Ablösesumme von 15 000 Franken für den FV Lörrach. 5 000 Franken flossen auf sein eigenes Konto. Vier Jahre später wechselte er zum VfB Stuttgart, wobei er sich wohlweislich seinen Anteil an dieser Ablösesumme schon mit der Vertragsunterzeichnung beim FCB garantieren ließ.«

Ruhig, die Worte wohl abwägend, nie euphorisch, teilt Benthaus seine Beobachtungen mit: »Ottmar war von der allerersten Minute an unheimlich ehrgeizig, wenn er erklärte: ›Heute schieße ich ein Tor!‹, dann schoss er wirklich eines, er konnte im Strafraum die Verteidiger provozieren, ohne bei den Schiedsrichtern im schwarzen Buch zu erscheinen, ich habe immer das Gefühl gehabt, der Ottmar will es heute wieder unbedingt wissen, er ist nie auf den Platz gegangen und hat gesagt: ›Wir können ja mal spielen!‹, er hat den Gegner analysiert und sich gefragt: ›Wie komme ich am besten gegen ihn durch?‹, offenbar hat er sich gründlich hinter die Ohren geschrieben, was ich den Spielern mal gesagt haben soll und was sie nie vergessen haben: Wenn ihr eine freie Minute habt, auf dem Klo zum Beispiel, überlegt euch, wie ihr euch optimal auf den nächsten Gegner einstellen könnt! Ottmar hatte nie Angst vor dem Torschuss, für ihn wurde das Goal immer größer, der gegnerische Torhüter immer kleiner, intelligent genug, die bestehende Hierarchie sofort zu kapieren, erlag er zu keiner Zeit der Versuchung, sich nach vorne zu drängen und eine Führungsposition zu ergattern. Er stand in der Hackordnung bald ganz oben, weil er schlicht und einfach seine Leistung brachte.«

Wie sehr sich Ottmar Hitzfeld für den FC Basel zerriss, zeigte er am 5. Oktober 1974 bei einem Meisterschaftsspiel gegen den Erzfeind FC Zürich vor eigenem Publikum. Die letzte Minute brach an, Spielstand 0 : 0, die Zürcher tändelten mit dem Ball hinten herum, ein gefundenes Fressen für Hitzfeld, unwiderstehlich bohrte er sich in die Verteidiger und blieb prompt bei einem hängen, Elfmeter, Hitzfeld schnappte sich den Ball, Sekunden später lag dieser im Tor der Zürcher, Begeisterungsstürme, Schlusspfiff, 2 Punkte für den FCB. Erich Vogel, zu Beginn der siebziger Jahre Trainer bei den Zürcher Grasshoppers, betont: »Hitzfeld war ein ungemein gefährlicher Spieler, 89 Minuten machte er nicht viel, dann aber schoss er das entscheidende Tor. Stets habe ich unseren Verteidiger Thomas Niggl auf Hitzfeld angesetzt, Niggl durfte keinen Millimeter von Hitzfeld weichen, ich wusste, Ottmar hatte Angst vor Körperkontakt, er hasste den ›bösen Buben‹ an seinen Fersen, das habe ich ausgenutzt.«

»Ottmar war kein Mensch, der sein Herz jedem ausschüttete«, gibt Benthaus zu bedenken. »Wenn er keine direkte Verantwortung wahrzunehmen hatte, gab er sich sehr locker und passte nahtlos in die Mannschaft, wo die Post unter Federführung von Karli Odermatt nach dem Training oder nach heiß erkämpften Siegen oft recht bunt abging.«

»Das war ein irrer Typ, dieser Junge aus Lörrach«, fasst Otto Demarmels, der 1971 bereits zu den arrivierten Spielern beim FC Basel gehörte und Mitglied der Schweizer Nationalmannschaft war, seinen ersten Eindruck über Ottmar Hitzfeld zusammen. »Am Tag nach dem Probetraining kam er stark hinkend wieder, ließ sich aber nichts anmerken, biss sich zäh durch. Plötzlich zog er seine Schuhe aus, warf sie weg und spielte in den Strümpfen weiter, wie wenn nichts wäre. Wir trauten unseren Augen nicht, am rechten Fuß drückte Blut aus seinem Socken.« Ottmar Hitzfeld präzisiert: »Ich hatte Blasen von meinem Einsatz am Vortag, das war aber für mich kein Grund, das Training abzubrechen, ich stand vor der Chance meines Lebens, einen Vertrag beim FC Basel zu kriegen und Profi zu werden, ich habe weitergekickt, dreingehauen, Verletzungen riskiert, nur um Benthaus zu überzeugen, dass ich mich quälen und durchsetzen kann.« Es hat sich gelohnt. Der Traum von einem Vertrag beim FC Basel erfüllte sich. Bis Ende 1972 spielte Ottmar Hitzfeld als Amateur, dann gab ihm der FC Basel einen Profivertrag. Damit stieg für ihn die Chance, seinen Lebensunterhalt auf dem Fußballplatz zu verdienen. War es weitsichtig, traute er seinem Glück doch nicht ganz über den Weg – Hitzfeld wollte sich trotz seines Profivertrags absichern; 1973 schloss er die pädagogische Hochschule in Lörrach mit dem Staatsexamen in Mathematik und Sport ab. Jetzt sah er sich in der komfortablen Lage, zwei Berufe zu haben. Er war Lehrer und Fußballer.

Mit Akribie trug er schon für die Saison 1967/68 in sein Tagebuch ein, was er für seinen Einsatz beim FV Lörrach bekam: 380 Mark, dazu »Spezialprämien« vom Vater in Höhe von 220 Mark, insgesamt 600 Mark Jahresgehalt, genau 50 Mark im Monat. Das reichte für ein schönes Taschengeld.

Mit 600 Franken pro Monat startete Ottmar Hitzfeld 1971 seine Karriere beim FC Basel. Das war vor über 30 Jahren für einen Neuling kein schlechtes Gehalt. Von Anfang an zeigte er durchaus Geschäftssinn, er wusste, dass seine Fähigkeiten als Fußballer etwas wert sind. Und doch: Hitzfeld hätte zu Beginn seiner Profi-Laufbahn im Notfall auch für einen einzigen Schweizer Franken im Monat die Fußballschuhe geschnürt.

FC Basel, Herbst 1971

Otto Demarmels merkt an: »Als ich 1967 meine Laufbahn beim FC Basel begann, bekam ich monatlich 100 Franken, pro Unentschieden gab es 100 Franken dazu, ein Sieg trug uns 200 Franken ein. Ottmar hatte den Vorteil, in seinem Bruder einen versierten Anwalt zur Seite zu haben. Wir anderen waren naiv und getrauten uns nicht, dem Verein gegenüber selbstbewusst unsere Arbeitskraft zu verkaufen.«

Ottmar schlug mit seinem fußballerischen Können derart ein, dass ihn der Verein für das erste Jahr im Nachhinein mit 40 000 Franken honorierte. Im letzten Jahr für den FC Basel erhielt er einen Monatslohn von 14 000 Franken.

Nach einem ungeschriebenen Gesetz teilten beim FC Basel lang gediente Spieler in Trainingslagern ein Zimmer. Als der FCB nach Thailand reiste, nahm Helmut Benthaus eine neue Zimmerordnung vor. Demarmels zuckt die Schulter: »Aus unerfindlichen Gründen brach der Chef mit der alten Tradition, er teilte uns Spieler neu ein, mich traf es mit Ottmar Hitzfeld. Gar nicht erfreut über die neue

Im DFB-Dress mit Helmut Benthaus, 1972

Masche, sagte ich mir: ›Wie kommt der Benthaus dazu, mir diesen unbekannten Lörracher zuzumuten?‹ Normalerweise musste sich ein Neuer hochdienen, Benthaus dachte vielleicht, Hitzfeld brauche einen erfahrenen Spieler, um sich optimal zu integrieren. Dann waren wir eine Stunde im Hotelzimmer zusammen und ich wusste: Der junge Zimmerkollege ist mein Freund! Bald spürte ich, Ottmar würde mir alles geben, wenn es mir schlecht ginge, ich selber hätte ihm alles anvertraut, sein Gegner aber hätte ich nie sein wollen, im Training bekam ich schon mal einen kräftigen Tritt in den Hintern, so wütend konnte Ottmar werden.«

Peter Ramseier, einer der acht Nationalspieler im Kader, erklärt: »Wir hatten keineswegs auf Hitzfeld gewartet, für uns war er ein Nobody, Neue haben wir ohnehin stets skeptisch beobachtet, Ottmar gewann aber schnell unser Vertrauen, das lag vor allem an seinem unbändigen Ehrgeiz, den er geradezu liebenswürdig an den Tag legte und den er nicht einsetzte, um einem von uns den Platz wegzuschnappen, sondern der Mannschaft zum Erfolg zu verhelfen. Im Trainingslager in Thailand verordnete uns Helmut Benthaus zur Verbesserung der Kondition täglich ausgedehnte Läufe am Strand, ich war konditionell einer der stärksten im Team, auf eine kurze Strecke hätte ich gegen Ottmar keinen Stich gehabt, am Ende eines Trainings forderte er mich zum Duell heraus, er wettete darauf, als Erster beim Hoteleingang anzukommen, bis kurz davor liefen wir Kopf an Kopf, plötzlich tauchte er weg und musste sich übergeben, so sehr hatte er sich verausgabt.«

Trainer Benthaus hielt normalerweise eisern an denselben elf Stammspielern fest. Kein Neuer durfte hoffen, einfach so in diese fest gefügte Formation hineinzuschlüpfen, es sei denn, ein Stammspieler war verletzt oder steckte in einem lange andauernden Tief. Mit unbändiger Leidenschaft erstürmte Ottmar Hitzfeld diese ideologische Burg seines Trainers. Schonungslos hängte er sich im Training rein, als ginge es jedes Mal um ein Endspiel. Die einmalige Chance, sich in Rekordzeit in den Stammkader zu spielen, kam am 21. August 1971. In seinem ersten Meisterschaftsspiel, in dem er von Anfang an mitspielte, schoss Hitzfeld gleich beide Tore zum 2:0-Auswärtssieg des FC Basel in Genf gegen den amtierenden Pokalsieger FC Servette. Ein Einstand wie der Einzug ins Schlaraffenland. Die Basler Fans unter den Zuschauern auf der Genfer Charmilles waren vom Deutschen mit der Rückennummer 11 restlos begeistert. Als einer der wenigen behielt Franz Baur, Sportjournalist der »Nationalzeitung«, mit seinem Schlusskommentar kühlen Kopf: *Wir möchten aber nicht den Fehler begehen, Hitzfeld bereits jetzt als die große Entdeckung zu preisen. Wie schnell kann im Fußball etwas ins Gegenteil umschlagen! Schließen wir deshalb schlicht und bescheiden mit der Feststellung: Hitzfelds Transfer scheint sich bezahlt zu machen …*

»Auch menschlich überzeugte er uns«, schwärmt Demarmels, »er war ein ehrlicher Kerl, fern von Allüren, ein lustiger Kumpel, der auch mal über die Schnur hauen konnte, wie damals, als er nachts bei später Heimkehr aus lauter Freude am Leben, ohne einen Tropfen Alkohol getrunken zu haben, vor unser aller Augen mit einem eleganten Satz auf die Kühlerhaube eines geparkten Autos sprang, gleich einem Seiltänzer über die Dächer der nächsten fünf Autos lief, um schließlich mit einem doch nicht ganz geglückten Absprung auf einem Abfallsack zu landen.«

Von feinem Humor zeugt eine Begebenheit anlässlich der Trauung von Otto Demarmels, zu der er seinen Zimmerfreund einlud: »Plötzlich klopfte Ottmar während des Festmahls mit einem Löffel an sein Glas, bat um Aufmerksamkeit und holte zur Verblüffung aller Gäste zu einer kurzen Tischrede aus, die in folgender Pointe gipfelte: ›Liebe Adriana, seit mir bekannt ist, dass du mit meinem Freund Otti zusammenziehen wirst, beschleicht mich ein nicht mehr abzuschüttelndes, heftig zunehmendes Gefühl der Eifersucht, ich spüre, wie mir von deiner Seite Konkurrenz erwächst, gegen die ich verlieren werde, und du weißt, wie ungern ich verliere! Was du jetzt mit deinem Otti hoffentlich in vollen Zügen genießest, durfte ich einige Zeit vor dir schon erfahren, ganz anders natürlich! Auch ich habe das Bett mit ihm geteilt, und dazu noch ohne jeglichen Trauschein! Schweren Herzens lasse ich Otti ziehen und übergebe ihn für alle Zeiten deiner sorgenden Obhut.‹« Heiteres Gelächter. Herzlicher Applaus.

Ein andermal weilte der FC Basel in Acapulco im Trainingslager. Genauso engagiert und diszipliniert wie auf dem Platz bereitete Ottmar sich damals in der trainingsfreien Zeit auf seinen Studienabschluss vor. »Plötzlich hing ihm die Schufterei zum Halse heraus«, erinnert sich Zimmerkollege Demarmels, »dann musste er sich Luft verschaffen.« Hitzfeld hatte Lust auf einen Spaß. »Was bezahlt ihr mir, wenn ich heute Abend nach dem Nachtessen unser unbeliebtes Vorstandsmitglied mitsamt seinen Kleidern in den Swimmingpool werfe?«, fragte er herausfordernd. Gelächter, Skepsis, auch Bewunderung für so viel Mut. Diskret ging er von Kollege zu Kollege. Keiner, der nicht 20 Dollar Einsatz bezahlte. Was keiner wusste: Hitzfeld plante, die Tat nicht selber auszuführen. Er heuerte einen Mitspieler an, den er finanziell am Deal beteiligte.

An diesem Abend war alles anders als sonst. Die Spieler saßen länger bei Tisch, einige machten es sich in heimlicher Vorfreude auf den Liegestühlen rund um das Schwimmbecken bequem. Den ahnungslosen Herren aus der Führungsetage um Trainer Benthaus fiel nichts Besonderes auf. Gute Stimmung, angeregte Diskussion, ein problemloses Trainingslager, eben gewann der amtierende Schweizer Meister FC Basel ein Freundschaftsspiel gegen Acapulco mit 4:3. Um den Anschein von Normalität zu wahren, zogen sich einige Spieler dezent in den Hintergrund zurück. Endlich erhoben sich die Vereinsbosse, blieben angeregt plaudernd noch eine Weile am Rande des Swimmingpools stehen und genossen die entspannte Stimmung, als sich ihnen mit schnellen Schritten ein Spieler näherte, und ehe die erlauchte Herrenrunde begriffen hatte, was vor sich ging, landete einer der ihren im kühlen Nass. Skandal. Teile des Vorstandes wollten unverzüglich nach Hause fliegen. Verunsicherte Spieler. Nur Benthaus behielt die Nerven. Es gelang ihm, die aufgebrachten Gemüter der Vereinsführung zu beruhigen. Am besten reagierte der begossene Pudel selbst. Zu aller Überraschung schlug er vor, das gesammelte Geld bei einem Versöhnungstrunk zu verjubeln. Typisch Ottmar

Hitzfeld: spielen, riskieren, Geld in Umlauf bringen, Grenzen ausloten. Warum nur führte er die Tat nicht selber aus?

Mit seinen 18 Meisterschaftstoren im ersten Jahr beim FC Basel erregte Hitzfeld über die Schweizer Grenze hinaus Aufmerksamkeit. Trainer Jupp Derwall war im Begriff, seinen Kader für die Olympiade in München zu nominieren. Profis durften nicht eingesetzt werden. Diese Voraussetzung erfüllte Hitzfeld, galt er doch in Deutschland als Fußballamateur. Ohne sein Wissen rief Derwall bei Benthaus an, die beiden kannten sich aus gemeinsamer Aktivzeit in der Oberliga West. »Du hast doch den Hitzfeld in deinem Kader, was hältst du von ihm?«, erkundigte sich Derwall. »An deiner Stelle würde ich ihn ausprobieren«, schlug Benthaus vor, »schwer zu sagen, aber der Junge hat das Zeug, sich bei dir durchzusetzen.« Am 10. Juni 1972 saß Jupp Derwall auf der Tribüne des St. Jakobstadions. 56 000 Zuschauer feierten den neuen Schweizer Meister FC Basel nach einem 4 : 0-Sieg über den FC Zürich. Ottmar Hitzfeld schoss sein obligates Tor, Derwall musste nicht lange überlegen, er berief den Lörracher als 19. Spieler in sein erweitertes Aufgebot, das Märchen Olympiade München 1972 konnte für Hitzfeld beginnen. Im Trainingslager traf er auf Spieler, die er bis dahin nur dem Namen nach kannte: Klaus Wunder, Rudolf Seliger, Bernd Nickel, Manfred Kaltz, aber auch auf A-Nationalspieler Uli Hoeneß, der im selben Jahr Europameister wurde. Auf Ottmar Hitzfeld angesprochen, erinnert sich Hoeneß – im Status eines Olympiaamateurs durfte er in München dabei sein – an einen unscheinbaren, geradlinigen, äußerst ehrgeizigen Stürmerkollegen, »er kam aus der Schweiz, wenn man von dort kam, hatte man es schwer, Anerkennung zu finden«. Nach einer anderen Quelle soll Uli Hoeneß sich erst gewundert haben, warum Derwall diesen Hitzfeld für Olympia berücksichtigte, nach einer Demonstration von Ottmar Hitzfelds Können auf dem Platz aber geschwiegen haben. 26 Jahre später führten ihre Lebenswege die beiden einstigen Stürmer an alter Stätte wieder zusammen, der eine kam als erfolgreicher Trainer aus Dortmund, der andere, nicht weniger erfolgreich, war schon lange Manager des FC Bayern München.

Deutsche Olympiaauswahl, 1972

»Bei Olympia getraute ich mich nicht so recht, aber jetzt muss es raus«, flachste Ottmar, »ich war eh immer schneller als du!« Hoeneß hatte nichts dagegen einzuwenden.

Das Olympiaabenteuer der deutschen Auswahl war kein Ruhmesblatt. Die Derwalltruppe landete auf dem 6. Platz. Am 8. September 1972, vier Tage nach dem Attentat auf die israelische Olympiadelegation, schied sie mit 2:3 gegen die DDR aus, eine Blamage im eigenen Land. Olympia war für Hitzfelds sportliche Karriere ein glatter Erfolg, persönlich allerdings ging es ihm nicht gut: »Ich traf Spitzensportler aus fremden Ländern, erfuhr von ihrem Weg der Qualifikation für München, bekam einen Einblick in ihr Leben, in ihre Trainingsbedingungen. Aber der weltpolitische Schatten, der sich über die Münchner Spiele legte, verdunkelte auch meine persönliche Lage. Mein altes Problem holte mich ein. Ich hatte wieder Heimweh. Weil ich mich voll auf meine Leistungen konzentrierte, hielt es sich wenigstens dezent im Hintergrund, ich wusste ja, ich konnte bald wieder nach Hause zurückkehren, trotz lockerer Atmosphäre fühlte ich mich dennoch nie ganz wohl, ich machte einfach meinen Job, ging

Mit Uli Hoeneß beim Training, Olympiade 1972

zum Essen, weil ich essen musste, zog mich wieder aufs Zimmer zurück, schlief, las, trainierte.«

Der Auftakt hätte für Ottmar Hitzfeld nicht fulminanter sein können. In einem Testspiel gegen 1860 München gelangen ihm drei Tore. Die »Bild«-Zeitung urteilte am Tag danach: *Hitzfeld wie Gerd Müller!* Im ersten Gruppenspiel gegen Schweden wechselte Derwall den »kleinen Müller« ein, er bedankte sich für das Vertrauen und erzielte in den nächsten sieben Partien fünf Treffer für die deutsche Auswahl. »Im fernen Basel zitterten die Verantwortlichen schon, denn ich kriegte ein Angebot von Bayern München, habe aber abgelehnt; mich gegen Gerd Müller durchzusetzen habe ich mir dann doch nicht zugetraut, ich hatte Angst vor der Bank.«

Kaum wieder zu Hause, erreichten Hitzfeld Anfragen von Eintracht Frankfurt und vom 1. FC Köln. 1973 wollte Sepp Piontek, der spätere dänische Nationalcoach, Hitzfeld zu Fortuna Düsseldorf holen. Eine halbe Million Mark war aber den Deutschen doch zu viel. 1974 meldete Hertha BSC Berlin Interesse an Hitzfeld an. Geboten wurde immerhin ein Handgeld von 100 000 Franken. Ottmar blieb seinem FC Basel treu. Das alles schmeichelte dem stets gefragteren Stürmer, denn sein erklärtes Ziel war die Bundesliga. Dennoch stand für Ottmar fest: »Ich hatte bis 1975 einen Vertrag beim FC Basel, für mich kein Thema, ihn zu brechen.«

Wer immer sich mit einem FC-Basel-Fan über die Glanzzeiten seines Klubs unterhält, wird über kurz oder lang auf das unvergessliche Europacup-Rückspiel des amtierenden Schweizer Meisters gegen den belgischen Landesmeister FC Brügge zu sprechen kommen. Die Begegnung in Brügge verloren die Rot-Blauen mit 1:2. Das Rückspiel in Basel vom 7. November 1973 entwickelte sich zu einem wahren Thriller. Wie wenn das Spiel eben erst zu Ende gegangen wäre, schildert Hitzfeld die spannende Partie: »Wir lagen schnell 0:2 zurück, schafften das 2:2, Spieler und Zuschauer spürten: Hier ist noch was drin, erneut zwei Tore der Belgier, jetzt hieß es 2:4, wir kamen auf 4:4 heran, dann pfiff der Schiedsrichter Elfmeter für uns, ich habe den Ball genommen und ihn einfach reingehauen, 5:4, nur 15 000 Zuschauer trauten uns gegen Brügge noch ein Weiterkommen zu, aber die standen jetzt Kopf, drei Minuten vor Schluss: Libero Walter Mundschin köpfte in den belgischen Strafraum, ich kam an den Ball, eine halbe Drehung, der Ball lag im Tor, 6:4, der FC Basel eine Runde weiter, 10 Tore in einem einzigen Europacupspiel.«

Der nächste Gegner hieß Celtic Glasgow. Im Heimspiel vom 27. Februar 1974 führte Ottmar Hitzfeld seinen Klub mit zwei Treffern zum 3:2-Sieg. Aber im Celtic-Park zu Glasgow verließ ihn das Glück. Zwanzig Minuten vor Schluss stand es 3:2 für Celtic, Hitzfeld hatte eine Möglichkeit auf dem Fuß, aber er traf nur den Pfosten, in der Verlängerung setzten die Schotten noch einen drauf, das Aus für den FC Basel.

Ottmar Hitzfeld wird seinen damaligen Mitspieler Eigil Nielsen nicht so schnell vergessen. Während eines Trainings klatschte aus

Schweizer Meister mit dem FC Basel, 1973

dem Hinterhalt ein verdeckter Schuss des Dänen an seine Schläfen, Hitzfeld ging zu Boden, trainierte aber weiter. Plötzlich fragte er seine Mitspieler, gegen wen sie denn jetzt eigentlich spielten, die verdutzten Kollegen erklärten, sie würden doch bloß trainieren. Nach fünf Minuten stellte Hitzfeld dieselbe Frage, wollte das Training aber um keinen Preis der Welt beenden. Unter der Dusche brach er plötzlich zusammen, Weinkrämpfe packten ihn, dann lachte er wieder unmotiviert, machte deplatzierte Bemerkungen, und als Karl Odermatt den Duschraum betrat, kicherte er vor sich hin und rief: »Seht mal her, da kommt der Karli mit der langen, krummen Nase!« Die Kollegen, zugleich besorgt und amüsiert, fragten: »Ottmar, was ist denn heute für ein Tag? Gegen wen haben wir die letzte Partie ausgetragen?« – »Nichts wusste ich mehr, ich bekam Panik, sie stellten mir Fragen, ich gab wirre Antworten«, erinnert sich Hitzfeld, »felsenfest war ich überzeugt, das Spiel, nach dem sich meine Kameraden erkundigten, stünde erst bevor, dabei habe ich doch ein Tor geschossen. Ich hatte nicht einmal mehr eine Ahnung davon, den Vertrag für den VfB

Stuttgart schon unterschrieben zu haben, geschweige denn, zu welchen Bedingungen. Das Kurzzeitgedächtnis war weg, erst langsam stellte es sich wieder ein.«

Erste Liebesbande, die Ottmar Hitzfeld mit 19 Jahren knüpfte, lösten sich wieder auf. Es war ein Kirchgang in Stetten wie schon so viele zuvor, irgendwann 1974, als er sie zum ersten Mal sah. »Eine Traumfrau!«, frohlockte sein Herz, während er äußerlich bemüht war, andächtig zu bleiben, »und sie ist auch noch katholisch!« Hitzfelds Eltern betonten immer, er solle ja ein katholisches Mädchen nach Hause bringen! Ihn interessierte die Konfession nicht, wichtiger war ihm das Aussehen. »Ihre Schönheit ist mir aufgefallen, ihre außergewöhnliche Ausstrahlung, die Ruhe, die sie verströmte. Kurze Zeit später sah ich sie mit jemandem in Lörrach über den Jahrmarkt gehen, ich war völlig fasziniert, forschte nach Spuren, erfuhr, dass sie Beatrix Maier heißt, stieß auf ihren Arbeitsort, die Bezirkssparkasse Lörrach/Rheinfelden, dann sah ich sie in einer Disco, als ich eben im Begriffe war, allen Mut zusammenzukratzen und auf sie zuzugehen, entdeckte ich zu meinem Schrecken einen Mann an ihrer Seite – es war mein Nachbar! – Was sollte ich tun?«

Beatrix Maier, in Vöhrenbach (Schwarzwald) geboren, in Villingen-Schwenningen aufgewachsen, wusste nichts von einem Fußballer namens Ottmar Hitzfeld, der beim FC Basel seine Brötchen verdiente. Fußball interessierte sie nicht. Sie war zwar in festen Händen, aber ihre Freundschaft beschränkte sich auf die Wochenenden.

Ottmar Hitzfeld entschied sich, um seine Traumfrau zu kämpfen, suchte und fand eine Gelegenheit, sie anzusprechen, und lud sie ein, mit ihm auszugehen. »Sie nahm meine Einladung an. Ich fühlte mich wie im siebten Himmel«, schildert Ottmar Hitzfeld den Beginn seines Eroberungsfeldzuges. Beatrix Maier stand noch ganz woanders: »Da war anfänglich nichts von Begeisterung für Ottmar, keine Spur von Verliebtheit, ich ging gerne aus mit ihm, wollte ihn kennen lernen, unterhielt mich angeregt bei einem feinen Essen, wir trafen uns mit seiner Familie, mir gefielen die starken Bande in der Familie

Hitzfeld, mehr und mehr interessierte mich der Mensch Ottmar Hitzfeld, ich verliebte mich in ihn … Aber auch mein bisheriger Freund kämpfte um mich, plötzlich warben zwei Männer um meine Gunst, ich musste Klarheit schaffen.« Im Dezember 1974 entschied sich Beatrix für Ottmar. Ein paar Monate darauf zogen die beiden in eine gemeinsame Wohnung in Lörrach, für kurze Zeit nur, denn Hitzfeld unterschrieb inzwischen beim VfB Stuttgart, für ihn war klar: »Beatrix sollte mit mir nach Stuttgart übersiedeln, ich wollte, dass jemand zu Hause war, wenn ich vom Training kam, ich wollte nicht in einer leeren Wohnung versauern.« Beatrix Maier kündigte die Stelle bei der Bank in Lörrach und ließ ihre Freunde zurück. Die Warnungen, sie werde schneller wieder in der vertrauten Umgebung sein, als sie denke, schlug sie in den Wind. Hitzfeld nehme es allzu locker mit Freundschaften, musste sie hören. Allein, sie mochte nicht glauben, sich auf Ottmar nicht verlassen zu können. Ein einziger Punkt aber verunsicherte sie, nahm sie doch sehr wohl wahr, wie die Mädchen hinter dem attraktiven Profifußballer herrannten.

Beatrix Maier wollte nicht gleich heiraten. Ottmar Hitzfeld dagegen hätte seine Freundin am liebsten sofort vor den Traualtar geführt. Geduldig wartete er auf seine Chance. Sie kam im November 1975. Die beiden blieben auf einem Stadtbummel vor einem Brautausstattungsgeschäft stehen. »Was will diese Frau jetzt heiraten!«, witzelte Ottmar Hitzfeld und deutete auf ein Pärchen, das sich drinnen im Geschäft offensichtlich für Hochzeitskleider interessierte. »Ist die junge Frau nicht arm dran? Da hast du es besser mit mir.« Hitzfeld bekam nichts mit vom plötzlichen Meinungsumschwung seiner Geliebten. Zwei Tage nach dem Bummel durch Stuttgart verkündete sie gelassen: »Von mir aus können wir heiraten, noch in diesem Jahr!« Das musste Beatrix ihrem Ottmar nicht zweimal sagen. Für die standesamtliche Trauung am 24. Dezember 1975 öffnete das Standesamt in Lörrach eigens seine Räume. Nach der drei Tage darauf folgenden kirchlichen Trauung gingen die frisch Vermählten gleich im Januar auf Hochzeitsreise – nach Böllen im Schwarzwald, eine der kleinsten Gemeinden Deutschlands, wo ein Onkel von Ott-

Pokalsieger mit dem FC Basel, 1975
(Paul Fischli, Peter Risi, Markus Tanner, Karl Odermatt
und Ottmar Hitzfeld)

Hochzeit, 27. Dezember 1975

mar Hitzfeld in einem Bauernhaus lebte. Zu mehr als bloß ein paar Tagen reichte es dem jungen Paar nicht, für eine große Reise hatte der Profi des VfB Stuttgart keine Zeit.

Aufgefordert, Farbe zu bekennen und zu sagen, wo er als Spieler am glücklichsten war, zögert Ottmar Hitzfeld keine Sekunde: »Beim FC Basel! Was habe ich doch als Bub jahrelang sehnsüchtig über die Grenze geschielt und davon geträumt, einst im St. Jakobstadion spielen zu dürfen, mein geliebtes Hobby zum Beruf zu machen, weiter habe ich gar nicht gedacht. Erstmals lernte ich in Basel das Gefühl kennen, erfolgreich zu sein, vor einer imposanten Kulisse von 50 000

Zuschauern zu spielen, ihre Gunst zu genießen, jung, gesund und unverbraucht dem Ball nachjagen zu können.« So haben ihn heute noch viele Baslerinnen und Basler in Erinnerung. »Hol doch den Hitzfeld nach Basel«, hört Otto Demarmels sie immer wieder bitten. »Die würden glatt ein Stadtfest anreißen, wenn der Ottmar tatsächlich den FC Basel übernähme. Die Kämpfer von damals müssen wieder mal zusammensitzen, mitten unter uns Helmut Benthaus und selbstverständlich Ottmar, mein Gott, er sieht ja zeitweise so bemitleidenswert aus!«

Servette FC – FC Basel 0 : 2 (0 : 1)
Samstag, 21. August 1971
Charmilles: 11 000 Zuschauer

Die Mannschaften

Servette FC: Barlie, Martin (75. Blanchoud), Guyot (33. Wegmann), Perroud, Morgenegg, Marchi, Desbiolles, Bosson, Nemeth, Manzoni, Burgdorfer

FC Basel: Kunz, Mundschin, Kiefer, Siegenthaler, Ramseier, Sundermann, Hasler, Rahmen, Balmer, Hitzfeld, Wenger

Tore: 0 : 1 (11. Hitzfeld), 0 : 2 (48. Hitzfeld)
Schiedsrichter: Dubach (Nidau)
Bemerkungen: Servette ohne Dörfel, Basel ohne Odermatt

Kommentar Ottmar Hitzfeld:

»Bis vor kurzem trug ich noch die Farben des FV Lörrach. Ich wusste nicht, ob mein Talent auch auf dem höchsten Niveau des Schweizer Fußballs reichte. Das Spiel gegen Servette in Genf war für mich eine einmalige Chance, mich zu behaupten. Diese Chance wollte ich packen. Ich habe mich darauf gefreut, war aber auch ziemlich angespannt, das war ein gutes Zeichen, ich wusste, ich konnte wirklich Leistung bringen. Was war ich stolz, erstmals zur Startformation zu gehören! Ich spielte frech drauflos, bin um mein Leben gerannt, war eiskalt, vermochte mein ganzes Potenzial auszuschöpfen. Mir gelangen nicht nur die beiden Tore zum 2:0-Sieg, ich hatte zudem noch ein paar hochkarätige Chancen, darunter einen Lattenschuss. Das Glück in meinem ersten Ernstkampf stand mir tüchtig zur Seite, denn alle Linien des FC Basel brachten an diesem Tag eine Top-Leistung. Nach dem Spiel traute ich meinen Fähigkeiten noch nicht ganz, ich war vorsichtig, wollte nicht auf den Lorbeeren ausruhen, ich dachte sofort an das nächste Spiel, gleichzeitig musste ich mit den Schlagzeilen in den Medien fertig werden, *Schneller Hitz – wie ein Blitz*, lobte die Boulevardzeitung »Blick« meine Leistung, *Der Amateur, der beim FC Basel* spielt, gab sich die »Basler Zeitung« zurückhaltender. In den beiden nächsten Spielen traf ich schon wieder ins Netz, da war ich überzeugt: Der Durchbruch ist geschafft!«

Die damalige Basler ›Nationalzeitung‹ war von der Darbietung des neuen FCB-Stürmers sehr angetan: *Zwei Tatsachen sollten für den Ausgang dieser am Samstagabend ausgetragenen Partie von entscheidender Bedeutung sein: Erstens verkraftete der Vizemeister den Ausfall Odermatts viel besser als Servette die Absenz Dörfels! Und zweitens ging diesmal die Rechnung von Trainer Benthaus auf, der den jungen Hitzfeld gleich von Anfang an einsetzte. Und der Lörracher rechtfertigte seine Aufstellung gleich mit zwei Toren: In der 11. Minute schoss Balmer aufs gegnerische Tor. Hitzfeld erkämpfte sich den Abpraller, fackelte damit nicht lange und schmetterte ihn zum 0:1 ins Tor. Genau 2 Minuten und 25 Sekunden nach Wiederbeginn kam*

Hitzfeld in halblinker Position etwa 30 Meter vor dem Servette-Goal an den Ball. Diesmal tat er das, mit dem praktisch niemand gerechnet hatte – Torhüter Barlie wohl am allerwenigsten! Denn Hitzfeld wagte aus dieser Distanz einen Hochschuss, der den Genfer Hüter so überraschte, dass er den Ball zum Entsetzen seiner ›Copains‹ hinter die Torlinie fallen ließ. Damit hieß es 0 : 2. Die Entscheidung war gefallen.

Kapitel 3

Stuttgart
1975–1978

Ein Steinbock riskiert keinen unbedachten Tritt!

Ob das gut geht? Ehrlich gesagt: Die Regeln des Fair Play verbieten diese Zeilen im Grunde. Es sind die Zeilen einer Fremden. Einer Betrachterin, der Ottmar Hitzfeld nur als Medienfigur vertraut ist, als virtuelles Geschöpf einer Gesellschaft, die Prominente gläsern macht und den Eindruck erzeugt, sie deswegen zu durchschauen. Welch ein unverzeihlicher Irrtum. Besonders bei einem Menschen wie Hitzfeld, der die privaten Schutzzonen gewöhnlich behutsam und unauffällig sichert. Das zurückhaltende Wesen, der korrekte Anzug aus feinem Tuch, die Figur topfit, die Frisur wetterfest, die Aussagen präzise im Inhalt, moderat im Ton: So balanciert er geschickt mit klarem Kopf auf dem Hochseil des Ruhms über die Abgründe hinweg. Er bewertet die ungeschriebenen Marktgesetze des Showgeschäfts Sport mit einer kühlen Einschätzung, indem er sagt: Man kann nicht mehr (Geld) nehmen und weniger (von sich) dafür geben. Gegen den Absturz sichert er sich mit feinem Instinkt ab, indem er sich den Möglichkeiten der Medieninstrumente nicht ausliefert, sich niemals als Pausenclown der Popularität in Rollen produziert, die nur Aufmerksamkeit um der Aufmerksamkeit willen erzeugen. Der Mann ist in Balance. Meistens. Leider? Der Reiz, sich auf das Wagnis einer Betrachtung – von Frau zu Mann – aus der Distanz einzulassen, liegt genau darin, diese Balance aufzuspüren. Das ist eine Herausforderung, denn sein Gleichgewicht bedeutet ja nicht Gleichförmigkeit, sondern nur, dass er die Schwankungen seines Gemüts- und Gefühlspendels unermüdlich auspendelt.

So ist dies nichts als eine, zugegeben feminine, Spurensuche. Wonach überhaupt? Ist doch alles bekannt: seine beruflichen Stationen, seine fachliche Qualifikation, seine Erfolgsbilanzen, seine Enttäuschungen, sein familiäres Umfeld. Jeder weiß um seine Art zu jubeln mit dieser kurz zur Faust geballten rechten Hand; jeder weiß um sei-

nen brennenden Ehrgeiz, der ihm bei sportlichen Niederlagen qualvolle körperliche Schmerzen zufügt, die man zu allem Überfluss tatsächlich in seinem Gesicht lesen kann. Der intelligente, vernünftige, verantwortungsvolle, glaubwürdige, beharrliche, disziplinierte, verlässliche, faire Gentleman-Trainer. Wie erträgt ein Mensch so viele Tugenden? Wahrscheinlich, indem er gelegentlich die eine oder andere abwirft. Man muss nur die Lachfältchen um die Augen beobachten. Manchmal kringeln die sich vor Vergnügen über irgendwas. Das ist Hitzfelds Humor. Lange leise schmunzeln, statt kurz laut hinauslachen. Ob er schon einmal einen dreckigen Witz erzählt hat?

Hilfe, lass gut sein. Der Mann ist garantiert kein Heiliger. Nein, nicht wegen der Affäre mit einer Geliebten, deren Outing bei Hitzfelds Bewunderern und Kritikern je nach Blickwinkel beißende Häme, blankes Entsetzen oder schmunzelnde Sympathie ausgelöst hat. Verzeihen muss ihm das sowieso seine Ehefrau und niemand sonst. Das heißt: Doch, einer noch. Ottmar Hitzfeld musste sich selbst vergeben. Vermutlich war genau das die komplizierteste Geschichte im Heilungsprozess der geschundenen Seelen. Denn dass auch Menschen mit Charakter vom Eheweg abkommen, ist keine Erkenntnis seit Hitzfeld. Nur tun diese sich gewöhnlich schwerer zu begreifen, dass weder ein intellektueller Verstand noch ein großes Herz, weder weltliche Überzeugungen noch göttlicher Glaube sie vor Abwegen schützen.

Fehler, Mängel, Schwächen. Natürlich hat die auch ein Ottmar Hitzfeld. Nur verzeiht er sie sich als Perfektionist kaum. Keine Falte im Hemd, keine Kante in der Kompetenz: Eine falsche taktische Maßnahme, eine unglückliche Mannschaftsaufstellung, eine Fehleinschätzung des Gegners – da ärgern sich seine Gefühle grün und blau.

Gefühle? Man sieht sie ihm nicht an. Und wenn, dann eher den Kummer als das Glück. Das ist schade. Für die Beobachter. Wenn er auf seine vornehme Art widerspricht, ohne jemandem wehzutun. Wenn er kritisiert, ohne den Respekt gegenüber dem Kritisierten vermissen zu lassen. Wenn er die unterschiedlichen Tugenden und Temperamente der Spieler öffentlich zu einem Netz verknüpft, ihre Stär-

ken nutzt und ihre Schwächen dadurch kaschiert. Das klingt, als spiele er Schach mit Figuren und nicht Fußball mit Menschen. Dabei spielt er in Wirklichkeit am allerliebsten Golf. Typisch, dass seine private Leidenschaft der Sportart gilt, die so sehr demütig machen kann und so sehr anspornt.

Hand aufs Herz bei Hitzfeld: Ist diese asketische Klasse langweilig? Oder macht sie nicht eher neugierig? Auf alle Fälle lässt sie der Phantasie ihren Lauf: Wetten, dass sich seine Gehirnzellen manchmal die Köpfe einschlagen? Wetten, dass es in seinem Herzen blitzt und donnert und kracht? Wetten, dass dieses Herz manchmal vor Glück fast zerspringt? Wetten, dass er bei dieser Beschreibung kurz irritiert schaut und dann still und vergnügt schmunzelt ob so viel unbeherrschter Interpretation seiner ruhenden Seele als feuriger Vulkan, auf dessen Ausbruch man so gespannt wäre. Schüttelt er etwa auch den Kopf? Die Wette gilt trotzdem. Und zwar deswegen: Hitzfeld hat viel mehr aus dem Bauch heraus mit Gefühl und Instinkt, als es sein Auftritt glauben macht. Allerdings besitzt er die Gabe, die Entscheidungen des Bauches mit Köpfchen umzusetzen. Eine reizvolle Kombination – für eine fremde Betrachterin.

Jutta Deiss, freie Sportjournalistin

Roland Mader kam zu spät. Unverrichteter Dinge musste das Vorstandsmitglied des TSV 1860 München das Haus an der Basler Straße in Lörrach wieder verlassen und nach Bayern zurückkehren. Vater Robert Hitzfeld hatte ihm erklärt, Ottmar habe eben beim VfB Stuttgart unterschrieben. Das war im März 1975. Die Verpflichtung von Hitzfeld war der allererste Vertrag, den der neue Präsident Gerhard Mayer-Vorfelder mit einem Spieler abschloss. Ottmars Manager war Dr. Ratz, ein Rechtsanwalt, der stets beabsichtigte, zugleich seinen Spieler wie auch den an ihm interessierten Verein zufrieden zu stellen. Die Parteien einigten sich auf eine Ablösesumme von einer halben Million Franken. Ottmar Hitzfeld versichert noch heute, nichts davon bekommen zu haben, während Benthaus augenzwinkernd festhält: »Ottmar hat ganz clever 250 000 Franken für sich ausgehandelt.«

Ottmar Hitzfelds Leistungen bei den Olympischen Spielen in München trugen ihm in Deutschland einen guten Ruf ein. Kein Wunder, dass sie ihn im Ländle herzlich willkommen hießen. Die Leute mochten den ruhigen, freundlichen Lörracher, der so ohne Starallüren auftrat. Erfolge wolle er sprechen lassen, verkündete Hitzfeld, Menschen mit seinen fußballerischen Fähigkeiten glücklich machen: die Fans, die Mitspieler, den Trainer, den Vorstand. »Ich glaubte tatsächlich, jedes Problem sei lösbar, jeder sei seines eigenen Glückes Schmied«, Ottmar Hitzfeld wundert sich heute über seine einstige Unbekümmertheit, die er nach so vielen Jahren im Fußballgeschäft verloren hat. »Damals glaubte ich an meine Philosophie, heute sage ich: Es ist gefährlich und unbarmherzig, so zu denken, es stimmt eben nicht, dass man sich nur genug anstrengen muss und schon fliegen einem die gebratenen Tauben von alleine in den Mund, ich bin auch überzeugt, wer schlecht gebettet ist, muss nicht zwingend selber schuld sein an seinem Unglück.«

Lektüre des »tip«, 1977
(Markus Elmer, Dieter Hoeneß, Ottmar Hitzfeld und Erwin Hadewicz)

Ottmar Hitzfeld kam nach Stuttgart mit dem Lebensmotto, alles zu geben, nie lockerzulassen, die Erwartungen zu erfüllen, unter allen Umständen Niederlagen zu vermeiden, in jedem Fall die Pflicht zu tun. »Ich vermute, ich wollte mit Hilfe dieser Ziele unbewusst einige Schwächen kompensieren, die mich als Kind belasteten: einen Sprachfehler, Hemmungen in der Schule, auch dass ich zu Hause oft bloß der kleine Ottmarle war. Als Kind stand ich nicht selten mit dem Rücken zur Wand, war pessimistisch, suchte die Schuld immer bei mir, wenn etwas schief lief. Ich musste mir mein Selbstbewusstsein mühsam und kontinuierlich erarbeiten.«

Als Badener passte der pflegeleichte Ottmar Hitzfeld gut in die Familie des damals noch stark landsmannschaftlich geprägten VfB Stuttgart. Einer der wenigen Ausländer war Dragan Holcer, Libero und Kapitän der jugoslawischen Nationalmannschaft. Den filigranen Torjäger Hitzfeld störte es keineswegs, als ihn die »Bild«-Zeitung den Stuttgartern mit der Schlagzeile *Ottmar – das Handtuch aus Lörrach* vorstellte. Schon seine Basler Teamkollegen witzelten oft über seine spindeldürre Figur: »Pass auf, Ottmar, wenn du dir jetzt erlaubst, noch ein zweites Bier zu trinken, dann nimmst du bestimmt drei Gramm zu.«

Ein Jahr vor Hitzfelds Wechsel nach Stuttgart standen die Schwaben noch im Halbfinale des UEFA-Cups gegen Feyenoord Rotterdam, Monate später belegte die Mannschaft in der Meisterschaft aber schon einen hinteren Tabellenplatz, kurz darauf kam das Verdikt: Der VfB Stuttgart steigt in die 2. Bundesliga ab! »Das war Pech für mich«, stellt Hitzfeld fest, »ich ging selbstverständlich davon aus, in der 1. Bundesliga spielen zu können, unterzeichnete aber einen Vertrag für beide Ligen, jetzt gab es keine Wahl, ich musste in den sauren Apfel beißen!«

Auch fernab des Fußballfeldes wurde zu dieser Zeit nicht alles zu Gold, was Ottmar Hitzfeld anfasste. Ein Freund überredete ihn, gemeinsam eine Druckerei zu kaufen. »Das sei eine Marktlücke, schwärmte er mir vor, eine Möglichkeit, viel Geld zu verdienen. Ich vertraute ihm, stieg ein und steckte eine Menge Geld in dieses Projekt, weil ich glaubte, eine gute finanzielle Absicherung für die Zeit nach dem Fußball gefunden zu haben. Ich stellte mir vor, dann in ein gut laufendes Unternehmen einsteigen zu können. Die Rollen waren verteilt, mein Freund hat die Druckerei geführt, ich gab das Geld, um die Geschäfte konnte ich mich nicht kümmern. Wir haben den ›tip‹ herausgebracht, ein Anzeigeblatt für den Raum Lörrach mit ein paar Schlagzeilen, kurzen Berichten im Boulevardstil und regelmäßigen Geschichten aus der Welt des Fußballs. Leider hat mein Freund unglücklich gewirtschaftet, das Geschäft lief defizitär, die anderen Tageszeitungen waren zudem sauer auf uns, weil wir ihnen Werbekunden abnahmen. Ich stieg aus, verkaufte die Druckerei, hatte viel investiert und verlor nun eine Menge Geld. Mir war klar, die Verantwortung für das Debakel übernehmen zu wollen, immerhin hatte ich ein paar Leute angestellt, denen ich jetzt kündigen musste, denn wenn sie uns schon vertrauten, wollte ich sie nun nicht im Regen ste-

Ottmar und Beatrix Hitzfeld, 1977

hen lassen, ich beglich alle Schulden, schloss ein unrühmliches Kapitel mit der Erfahrung ab, mich nächstes Mal sehr vorsichtig in die Hände anderer Menschen zu begeben.«

Hitzfeld bezog mit seiner jungen Frau in Stuttgart-Ost eine heimelige, kleine Dachgeschosswohnung. Medienleute erinnern sich: Ottmar, der makellose Vorzeigeprofi, Beatrix, die stets hilfreiche Musterfrau, die »Puppe aus dem Katalog«. Musste ihr Mann zu Auswärtsspielen, gab sie ihm liebevoll zubereitete Schinken- und Zuckerbrötchen mit auf den Weg. Manch ein Journalist, der sich auf langer Busfahrt für ein Interview zu ihm setzte, bekam so ein feines Brötchen ab.

Im Training und im Spiel gab Ottmar Hitzfeld alles, da war er präsent, hundertprozentig engagiert. Und in der Freizeit? – Lörrach war so nahe, das Heimweh unvermindert groß, trotz Ehe. »Wir fuhren jedes Wochenende nach Hause!«

26-jährig, in der Blütezeit eines Fußballerlebens, frisch verheiratet, mit einem Profivertrag des VfB Stuttgart in der Tasche, in der

Mai 1977

Schwabenmetropole von jedermann gern gesehen – das Schicksal meinte es gut mit Ottmar Hitzfeld, auch wenn der Traum Bundesliga nicht in allen Farben schillerte, er musste mit seinem VfB erst einmal gegen Teams der 2. Bundesliga antreten, nicht alles lief rund, eine schlechte Stimmung lag über der Mannschaft. In einem der letzten Spiele der Zweitligasaison 1975/76 erlebte Hitzfeld gegen den SSV Reutlingen, wie trostlos ein Fußballspiel sein kann. Ganze 2 800 Zuschauer verloren sich noch im großen Rund des Neckarstadions, die Mannschaft erlitt eine 2:3-Niederlage. Der Tiefpunkt. Trainer Hermann Eppenhoff hatte keinen Erfolg. Für ihn kam Albert Sing, der Meister der Zucht und Ordnung, auch er verschwand bald, nachdem er mit dem Österreicher Buffy Ettmayer und dessen nonchalanter Berufsauffassung ebenso nicht zurechtkam wie mit der Beatles-Mähne von Gilbert Gress. Als nächster Trainer versuchte Istvan Sztani sein Glück, nach einem Dreivierteljahr gab auch er auf. Die Wende zum Guten kam, als Jürgen Sundermann das Zepter übernahm. Mit ihm zusammen spielte Hitzfeld beim FC Basel. »Eine Superzeit brach an«, schwärmt Ottmar Hitzfeld, »Sundermann formte aus überragenden Köpfen wie Dieter Hoeneß, Hansi Müller, Hermann Ohlicher, Karlheinz Förster, Dragan Holcer und Helmut Roleder eine schlagkräftige Truppe.« Bescheiden vergisst er, sich selbst dazuzuzählen. »Dann kam jener Freitag, 13. Mai 1977, wir spielten in der letzten Zweitligapartie vor dem Aufstieg gegen Regensburg, 43 000 Zuschauer im Neckarstadion bejubelten unseren 8:0-Sieg, ich schoss sechs Tore, das war mir fast peinlich.«

Mit genau 100 Toren beendete der VfB Stuttgart seine zweite Saison in der 2. Bundesliga auf dem ersten Platz, das bedeutete den Wiederaufstieg. Am meisten Tore erzielte Ottmar Hitzfeld, 24 insgesamt. Wieder in der Beletage des deutschen Fußballs, spielte der VfB regelmäßig vor 56 000 Zuschauern. Sundermann war als Trainer ein harter Hund, er ließ seine Spieler auch im Winter mit kurzen Hosen trainieren. Die Schwaben spielten einen unkomplizierten Fußball ohne besondere Taktik. Aber sie stürmten wieder in der Bundesliga und Ottmar Hitzfeld mitten unter ihnen, mit Leib und Seele.

Die Spielzeit 1977/78 beendete der VfB Stuttgart auf dem 4. Tabellenplatz. Eine beachtliche Saison gehörte der Vergangenheit an. Der VfB hatte einen guten Lauf. Nur einen begleiteten die Fans schon seit einiger Zeit mit großer Sorge. Der »Aufstiegsheld«, wie sie Ottmar Hitzfeld in dankbarer Erinnerung an das legendäre Regensburg-Spiel nannten, bekundete zusehends Mühe. Nicht nur zählte er, ehe er sich versah, zu den älteren Himmelsstürmern im Fußballgeschäft, sein Stern in der Bundesliga begann vor allem wegen gesundheitlicher Probleme langsam zu sinken, die Adduktoren machten sich bemerkbar, der Arzt stellte Arthrose fest, ein Beckenschiefstand bereitete zunehmend Schmerzen. Hitzfeld musste bereits im Februar 1976 die linke und rechte Leiste operieren lassen, jede Woche wurde er fit gespritzt, schluckte Tabletten. »Die Belastung wurde einfach zu groß«, bilanziert er die ausklingende Zeit in Stuttgart. »Sundermann musste mich öfters vom Platz nehmen, der Körper streikte, ich wollte nicht ständig der 12. oder 13. Mann sein, ich war nicht bereit, mit 29 Jahren nur noch das Gnadenbrot essen zu dürfen.«

Wer ist der Mensch Ottmar Hitzfeld, den laut Umfragen verschiedener Meinungsforschungsinstitute 92 Prozent der Menschen in Deutschland kennen? Was heißt »kennen«? Sie sind in der Lage,

VfB Stuttgart – FC Schalke 04; 6 : 1, Januar 1978

Verabschiedung vom VfB Stuttgart durch Gerhard Mayer-Vorfelder, Oktober 1978

ihn als prominenten Zeitgenossen auf der Straße oder in irgendeiner Zeitschrift zu erkennen. Sie wissen, das ist Ottmar Hitzfeld, einst ein gefürchteter Torjäger, heute einer der besten Trainer der Welt. Ein feiner Mann in der Gilde der Fußballlehrer. Und was weiter?

Nicht immer war Ottmar Hitzfeld der »Heilige von der Trainerbank«. Was Menschen, die den Lörracher zu kennen glauben, nicht für möglich halten, ereignete sich zu Beginn der Saison 1989/90. Innerhalb einer Woche legte der sonst so besonnene Hitzfeld sich gleich zweimal mit Schiedsrichtern an, zuerst auf dem Hardturm gegen Servette, dann im Auswärtsspiel gegen den FC Sion. Im Walliser Stade de Tourbillon grätschte ein Sion-Verteidiger schon in der 2. Spielminute mit gestrecktem Bein in den Oberschenkel von Andy Halter. Noch in der ersten Halbzeit erwischte es den zweiten Nationalspieler von Grasshopper Zürich, Alain Sutter wurde in einer Situation schwer verletzt, in welcher sein Gegner nicht die geringste Chance besaß, an den Ball zu gelangen. In der 72. Minute ging plötzlich Grasshopper-Zürich-Spieler Mats Gren blutüberströmt zu Boden. Abseits des Spielgeschehens schlug ihm ein Gegenspieler den Ellenbogen ins Gesicht. Hitzfeld schnellte wie eine Feder von der Trainerbank hoch und schickte unverzüglich seinen Vereinsarzt auf den Platz, den Schiedsrichter Marco Raveglia postwendend zurückwies. Wütender Protest von Hitzfeld. Entscheidung von Raveglia: Hitzfeld musste auf die Tribüne.

Was am 5. August 1989 während des Spiels Sion – Grasshopper Zürich geschah, erlaubte Ottmar Hitzfeld nicht mehr, in gewohnt gelassener Art zuzuschauen. »Ich musste reagieren«, erklärt Ottmar Hitzfeld, »die Gesundheit meiner Spieler war in Gefahr, ich hielt es für meine Trainerpflicht zu intervenieren. Da wollte und durfte ich nicht mehr auf den Glanz meines Images achten.«

Einer der markantesten Charakterzüge von Ottmar Hitzfeld ist sein Hang, bewahren zu wollen, am Vertrauten festzuhalten – ganz auf der Linie seines Vaters: »Was du hast, das hast du sicher!« Als Trainer vor die Wahl gestellt, fuhr Ottmar Hitzfeld meist einen konservativen Kurs: bewährte Spieler vor Greenhorns. Warum sollte er gleich wieder verlassen, was sich als tragfähiger Boden erwies?

Nachdem sie schon siebenmal am selben Ort auf Mallorca Ferien gemacht hatten, schlug René Ritter seinem Freund Ottmar vor, nächstes Mal den Urlaub in Italien zu verbringen. Hitzfelds Abwehrverhalten nahm geradezu weltmeisterliche Dimensionen an: »Hier kennen wir doch den Golfplatz, und der ist nicht zu überbieten, das Hotel und seine Infrastruktur sind erstklassig, wir kennen ein paar vorzügliche Restaurants, die Wege in die Umgebung sind uns vertraut«, alles leicht zu entkräftende Argumente, aber wenn Meister Hitzfeld nicht will …!

Sicherlich spielen bei der Entwicklung eines jeden Menschen einige grundlegende Faktoren eine Rolle: die Gene, die Umwelt und Faktoren, die einer wissenschaftlichen Beweisführung nicht standhalten können, etwa die Führung durch einen Gott oder gar die »Sterne«. Vielleicht gaben auch sie Ottmar Hitzfeld ein paar Anlagen mit auf den Lebensweg, die er in der Auseinandersetzung mit seiner Umwelt in eigener Regie zur Entfaltung bringt.

Zwei astrologische Phänomene sollen bestimmte Aussagen erlauben: Der Aszendent und der Deszendent eines Menschen. Der Aszendent gibt an, wie ein Mensch sich anderen gegenüber zeigt. Hitzfelds Aszendent ist der »Krebs«. Wer zu schnell auf einen Krebs zugeht, wird erfahren, dass er sich sofort zurückzieht, weil er Angst hat, die Kontrolle zu verlieren. Wenn jemand zu forsch den persönlichen Lebensraum eines Krebses betritt, macht das Tier zwei Schritte zurück. Der Krebs ist ein Schalentier. Er ist gepanzert, in seinem Innern aber hoch emotional.

Als »Krebs«-Aszendent zieht Hitzfeld Menschen an, ohne viel von sich selber zu zeigen. Er hat das Geschick, Menschen um sich zu versammeln, eine Gemeinschaft zu stimulieren, ein Gefühl der Zugehörigkeit zu vermitteln, eine Gruppe gar emotional zu manipulieren. In jedem Fall will er die Kontrolle behalten. Wenn aus einer Gruppe, die Hitzfeld führt, jemand ausschert, Opposition macht oder seine Autorität anzweifelt, kann ihn das persönlich sehr treffen. Hitzfelds »Krebs«-Aspekt wirkt nicht so sehr auf einzelne Personen, vielmehr auf die Gruppe, deren Wohl er im Auge behält. Seine Stärke liegt darin, eine vertrauensvolle Atmosphäre zu schaffen. Von ihm kommt ein gerüttelt Maß an Vertrauen. Auf den Zusammenhalt einer Gruppe übt er einen starken Einfluss aus. Die große Frage lautet, wie weit er bereit ist, seine Emotionen tatsächlich zu zeigen. Zwar hat er als »Krebs« Antennen nach außen zur Verfügung, aber er kann, wenn er will, seine Emotionen unter dem Panzer verstecken. Ottmar Hitzfeld ist ein emotionaler Mensch. Sein »Krebs« stellt ihn immer wieder vor die Frage, wann und wem er sich öffnen will. Einer, der sich wie Ottmar Hitzfeld nach außen kontrolliert gibt, muss logischerweise etwas kontrollieren. Es sind seine Emotionen. So kennen hunderttausende von Fußballbegeisterten den Trainer Hitzfeld: Nie verliert er die Fassung, fünf Minuten nach einer schmerzlichen

Niederlage kann er kühl und abgeklärt Interviews geben. Dabei verrät er nicht, wie ihm tatsächlich zu Mute ist.

Dies soll aber nicht heißen, dass der »Krebs«-Aszendent von Hitzfeld all die eben beschriebenen Grundzüge seiner Persönlichkeit tatsächlich bewirkt, er schlägt ihm höchstens vor, sehr wohl zu überlegen, inwiefern diese Grundzüge mit seinem Leben etwas zu tun haben und auf welche Weise er mit ihnen arbeiten könnte.

Wenn Leute sich gegenseitig nach ihren Sternzeichen erkundigen, reden sie meistens, ohne es zu wissen, über ihren Deszendenten. Er ist ihnen geläufiger als der Aszendent. Der Deszendent zeigt, wie ein Mensch bei anderen wirkt. Hitzfelds Deszendent ist der »Steinbock«. Die Heimat dieses Tieres liegt hoch oben in den Bergen. Es strahlt eine königliche Würde aus, muss sie sich aber hart erarbeiten, um ganz nach oben zu gelangen. Zwar ist auch der Löwe in der Rolle des Sonnenkönigs eine majestätische Gestalt unter den Tieren. Der Löwe ist aber zur Macht geboren, sie wird ihm in die Wiege gelegt, er muss sich nicht anstrengen, mächtig zu sein. Jedermann Ehrerbietung abringend, sitzt er da, genießt seine Macht und erweist seinen Untertanen nach Lust und Laune die eine oder andere Gunst. L'état, c'est moi!

Von ganz anderer königlicher Art ist der Steinbock. Er steigt auf schmalsten Felsbändern sicher die steilen Berge empor, ein unglaublich zähes Tier, das nie einen unbedachten Tritt riskiert, instinktiv sieht er, wo die Stolpersteine liegen. Er will ja nicht abstürzen. Der Wahlspruch des »Steinbocks« lautet: Der König ist der erste Diener seines Staates. Das ist präzise die Rolle Hitzfelds. Er tut alles, damit der Verein Erfolg hat, nicht um selber groß herauszukommen. Als Trainer verlangt er Eigenverantwortung und Disziplin. Er erwartet, dass die Spieler ihr Leistungspotenzial ausschöpfen. In all diesen Punkten geht er mit seinem Beispiel voran, zäh und ehrgeizig. Wer seine Erwartungen erfüllt, den fördert er. Nie würde er Anbiederungen zulassen. Es liegt eine fast gnadenlose Konsequenz in seinem Wesen. Würde er enttäuscht, könnte er jemanden sogar fallen lassen.

Die Karriere des Ottmar Hitzfeld gleicht dem trittfesten Hochklettern eines Steinbocks. Wie der Steinbock instinktiv weiß, wo und wie er seinen Fuß aufsetzen muss, um sicher emporzusteigen, verlief auch die Laufbahn Hitzfelds kontinuierlich und sicher nach oben. Ein riskanter Sprung etwa von Aarau direkt nach München war undenkbar, eines »Steinbocks« nicht würdig.

Damit er die einsame Position als Trainer aushalten kann, so ganz allein am Spielfeldrand zu stehen und nicht eingreifen zu können, braucht Ottmar Hitzfeld eine intakte, emotionale Beheimatung. Das ergibt sich aus der »Krebs-Steinbock«-Konstellation. Kommt dazu, dass er immer wieder mit dem Gefühl zu kämpfen hat, nirgends ganz verankert zu sein, als ob er bloß Wurzeln im Wasser hätte. Er könnte seine Leistung nicht bringen ohne sicheres Nest in der Familie und bei Freunden. Aber gerade diesbezüglich muss er lernen, sich vom Eingebettetsein im Familienverbund und von der Zugehörigkeit zum Kollektiv zu lösen und den langen Weg zur Selbständigkeit anzutreten, seine eigene, innere und unabhängige Autorität zu werden, auf der geistigen, seelischen und materiellen Ebene. Die »Sterne« laden ihn ein, an diesem Lebensentwurf zu arbeiten.

Stefan Effenberg sieht seinen ehemaligen Chef, wie er gleich einem Löwen auf dem heißen Wüstensand liegt, sich alles anschaut, alles kontrolliert, nicht angreifbar ist, viele kleine Tiere um sich herum springen lässt, aber wenn es an der Zeit ist, dann springt der Löwe auf und packt zu. »Ottmar Hitzfeld ist der erste Trainer, den ich gerne einlade, mich jederzeit in meinem Haus in Florida zu besuchen«, bekennt Effenberg, »dort gibt es die schönsten Golfplätze der Welt, aber ich weiß nicht, ob es jemals dazu kommt, eher werde ich pensioniert, als dass Trainer Hitzfeld sich vom hektischen Alltag des Fußballgeschäfts losreißen kann.« Der »Tiger« ist gut zu sprechen auf Hitzfeld, und umgekehrt. Die Verbindung Hitzfeld-Effenberg entstand 1998. Effenberg spielte damals bei Borussia Mönchengladbach, Hitzfelds Jahr als Sportdirektor des BVB neigte sich dem Ende zu, er wollte als Trainer auf die Bank zurück, Mönchengladbach spielte in seinen Überlegungen tatsächlich eine Rolle, Hitzfeld und

Effenberg sprachen viel miteinander und verstanden sich prima, zu einem Trainerengagement Hitzfelds in Mönchengladbach kam es nicht, trotzdem fanden die beiden zusammen, Hitzfeld unterschrieb in München und schlug den Verantwortlichen des FC Bayern vor, »Effe« gleich mit zu nehmen. Beckenbauer wollte den Leitwolf vom Bökelberg unbedingt, Hoeneß und Rummenigge ließen nach intensiven Diskussionen ihre Vorbehalte fallen, nur Ministerpräsident Edmund Stoiber, der dem Beirat der Bayern vorstand, stellte sich strikt quer, erst nach mehreren Gesprächen mit Beckenbauer und einer Sondersitzung lenkte Stoiber ein.

Hitzfeld hielt an Stefan Effenberg fest. Das war leicht, solange die beiden erfolgreich waren und der Hamburger bei den Bayern glänzend Regie führte. Im November 2001 riss plötzlich der Faden, die Mannschaft gab Punkt um Punkt ab, stürzte in ein Loch, nichts passte mehr zusammen, neben anderen Leistungsträgern fiel auch noch Effenberg durch eine gravierende Fußverletzung für längere Zeit aus, aber es war wie verhext: Kaum spielte der Stratege nicht mehr mit, kam die Mannschaft wieder zu Punkten. Was sollte nun Hitzfeld Wochen später mit seinem wieder genesenen Kapitän tun? Der Trainer befand sich in einer verzwickten Lage. Seinen umstrittenen Spieler bringen und damit riskieren, dass Bayern mit Effenberg wieder auf die Verliererstraße gerät? Ihn auf die Bank setzen? »Effe« nicht aufstellen, die Reizfigur, die jederzeit ein Spiel mit einem genialen Pass entscheiden kann? Ottmar Hitzfeld hörte sich die Meinung von Leuten, die ihm etwas bedeuten, sehr wohl an, ging aber, wie immer, seinen ureigenen Weg und entschied, sein Kapitän solle wieder spielen. Kritiker suchten im Bereich der Mythologie und bemühten das Wort von der Nibelungentreue.

Als Stefan Effenberg schließlich im Mai 2002 in einem ›Playboy‹-Interview zum Thema Arbeitslosigkeit erklärte: *»Ich würde die Stütze auf ein Minimum herabsetzen, sodass jeder arbeiten muss«*, lief das Fass über. Nun gab es auch für seinen Trainer keine andere Wahl, er konnte ihn im Heimspiel gegen Hertha BSC Berlin und in der Partie in Wolfsburg nicht spielen lassen. Für das letzte Spiel der

Saison 2001/02 im Münchner Olympiastadion, Stefan Effenbergs letztem Arbeitstag für den FC Bayern, setzte Ottmar Hitzfeld ein unmissverständliches Signal: Er stellte »Effe« nochmals auf. »Ich brachte Stefan aus menschlichen Gründen«, erklärt Ottmar Hitzfeld, »zugegeben, mein Kapitän hat gegen Schluss der Saison nicht mehr immer die Leistung erbracht, die man von ihm erwarten durfte, seine Verdienste für den FC Bayern schienen tatsächlich schnell vergessen, ich wollte Effenberg einen ehrenvollen Abgang ermöglichen, aus Dankbarkeit, aber ich weiß, Dankbarkeit und Menschlichkeit sind altmodische Tugenden und haben im oft brutalen Fußballgeschäft nur eine winzige Chance.«

Ottmar Hitzfelds Schwierigkeit, die Personalie Effenberg zu managen, lag im Widerspruch, den »Effe« selber verkörperte. In seinem letzten Jahr bei den Bayern war der einst so grandiose Stratege nicht mehr in der Lage, seine Führungsrolle wahrzunehmen, obwohl er sie trotzdem vehement beanspruchte. Die beiden Journalisten Ludger Schulze und Philipp Selldorf sind sich einig: »Trainer und Verein hätten stark genug sein müssen zu sagen: Wir verzichten auf die Dienste von Stefan Effenberg, er kann gerne bis Ende der Saison bleiben oder sich gleich einen anderen Verein suchen.« – »Ottmar Hitzfeld hat im Umgang mit Stefan Effenberg erstmals etwas gemacht, was er bis anhin noch nirgends praktizierte«, stellt Ludger Schulze fest, »er hat nicht die pure Leistung als alleinigen Maßstab genommen, sondern er hat Verdienste aus der Vergangenheit angerechnet, das ist sehr menschlich, aber Hitzfeld hat damit erstmals seine Linie verlassen, er war bis anhin ein knallhart leistungsorientierter Trainer, er wollte das Denkmal Effenberg nicht demontieren, das macht Hitzfeld in meinen Augen sympathisch, ob ein solches Vorgehen im Profifußball opportun ist, lasse ich offen.« Ironie der Geschichte: »Effe« verletzte sich kurz vor seinem letzten Spiel die Achillessehne, und das gegen Hansa Rostock vorgesehene Abschiedsspiel platzte für ihn.

Oliver Kahn nennt eine Seite, die ihn besonders mit seinem Trainer verbindet: »Hitzfeld kann nicht verlieren! Im Unterschied zu mir hält er jedoch jegliche Emotionen in sich zurück. Mein Trainer ist schlauer, als ein Fuchs je sein kann, es kommt mir so vor, als ob er alles, was er tut, bis ins Detail durchdacht, ja gar durchlebt habe. Nehmen Sie als Beispiel unsere Heimpartie vom 20. November 2001, wir spielten in der Champions League gegen Manchester United und erzielten ein 1 : 1. Stefan Effenberg wurde ausgewechselt, die Zuschauer pfiffen ihn aus, ›Effe‹ zog sich um und fuhr gleich nach Hause, normal bleibst du bei der Mannschaft. Für die Medien ein gefundenes Fressen. Hitzfeld wurde in der Pressekonferenz gefragt: ›Finden Sie es gut, dass Effenberg gleich nach Hause gefahren ist?‹ Hitzfeld konterte: ›Ja, natürlich, Stefan hat sich vorbildlich verhalten, er ging gleich schlafen, um sich genügend zu erholen und morgen wieder fit zu sein!‹ – Ich fragte mich: Ist denn der Mann so clever, dass er sich sogar auf diese Frage eine Antwort zurechtgelegt hat?«

»Ottmar ist kein Mensch, der es einem gestattet, sehr warm mit ihm zu werden, er lässt sehr wenige Menschen wirklich an sich heran.« Uli Hoeneß sinniert sehr ehrlich über den Menschen Ottmar Hitzfeld. »Der Ottmar ist ein akribischer Analytiker, er regelt alles bis zur letzten Einzelheit, neigt zu Misstrauen, hört bloß auf ein paar auserlesene Berater, verlässt sich in erster Linie auf sich selbst. Ich möchte gern wissen, wie viele Menschen es gibt, die ihn wirklich treffend einschätzen können.« Hoeneß möchte Hitzfeld gern mehr Freund sein, mutmaßt aber, seine Distanz komme daher, weil Hitzfeld eben auch damit rechne, Hoeneß müsse ihm eines Tages als guter Freund eröffnen: ›Ottmar, ich muss dich entlassen!‹ Hoeneß differenziert: »Das eine hat mit dem andern nichts zu tun. Jupp Heynckes ist mein bester Freund, eines Tages musste ich zu ihm gehen und ihm mitteilen: Im Vorstand haben sie gegen meine Stimme beschlossen, dich zu entlassen, und ich habe mich verpflichtet, dir das zu sagen. Geschäft ist das eine, Freundschaft das andere. – Manchmal frage ich mich schon, ob Ottmar genug Spaß hat am Leben, er ist so unheimlich kontrolliert, zwei oder drei Schritte auf ihn zu, gleich gibt er – nonverbal – das Stopp-Zeichen! Ich würde gerne sagen: Mensch,

Ottmar, lebe mehr! Komm doch mehr aus dir heraus!« Manager Hoeneß vergleicht seinen Trainer mit einem scheuen Waldtier: »Ähnlich einem Reh steht Ottmar in der Lichtung und späht nach allen Seiten, immer auf der Hut, angegriffen zu werden, denn er ist nicht so stark, wie er sich verkauft.«

In der Kontrollpose eines Löwen oder doch eher wie ein scheues Reh? Größer könnten die Gegensätze nicht sein. Ottmar sagt von sich, er sei ein typischer »Steinbock«, sein Sternzeichen reflektiere präzis sein ständiges Grundbefinden: Einsam im Geröll des Hochgebirges fest und sicher voranschreiten.

72 Menschen in Deutschland und in der Schweiz, die Ottmar Hitzfeld persönlich kennen und 122 Leute, die sich bloß über die Medien ein Bild von ihm gemacht haben, waren zu einer Einschätzung der Person Hitzfeld bereit. Bei seiner Selbsteinschätzung erzielte Hitzfeld in den Themenbereichen »Befinden«, »Macht« und »Arbeitsweise« eine große Übereinstimmung mit diesen beiden Gruppen. Hätte er es gewagt, sich beim Thema »Arbeitsweise« ganz links einzutragen, wo sich die meisten Stimmen der beiden andern Gruppen versammeln, hätte er dort die größte Übereinstimmung erzielt. »Ich sehe mich schon gewissenhaft und beharrlich«, betont Ottmar Hitzfeld, »ich wollte aber nicht arrogant wirken. So wie ich Gewissenhaftigkeit lebe, hat sie zwei Seiten: Ich überlege mir alle Eventualitäten eines Entscheids, spiele sämtliche Konsequenzen meiner Handlungen durch, oft kommt mir aber genau diese Art von Gewissenhaftigkeit in die Quere, ich sehe im Prozess der Mannschaftsaufstellung oft zu viele Probleme, will unter keinen Umständen einen Fehler machen und hinterfrage mich vielleicht zu sehr.«

Zum Thema »Sozialverhalten« ist Ottmar Hitzfeld nicht erstaunt, dass ihn auch die indirekt Einschätzenden als kommunikativen Menschen empfinden, bemerkenswert ist aber, dass gerade diese Gruppe an ihm auch eine gesellige und warmherzige Seite ausmacht, gestrichen hat diese Eigenschaften jedenfalls niemand. Auch Hitzfeld überrascht diese Einschätzung: »Wenn ich jemanden nicht gut kenne oder wenn ich in der Öffentlichkeit stehe, bin ich sehr zurückhaltend, wenn ich aber über längere Zeit hinweg spüre, dass es jemand ehrlich meint mit mir, öffne ich mich ihm.«

Gar keine Klarheit bringt das Thema »Eigenart«. Ottmar Hitzfeld wählte die neutrale Position 0: »Ich bin sowohl nüchtern als auch unbekümmert, das sind die zwei Seiten des Ottmar Hitzfeld, da bin ich fast wie ein potemkinsches Dorf: im Beruf nüchtern, privat unbekümmert-locker.«

Die Vermutung, die beiden Gruppen würden Ottmar Hitzfeld zumindest bei den Themen »Sozialverhalten« und »Humor« unterschiedlich einschätzen, weil es für diese Beurteilung von Vorteil ist, einen Menschen gut zu kennen, hat sich nicht bestätigt.

Gemäß einer Umfrage von inra Deutschland aus dem Jahr 2000 halten 78 % von 313 Befragten, die Ottmar Hitzfeld kennen, den Lörracher für sympathisch, 79 % für glaubwürdig, 82 % für intelligent und 84 % für seriös.

Ottmar Hitzfeld wird in der Schweiz oft in einem Atemzug mit Helmut Benthaus genannt. Erstaunlicherweise verbindet diese zwei Klassetrainer nicht nur eine vornehme Umgangsweise oder ein hoher Intellekt, sondern auch ein Interesse an Kunst. Einer, der diese kaum bekannte Seite des Menschen Ottmar Hitzfeld kennt und vielleicht auch wachgeküsst hat, ist der in Zürich lebende Galerist Alexander E. Räber. Die beiden haben sich im Januar 1998 in Brasilien getroffen. Räber saß mit ein paar Schweizern in einem Straßencafé. Als Hitzfeld sich der Gruppe näherte, klang ihm ihre Sprache vertraut in seinen Ohren, er setzte sich an einen Nebentisch, wurde prompt erkannt und in die Runde eingeladen. Angesichts von Hitzfelds zurückhaltender Art entwickelte sich aus dieser zufälligen Begegnung in geradezu atemberaubend kurzer Zeit eine Freundschaft zu Alexander E. Räber. Köstlich amüsierten sie sich, entdeckt zu haben, dass sich ihre Wege früher schon einmal gekreuzt hatten, allerdings war diese Begegnung einseitig: Als Junge schlug das Herz von Räber für den FC Basel, in den siebziger Jahren pilgerte er mit seinen Kumpels regelmäßig ins St. Jakobstadion, tauchte ein ins rot-

Selbsteinschätzung – Fremdeinschätzung

Ziehe mit einem Farbstift so eine Linie durch alle acht Bereiche, wie du die jeweilige EmpfängerIn des Blattes einschätzest.

An (Empfänger)

11. APRIL 2002

			3	2	1	0	1	2	3	
Temperament	A	impulsiv, lebhaft, rasch zupackend	7 8	7 17	4 8	3 5	6 13	23 49	12 16	beherrscht, abwartend
Sozialverhalten	B	gesellig, warmherzig, kommunikativ	18 20	24 36	8 15	4 21	7 15	8 12	3 3	verschlossen, zurückhaltend
Befinden	C	empfindlich, verliert schnell die Fassung	0 1	0 2	2 11	2 7	1 12	23 47	14 42	cool, selbstsicher
Macht	D	autoritär, befiehlt gerne	29 [illegible]	31 65	8 19	3 8	1 2	0	0 0	gehorcht lieber
Humor	E	fröhlich, humorvoll, optimistisch	17 13	24 25	10 22	9 13	4 23	7 20	1 6	ernst, kontrolliert, pessimistisch
Arbeitsweise	F	beharrlich, gewissenhaft	30 60	17 14	2 8	2 5	1 1	1 6	0 1	unstet, immer auf dem Sprung
Methode	G	suchend, offen	16 20	30 35	10 20	4 15	2 16	6 12	4 0	fixer Standpunkt, «Igel»-Haltung
Eigenart	H	phantasievoll, unbekümmert, kreativ	14 18	14 24	13 13	8 16	15 19	7 29	1 3	nüchtern, trocken, statisch
			3	2	1	0	1	2	3	

Von (Absender)

▣ Ottmar

→ direkt (Zahl links)

→ indirekt (Zahl rechts)

blaue Meer, schwenkte seine Fahne und bejubelte die Sturmläufe eines gewissen Ottmar Hitzfeld.

Heute ist die Galerie des Alexander E. Räber an der Rössligasse 8 in Zürich eines jener Refugien, in denen Ottmar Hitzfeld den Fußball vergisst, um einzutauchen in die Welt der Kunst. Alexander E. Räber empfindet seinen Freund als ausgesprochenen Bauch-Menschen. »Ottmar ist hoch sensibel, Kunstwerke betrachtet er aus dem Bauch heraus, er findet sehr schnell in ein Werk hinein, spürt die Ästhetik, mich fasziniert es, ihm zuzuschauen; wenn Ottmar in ein Kunstwerk eintaucht, ist aller Fußball weg, nichts ist auch mehr da vom Analytiker Hitzfeld, nichts vom Mathematiker.« Ottmar Hitzfeld liebt die moderne Kunst, er mag Skulpturen mit einfachen, klaren Linien, sein Lieblingskünstler ist Karl H. Dennig, »ein wahrhafter Universalgelehrter«, wie Räber voller Bewunderung anmerkt, »ein sensibler Mensch, dessen Werke unaufdringlich für die Bewahrung der Schöpfung werben«. In den Sommermonaten lebt Dennig im italienischen Urbino, einem alten Universitätsstädtchen, dort malt er seine Werke mit leichten, warmen Farben, im Winter zieht er sich nach Berlin zurück und beschäftigt sich mit der Bildhauerei. »Dennig und Hitzfeld kennen sich nicht persönlich«, erklärt Räber, »dennoch besteht eine dreifache Gemeinsamkeit zwischen ihnen: Dennig schaut sich jedes Spiel der Hitzfeld-Truppe an und seine Wiege liegt auch im Schwarzwald; überdies verbindet die beiden ein noch viel tieferer Wesenszug: Wenn Dennig in einer kreativen Arbeitsphase steht, zeichnet er den ganzen Tag, er kann vierzigmal denselben Vogel zeichnen und seine Skizze wieder wegwerfen, am Abend stellt er sich vor die Leinwand und malt in einem Guss einen Vogel, das Bild entsteht nicht in Dennigs Kopf, er empfängt die Figur des Vogels aus dem Universum, sie nistet sich buchstäblich in seinem Bauch ein, nimmt während des Tages in seinem Unterbewusstsein Gestalt an und wird über das Werkzeug Hand schließlich sichtbar auf der Leinwand. Ich bin überzeugt, Ottmar beschreitet denselben Weg, wenn er sich an die Aufgabe macht, die optimale Mannschaft für das nächste Spiel herauszutüfteln. Natürlich muss er dabei auch äußere Umstände beachten, wie etwa Verletzungen einzelner Spieler.«

Selbst wenn im ersten Anlauf niemand die Arbeitsfelder zwischen dem Kunstsachverständigen Alexander E. Räber und dem Fußballtrainer Ottmar Hitzfeld miteinander verknüpfen kann, berühren sich gewisse Aufgaben. Räber kommuniziert mit 18 Künstlern aus der Schweiz, aus Italien, Deutschland und Frankreich und sieht sich vor die Aufgabe gestellt, aus diesen Individuen jene Leute auszulesen, die sich zu einer harmonischen Ausstellung zusammenfügen, genau wie Hitzfeld, der ein Starensemble von 25 Spielern aus der ganzen Welt zum Klingen zu bringen hat. »Eine enorme Herausforderung, für beide«, bemerkt Räber, »seit ich Ottmar kenne, zünde ich vor jedem seiner Spiele eine Kerze an, dasselbe tut auch er vor jeder meiner Vernissagen.«

Ottmar Hitzfelds Gedanken kreisen fast Tag und Nacht um den Ball. Ganz selten gönnt er sich einen Spaziergang fernab aller Fußballstadien, weit weg von den Mikrophonen. Dann streift er durch den Schwarzwald, die Gedanken tragen ihn zurück in seine Kinderzeit: »Oft fuhren wir mit der ganzen Familie auf den Gisiboden im Schwarzwald und verbrachten dort den Sonntagnachmittag. In der Waldlichtung stellten wir Stühle und Tische auf, machten Feuer, pflückten Waldbeeren, kickten miteinander, das war eine beglückende Zeit ohne Sorgen.«

Hitzfeld lauscht dem Plätschern des Waldbachs, sein Blick gleitet langsam den Stamm eines alten Baumes empor und verliert sich in den Wolken, die über die Baumwipfel ziehen: »Im Wald fühle ich mich geborgen, er strahlt Ruhe, Kraft und Sicherheit aus. Bäume werden oft viel älter als wir Menschen, ich sehe in ihnen ein Stück Unendlichkeit. Mein Lieblingsbaum ist die Tanne. Ich habe gelesen, im Osten Österreichs sollen die Menschen noch vor hundert Jahren einen Tannensamen unter die Zunge eines Verstorbenen gelegt haben, bevor man den Sarg verschloss und ihn begrub. Inniger kann kein Ritual die Verbindung zwischen Mensch und Baum darstellen:

Der Tannensame keimt, nimmt die Energie des Toten auf und drängt mit neuer Lebenskraft dem Licht entgegen.« Ottmar Hitzfeld glaubt nicht an ein Fegefeuer oder gar an eine Hölle. »Vielleicht kommen wir nach dem Tod in eine andere Dimension, wo neue Aufgaben auf uns warten, ich kann mir gut vorstellen, die verstorbenen Eltern wieder zu treffen und mit ihnen auf eine neue Weise zu kommunizieren, das ist kein Glaube, das ist eine Hoffnung, mehr nicht.« – Und der eigene Tod? – »Wenn ich von der Bühne dieser Welt abtreten muss, möchte ich schnell gehen, vor meiner Frau Beatrix, ich weiß, das ist egoistisch, aber ich möchte niemals alleine dastehen.«

Kapitel 4

Lugano
1978–1980
Der Mann an Beatrix Hitzfelds Seite

Es war 1998. Giovanni Trapattoni hatte den FC Bayern verlassen. Ein neuer Trainer kam. Ottmar Hitzfeld von Borussia Dortmund. Natürlich haben wir ihn gekannt, so wie man einen Menschen, einen erfolgreichen Menschen, aus den Medien kennt. Den »Gentleman«-Trainer auf der Bank. Den »General«, wenn's sein muss. Den Meister und Champions-League-Sieger. Aber auch den Mann, dem man den Stress und sein Leiden nach Niederlagen im Gesicht ansieht. Aber wirklich gekannt haben wir ihn noch nicht.

Das begann dann im Juli in einem unserer Trainingslager, in Traben-Trarbach an der Mosel. Ottmar Hitzfeld hat damals alle Führungsspieler zu langen Gesprächen auf sein Zimmer eingeladen. Auch mich, abends nach einem anstrengenden Trainingstag und dem Abendessen. Ich bin zu ihm aufs Zimmer, wir haben über eine Stunde gesprochen. Um was es dabei ging, war damals wichtig, in meiner Beschreibung von Ottmar Hitzfeld, heute ist es das nicht mehr. Fasziniert hat mich vom ersten Moment an, wie er zuhören kann, wie er alles für ihn Neue aufsaugt wie ein Schwamm. Ottmar Hitzfeld ist immer aufmerksam, detailbesessen. Mit seinen pädagogischen Fähigkeiten führt er Gespräche, kann sich in die Situation seines Gegenübers versetzen, zeigt Verständnis und hat dennoch seine klare Linie, die er auch nicht versteckt, die er den anderen mitverfolgen lässt.

»Natürlich muss der Kahn seinen eigenen Trainer loben.« Muss ich nicht. Ich glaube, ich habe eine sportliche Position, die es nicht nötig macht, mich beim Trainer »anzubiedern«. So wie ich meine Meinung heute offen sage, so mache ich auch aus meiner Hochachtung vor Ottmar Hitzfeld, dem Menschen und Trainer, kein Geheimnis.

Der Trainer Ottmar Hitzfeld ist in jeder Sekunde professionell, seine große Stärke die Selbstbeherrschung. In vier Jahren Bayern München hat er niemals jemand persönlich angegriffen, auch wenn er oft-

mals von außen dazu aufgefordert und sogar provoziert wurde. Ottmar Hitzfeld kritisiert Leistungen, gute wie schlechte – aber der Mensch ist ihm heilig. Hitzfelds ehemaliger Kollege und Bayern-Trainer Udo Lattek hat einmal gesagt: »Als mein Verhältnis zu den Spielern zu gut wurde, als mir die Mannschaft richtig ans Herz gewachsen war – da musste ich aufhören!« Ich glaube, Ottmar Hitzfeld versteht diesen Satz. Er pflegt eine natürliche Distanz zu uns Spielern. Das gibt ihm die Autorität, die lebensnotwendig ist in seinem Job.

Was sich niemand vorstellen kann, der ihn nicht sehr gut kennt, ist, unter welchem Druck Ottmar Hitzfeld steht. Der Druck des Erfolghaben-Müssens, der Druck der Öffentlichkeit, der Medien, der Druck, eine Mannschaft mit 25 ehrgeizigen und manchmal egoistischen Männern nicht nur zusammenzuhalten, sondern sie jeden Tag zu führen, anzutreiben, zu bremsen, immer wieder zu motivieren, ihr Feuer nicht erlöschen zu lassen. Und dann hat er alles 100 Prozent perfekt gemacht – und sitzt machtlos auf der Bank, ist abhängig davon, ob der Kopfball oder der Freistoß ins Tor geht oder von der Unterkante der Latte zurück ins Feld springt. Wie 1999 bei unserem Champions-League-Finale in Barcelona gegen Manchester United.

Auch damals hat er gezeigt, wie selbstbeherrscht er ist, wie diszipliniert. Mag eine Situation noch so negativ, noch so enttäuschend sein – Ottmar Hitzfeld sieht immer nach vorne. Er sucht sich sofort neue Ziele, neue Möglichkeiten, sofort eine neue Herausforderung. Das hat er uns gezeigt und vorgelebt. Auch deshalb haben wir zwei Jahre nach Barcelona das erfolgreichste Jahr in 100 Jahren FC Bayern München erlebt. Dank oder vor allem auch durch Ottmar Hitzfeld.

Ottmar Hitzfeld ist ein außergewöhnlicher Mann. Deshalb auch der erfolgreichste deutsche Fußballtrainer. Und ein Mensch, vor dem ich nicht nur große Hochachtung habe, sondern der fasziniert und von dem – wer ihm genau zusieht – viel zu lernen ist.

Oliver Kahn, Torhüter des FC Bayern München
und der Deutschen Fußballnationalmannschaft

Einst kämpfte Ottmar Hitzfeld fast wie von Sinnen darum, beim FC Basel Fußball spielen zu dürfen, der Traum Bundesliga erfüllte sich, unbeschwerte Jahre flogen dahin, jetzt meldete sich das größte Kapital, das ein Fußballspieler je sein Eigen nennen darf, sein Körper, und er signalisierte: Ottmar, du kannst so nicht weiterspielen.

»Was in aller Welt ist denn jetzt in den Hitzfeld gefahren?«, fragten sich die Fans, als im Sommer 1978 in Stuttgart bekannt wurde, ihr beliebter Stürmer werde den VfB verlassen. Die Journalisten wollten Gründe wissen und brachten Hitzfeld mit ihren Fragen in eine heikle Lage. Den wahren Grund konnte er ihnen nicht nennen, lügen wollte er auch nicht, also entschied er sich für die halbe Wahrheit: Er gedenke wieder in die Schweiz zurückzukehren, sich ein letztes Mal einer Herausforderung zu stellen und seine Karriere dann ausklingen zu lassen.

Hitzfelds Vertrauensarzt, Dr. Klümper in Freiburg im Breisgau, der ihn seit 1976 immer wieder mal fit spritzen musste, schenkte seinem Patienten reinen Wein ein: »Ihre Karriere als Bundesligaspieler ist beendet, die Verletzungen erlauben keine weitere Saison in Deutschlands höchster Spielklasse, Sie können höchstens in der Schweiz noch eine Zeit lang weiterspielen!« Nicht eben gerade ein Kompliment an den Schweizer Fußball.

Ottmar Hitzfeld ging mit dem ärztlichen Befund sehr klug, rational und berechnend um. Er sah ein, dass er seinen in schleichender Abnützung beinahe verbrauchten Körper nur noch auf einem Niveau einsetzen konnte, das ihn nicht mehr voll forderte. Ein Aufruf zur Bescheidenheit, Hitzfeld nahm ihn an und erkannte die Möglichkeit, noch ein paar Jahre anzuhängen, regelmäßig zu spielen, statt auf der Ersatzbank zu versauern oder gar als Sportinvalide zu enden. Gesund zu bleiben galt ihm als oberstes Gebot.

Die Bianconeri empfingen Hitzfeld, ihren »Deutschen«, herzlich, mit Respekt und Bewunderung – Lugano, Ottmar Hitzfelds neue Wirkungsstätte, das Stadio Cornaredo sein neuer Arbeitsplatz, der FC Lugano in der Nationalliga B, ganz in der Nähe das große Italien mit den klangvollen Namen seiner Nationalspieler: Paolo Rossi, Roberto Bettega, Marco Tardelli. Klar, dass auch der FC Lugano unter seinem italienischen Trainer Oscar Massei, einst Spieler bei Inter Mailand, den gefürchteten Catenaccio spielte, ein schier undurchdringliches Bollwerk in der Verteidigung. Ottmar Hitzfeld war nicht nur der einzige Ausländer der Luganesi, er spielte auch als einzige Sturmspitze, musste sich die Bälle oft im Mittelfeld selber holen, um Tore zu schießen. Und Tore schoss er, in 90 Spielen deren 71 (inklusive Freundschaftsspiele), die erste Saison bei Lugano beendete er als Torschützenkönig. »Il fromboliere della squadra« nannten sie ihn, den Mann, der die Bälle ins Tor hämmert. Genau dafür hatten ihn die Bosse des FC Lugano aus Deutschland geholt. Erneut zog bei diesem Transfer Dr. Ratz für seinen Mandanten Hitzfeld die Fäden. Er sprach bei Präsident Giangiorgio Spieß vor, klärte die Erwartungen beider Parteien ab, der Rest war Formsache. Ottmar Hitzfeld erinnert sich: »Das Gespräch mit Dr. Spieß dauerte kaum eine Stunde, wir schauten uns in die Augen, keiner machte dem andern was vor, ich legte meine Vorstellungen in Sachen Lohn auf den Tisch, konnte noch etwas mehr herausholen, dann besiegelten wir unsere gegenseitige Vereinbarung mit einem Handschlag.«

Das imposante Gotthardmassiv als Trennlinie zwischen unterschiedlichen Kulturen lässt einen vermuten, Lugano liege von Lörrach viel weiter entfernt als Stuttgart. Tatsächlich ist der Weg von Stuttgart nach Lörrach genau so lang wie der von Lugano. Trotzdem fuhr Ottmar Hitzfeld nicht mehr so oft in seine Heimatstadt. In Lugano-Paradiso, an der via collina azzurra 6, am Fuße des San Salvatore, bewohnten Ottmar und Beatrix Hitzfeld eine wunderschöne Wohnung mit traumhaftem Blick auf den Lago di Lugano. Die Hitzfelds wurden eine Familie. Am 4. März 1979 kam Sohn Matthias auf die Welt, »ein Glücksfall«, kommentiert Hitzfeld 23 Jahre später,

Die junge Familie, 1979

»denn Matthias hat uns Eltern in keiner Phase seines Lebens vor unüberwindbare Probleme gestellt, er kommt mit seinen Lebensfragen noch heute oft zu uns, wir leben eine offene, sehr harmonische Beziehung zu unserem Sohn. Natürlich hätte ich nichts dagegen gehabt, wäre Matthias Bundesligaprofi geworden, aber ich spürte bald, dass ihn Fußball nicht sonderlich begeisterte, er rannte nie angefressen hinter dem Ball her, ich musste ihn schon eher zum Ball führen. Als ich bei Matthias die Veranlagung zum Fußballer nicht ausmachen konnte, ließ ich davon ab, ihn zu fördern, ich wollte nicht, dass er unglücklich würde und womöglich bei einem Klub Probleme bekäme, nur weil er den Namen Hitzfeld trägt.«

Mit der Geburt ihres Sohnes verbanden Beatrix und Ottmar Hitzfeld Visionen, wie sie tausend andere Eltern auch haben. Sie wollten Matthias Geborgenheit schenken, Sicherheit vermitteln, ein Vertrauensverhältnis aufbauen, ihn beschützen, viel Zeit mit ihm verbringen. »Das war tatsächlich die Vision«, betont Beatrix Hitzfeld, »der

Alltag sah etwas anders aus. Ottmar hatte wenig Zeit, er kam nie zu einem Elternabend mit, er war nicht unter den Zuhörern, als Matthias ein kleines Klavierkonzert gab, ich habe alles für Matthias allein organisiert, seine Schulfragen gelöst, seine Freizeit gestaltet. Mich hat es nicht gestört, ich habe meine Rolle einfach übernommen. Ottmar konnte schon damals nach einem Spiel nicht gleich abschalten, oft kam er mit ein paar Mitspielern zu uns nach Hause, zusammen schauten sie sich die Sportschau an und gingen dann in die Disco – aber nie, ohne dass Ottmar sich zuvor noch ausgiebig mit Matthias beschäftigt und ihm ein Schlaflied gesungen hat.«

Nach der endgültigen Entscheidung für den Profifußball verfolgten Beatrix und Ottmar Hitzfeld auch außerordentliche Erziehungsziele. Ihr Sohn sollte mit dem Nomadenleben eines Vaters im Trainergeschäft umgehen lernen, lautete eines dieser Ziele, was übrigens nach dem Urteil von Matthias gelang. Er denkt an den Umzug von Zug nach Aarau, wie er im Alter von fünf Jahren mit seinem besten Kumpel zwischen den auf der Straße stehenden Möbeln Verstecken gespielt und kurz darauf ganz locker sich für immer von ihm verabschiedet habe. Ein anderes Ziel galt für den Fall, dass der Vater einmal ausgepfiffen oder gar entlassen würde, Matthias sollte auch damit fertig werden. Ottmar Hitzfeld versichert: »Ich habe Matthias viel von mir erzählt, habe ihn zunehmend teilnehmen lassen an der Art und Weise, wie ich versuche, dem ungeheuren Druck zu begegnen, der sich von Spiel zu Spiel wieder anstaut.« Ferner beabsichtigten Beatrix und Ottmar Hitzfeld, dass ihr Sohn bei aller Zuneigung der Fans seinen Vater nicht als Übermenschen erfährt. Ein weiteres Erziehungsziel lag in der Bescheidenheit. Auch wenn viele Wünsche finanziell ohne weiteres realisiert werden könnten, sollte Matthias mit Geld umgehen können. Zu guter Letzt wollten die Eltern Hitzfeld ihren Matthias befähigen, sein Selbstwertgefühl aufzubauen und sich nicht über seinen bekannten Vater zu definieren. Diese Absicht war wichtig, beobachtete doch auch die Spielgruppenleiterin, wie der 4-jährige Matthias fast immer extrem schüchtern und zurückgezogen in einer Ecke spielte, still und zufrieden zwar, aber stets mit sich allein, erst nach mehrmaligem Auffordern gesellte er sich zögernd zur Gruppe. »Mein Vater hat mir eines Tages erzählt, wie gehemmt er als kleiner Junge selber war und wie wenig er bei Versuchen, da rauszukommen, unterstützt wurde«, erzählt Matthias Hitzfeld, »wir haben beschlossen, kleine Lernschritte zu organisieren. Papa hat mich beispielsweise aufgefordert, in einem Restaurant an der Theke eine Flasche Mineralwasser zu holen, das stärkte mein Selbstvertrauen.« Der Umzug von Zürich nach Dortmund – Matthias war zwölf Jahre alt – forderte den Jungen ein erstes Mal richtig heraus, er hatte eine neue Sprache zu lernen, stand vor der Hürde, sich als Schweizer angesichts seiner sprachgewandten Klassenkameraden zu behaupten. Den nächsten Schritt zur Selbständigkeit unternahm Matthias mit 19 Jahren, als sein Vater den FC Bayern München übernahm. Sohn Matthias entschied sich, allein in Dortmund zu bleiben und dort sein Abitur zu machen. Matthias Hitzfeld sagt heute klipp und klar: »Ich habe einen idealen Vater! Seine Lebenseinstellung gehört auch zu meinen Grundsätzen: Stets ein Ziel vor Augen, Initiativen ergreifen, sich durchsetzen, nie aufgeben, nicht auf die Hilfe anderer setzen! Diese Lebensweisheit meines Vaters hat sich tief in mir eingegraben: Prüfe gut und lange, wer dir ein Freund sein darf. Als ich ein kleiner Junge war, spürte ich Papas Nähe, obwohl er oft abwesend war, wir kickten zusammen im Garten, spielten miteinander Karten … Nein, ich sah es nie als Nachteil, den Namen Hitzfeld zu tragen. Wenn ich vor Kollegen kickte, die mich noch nie Fußball spielen sahen, dann stand ich schon kurz unter Druck, aber diese Belastung ist längst weg. Kann sein, dass ich unbewusst geahnt habe, meinen Vater nie erreichen zu können.«

Ottmar Hitzfeld ist kein Sprachtalent. Nach eigener Einschätzung gab er sich zwar Mühe, ein paar Sätze in Italienisch von sich zu geben, er besuchte gar einen Kurs in italienischer Sprache. »Aber wenn du in Lugano in einem Geschäft umständlich italienische Sätze zusammenstellst, kriegst du die Antwort gleich perfekt auf Deutsch«, lacht Ottmar Hitzfeld, und sein Freund und damaliger Mitspieler in den Reihen des FC Lugano, der Deutschschweizer Fredy Gröbli, in

Lugano heute praktisch ein Einheimischer, setzt kritisch nach: »Ottmar hat sich erst gar keine Mühe gegeben, italienisch zu sprechen, dazu war er viel zu faul, er schloss sich einfach der kleinen deutschsprachigen Fraktion innerhalb unserer Mannschaft an und brachte es spielend fertig, auch mit den übrigen Mitspielern bestens zu kommunizieren – nonverbal, über den Ball, über Gestik, Mimik und einstudierte Spielzüge, überdies rechnete er gar nicht damit, lange im Tessin zu bleiben.«

Beatrix Hitzfeld schwärmt von der Südschweiz. Lugano ist eine ihrer Traumstädte. Dort war sie schwanger, brachte Matthias auf die Welt, erlebte die Gründung ihrer eigenen Familie; in vollen Zügen genoss sie die südländische Leichtigkeit, nur ab und an störte eine leise Angst, das Leben könnte nie mehr so unbeschwert sein wie zu dieser Zeit, die Zufriedenheit der Spielerfrau Beatrix Hitzfeld. Auch wenn sich ihr Mann öfter, als ihr lieb war, abends abmeldete, um mit Kumpel Bruno Martinelli den Abend zu genießen und sich beim ausgiebigen Flippern zu amüsieren, konnte das ihr Lebensgefühl nicht trüben. In Sachen Sprachen viel talentierter als ihr Mann, nutzte sie Zeit und Gelegenheit, ihr Italienisch aufzubessern. Sie suchte Kontakt zu einheimischen Frauen mit Kindern im Alter von Matthias und forderte auf diesem Weg sich selbst heraus, die fremde Sprache zu üben. Noch heute ruft sie von Zeit zu Zeit eine ältere, kranke Italienerin an, um mit ihr zu plaudern und sie zu ermutigen, in der Auseinandersetzung mit ihrer Krankheit nicht aufzugeben. In Lugano stand das Interesse an Sprachen im Vordergrund. Die Zeit in Aarau nutzte Beatrix Hitzfeld, sich intensiv mit weltanschaulichen Fragen zu beschäftigen, sie studierte psychologische, theologische und esoterische Literatur.

La sera del 28 Luglio 1908, alla Birreria della Posta a Lugano …, so eröffnet der Chronist die Geschichte des FC Lugano, der 1922 in die Serie A aufstieg, 1931 und 1968 den Pokal holte und zwischen 1938 und 1949 dreimal Schweizer Meister wurde. Über siebzig Jahre hinweg war Fußball in Lugano die Sportart Nummer 1. Selbst die Trainerlegende Albert Sing arbeitete im Dienst der Luganesi. Zwei

Jahre lang prägte auch Ottmar Hitzfeld die Geschichte des FC Lugano, ehe der Verein in der Anonymität der Nationalliga B verschwand und das Zepter dem Eishockey übergeben musste. Zwei dicke Schlagzeilen brachten die Fußballer noch einmal ins Rampenlicht zurück. In den neunziger Jahren gelang ihnen das Husarenstück, das große Inter Mailand aus dem UEFA-Cup zu werfen. Im Frühling 2002 schockierte die Nachricht, der Präsident des FC Lugano habe über 60 Millionen Franken veruntreut. Rettungstaucher bargen sein Auto aus dem Luganer See. Helios Jermini war tot. Dem FC Lugano drohten Bankrott und Abstieg in die unterste Amateurliga.

Eben noch spielte Hitzfeld vor einer imposanten Kulisse von 56 000 Zuschauern im Stuttgarter Neckarstadion, jetzt musste er sich in der Südschweiz wohl oder übel bescheiden; 2 000 Leute fanden den Weg ins Cornaredo. Nicht wenige kamen wegen Hitzfeld. Den Fußballern aus Deutschland zollten die Tessiner stets großen Respekt, deutsche Kämpfer-Mentalität kam gut an in der Südschweiz. Vor Hitzfeld durfte schon Otto Luttrop die Zuneigung der Tifosi genießen.

Alles lief zunächst wie am Schnürchen. Obwohl Hitzfeld wusste, dass er nicht mehr in der körperlichen Verfassung seiner besten Tage war, musste er sich bei den Vertragsverhandlungen kein schlechtes Gewissen machen, er brachte postwendend die Top-Leistung, die in Lugano von ihm erwartet wurde. Mit seinen Toren war er maßgeblich beteiligt am Aufstieg des FC Lugano in die Nationalliga A. Eines seiner Tore wog wie ein Barren Gold, das letzte in seiner ersten Saison für die Bianconeri, ein Elfmeter. In Luzern musste ein Entscheidungsspiel gegen den FC Winterthur den zweiten Aufsteiger ermitteln. Kurz vor Schluss stand die Partie 0:0. Ganz Profi, übernahm Hitzfeld entschlossen die Ausführung des Strafstoßes. Wenn in die Jahre gekommene Luganesi-Fans heute über Hitzfeld reden, dann beschwören sie die damalige 84. Minute: Anlauf Hitzfeld, ein leichter Heber, genau in die Mitte des Tores, der gegnerische Torwart fliegt in die linke Ecke, Tor für Lugano, Aufstieg.

Ottmar Hitzfeld fand leicht und schnell Zugang zu seinen Spie-

FC Lugano, Saison 1978/79
(Ottmar Hitzfeld, vordere Reihe ganz rechts)

lerkollegen, das war nicht selbstverständlich, denn in der Tatsache, dass der FC Lugano Amateure, Halbprofis und ganz wenige Profis beschäftigte, lag enormer Zündstoff. Ottmar Hitzfeld spielte für 12 000 Franken im Monat, die Amateure rannten um ein Butterbrot. Hitzfeld besaß zwei Autos, einen Mercedes und eine »Ente«, zum Training ließ er den Luxuswagen zu Hause und erschien mit der französischen Klapperkiste, die Mannschaftskollegen nahmen ihm die symbolische Bescheidenheit ab. Zudem immer dasselbe Lied: Im Training gab Ottmar Hitzfeld alles, aber er brachte es fertig, italienisch-leicht aufzutreten, ohne sich anzubiedern. »Wie ein kleiner Junge freute sich Ottmar göttlich, wenn er beim Spiel 5 gegen 2 einem Mitspieler den Ball durch die Beine schieben konnte«, erinnert sich Fredy Gröbli, der vor der gemeinsamen Zeit in Lugano bei den Grasshoppers unter Vertrag stand und oft genug in hart umkämpften Spielen mit Ottmar Hitzfeld die Klingen kreuzte, als dieser noch beim FC Basel stürmte. Profi Hitzfeld kümmerte sich fast väterlich um die jungen Mitspieler, gab ihnen Tipps, und wenn sie sein Italienisch nicht mehr verstanden, griff der ausgebildete Lehrer in die Trickkiste und demonstrierte gleich am »lebenden Objekt«, wie ein Verteidiger ausgespielt wird. Davon reden sie im Umfeld des FC Lugano noch heute.

In der Nationalliga A waren die Gegner von anderem Kaliber, holten im Tessin Punkt um Punkt, aus Basel fuhren die Luganesi mit einer ordentlichen 0:7-Klatsche nach Hause zurück, zunehmend erhielten die Spieler ihre Gehälter nicht mehr zur rechten Zeit, schließlich wurde Trainer Enea Masiero entlassen. Vor Beginn der Rückrunde sprach ein Interimsvorstand bei Hitzfeld vor, die Verantwortlichen trugen ihm das Traineramt an. Mit einem Schlag stand er vor einer schwierigen Entscheidung. Die Absicht des Vorstandes war durchaus nachvollziehbar: Hitzfeld verfügte über die nötige Erfahrung, seine Umgänglichkeit kam bei älteren und jüngeren Mitspielern an, die fachliche Kompetenz traute ihm jedermann zu. Vielleicht wäre Ottmar Hitzfeld tatsächlich Cheftrainer des FC Lugano geworden, hätte er die italienische Sprachhürde nicht als unüberwindbar eingeschätzt, zu sehr meldete sich aber auch das untrügliche Gefühl für die richtige Entscheidung zur richtigen Zeit. Einerseits entging ihm die marode Lage nicht, in der sein Verein steckte, andererseits war er gewillt, Verantwortung zu übernehmen. Die Idee der Klubführung, zusammen mit seinem Mitspieler Vincenzo Brenna das Training zu leiten, lehnte er allerdings ab, zu riskant kam ihm diese Konstellation vor. Brenna war ein Hitzkopf, ein Polemiker. Was wäre gewesen, hätte ein mögliches Trainerduo Brenna/Hitzfeld Schiffbruch erlitten? Ottmar Hitzfeld hätte sich in seinem ersten Trainerversuch einen hässlichen Flecken auf einem sonst noch unbeschriebenen Blatt eingehandelt. Das hätte ihn geärgert. Für den Tessiner Brenna war klar: Er übernahm die alleinige sportliche Verantwortung, konnte aber den erneuten Fall der Bianconeri in die B-Liga nicht vereiteln.

Hitzfelds Beine liefen zwar für den FC Lugano, mit seinen Gedanken weilte er aber oft woanders. 1979 beschäftigte er sich erstmals ernsthaft mit seiner beruflichen Zukunft. Immer deutlicher sah er die Alternativen: Lehrerberuf oder Fußballtrainer. Gegen Ende seiner Zeit in Stuttgart schien er die eine Richtung zu favorisieren, er erwarb den B-Schein des DFB, der ihn berechtigte, im Jugendbereich zu trainieren. Der FC Lugano zeigte sich zuvorkommend und ermöglichte seinem Stürmer Hitzfeld, die Ausbildung für die A-Lizenz in Hennef zu absolvieren. »Wie ein Mönch lebte Ottmar während unserer Ausbildungszeit«, versichert Dieter Rinke, ein Kurskollege, »Ottmar rührte keinen Alkohol an, vergnügte sich mit keinem Mädchen!« In dreizehn Fächern erzielte er zwölfmal die Note 1. Rinke lacht. Eines Tages habe er einer besorgten Mutter Hitzfeld am Telefon zugehört. »Wenn der Ottmar doch nur einen anständigen Beruf ergreifen würde, Beamter oder so etwas, aber nicht diesen Fußball, das ist doch nichts für ihn!«, klagte sie.

Am 21. Februar 1980, einem Donnerstagabend, waren die vier deutschsprachigen Fußballer des FC Lugano in besonderer Mission unterwegs. Fredy Gröbli hatte die letzten Stunden als lediger Mann vor sich, am nächsten Tag war die standesamtliche Trauung angesagt, also ließ er es sich nicht nehmen, seine drei Spezis – darunter auch Hitzfeld – zum Abendessen einzuladen. Die vier jungen Männer hatten feudal diniert und beschlossen, ihren Freund Fredy durch die letzte Nacht ohne offiziell angetraute Ehegattin zu begleiten. Campione, die mondäne italienische Enklave am Lago di Lugano, lockte, in einem Nachtlokal vergnügten sie sich ausgiebig, flirteten, verströmten all ihren Charme und ließen die Korken knallen. Morgens um vier schien es Gröbli doch ratsam, endlich nach Hause zu gehen, aber Rico Jauner, der Raucher war, hatte keine Zigaretten mehr, kein Problem, ein Kiosk war noch offen, die Schlüssel steckten, die Verkäuferin gab Jauner, was er begehrte, im selben Moment schlossen seine Kumpel von außen die Türe ab, nahmen die Schlüssel an sich, schrien vor dem Laden herum und freuten sich ob ihres gelungenen Coups. Drinnen polterte Jauner, was das Zeug hielt, und fand seine Lage nicht sehr lustig, die Kioskfrau brach in Panik aus, rief unverzüglich die Polizei, Minuten später brauste auch schon ein Streifenwagen der Carabinieri heran, verzweifelt schrie die Verkäuferin: »Die wollten mich überfallen!« und war heilfroh, zuschauen zu können, wie die Uniformierten zupackten, die vier kurzerhand festnahmen und zum Rapport auf ihren Posten abführten. Dort landeten sie in einer Zelle. Fredy Gröblis Chance, noch rechtzeitig zu seiner standesamtlichen Trauung einzutreffen, sank fast auf null. Eine Stunde lang ging nichts. Dann wurden die Nachtschwärmer aus Lugano von zwei Beamten verhört. Keiner der vier konnte sich ausweisen. Gröbli, der die italienische Sprache am besten beherrschte, riss sich zusammen, spielte den Gentleman und erklärte den Funktionären den Grund für ihren nächtlichen Streifzug. Die Italiener schmunzelten, glaubten ihm aber kein Wort, zogen sich zurück, telefonierten im Nebenraum, kamen erneut, stellten weitere Fragen. Gröbli hatte noch einen letzten Pfeil im Köcher, aber er wusste nicht, ob er zum Bumerang würde. Sollte er? »Wir sind Fußballer vom FC Lugano!« Gröbli zeigte auf Ottmar Hitzfeld: »Das ist Hitzfeld – grande giocatore tedesco!« – Gibt es einen einzigen Italiener, der nicht fußballverrückt ist? Um 6 Uhr 30 verließen vier übernächtigte Männer den Polizeiposten von Campione. Fredy Gröblis standesamtliche Trauung war auf 11 Uhr angesetzt, in der Nähe von Zürich. Eben noch in der Gefängniszelle, traf er wenige Minuten nach 11 Uhr auf dem Standesamt der Gemeinde Bachenbülach ein.

Mit der Geburt von Matthias wurden die Hitzfelds nicht nur eine Familie, in Lugano begann sich sachte abzuzeichnen, wer im Alltag wofür verantwortlich war. Die Tätigkeitsfelder von Ottmar und Beatrix Hitzfeld nahmen Konturen an. Es entwickelte sich die klassische Rollenverteilung, Ottmar ging »jagen«, brachte »Beute« nach Hause: Punkte, Prämien, Ehre, Lohn; Beatrix sorgte für Sohn Matthias, hielt den Haushalt in Schuss, erledigte Fanpost, machte Telefondienst, hielt Ottmar den Rücken frei, wie es einer seiner Mittelfeldstrategen auf dem Fußballplatz nicht besser hätte machen können.

Als das Ehepaar nach Stuttgart zog, hatte sie ihre Arbeitsstelle aufgegeben, eine gewichtige Entscheidung für eine junge Frau. »Ich tat es gern für Ottmar«, sagt Beatrix Hitzfeld, »ich empfand meine Rolle als Hausfrau nicht als Aufopferung für meinen Mann, ich hatte ja immer viel Freiheiten, konnte meinen Tagesablauf selber einteilen; ich habe sehr schnell gespürt, Ottmar braucht Ruhe, wenn er nach Hause kommt, der Dauerstress begann spätestens in Aarau und steigerte sich bis München schier ins Unerträgliche.«

Beatrix Hitzfeld spielte ihre Rolle stets perfekt. Als der notorische Schnellfahrer Ottmar Hitzfeld im Raum Aarau die angezeigte Höchstgeschwindigkeit massiv überschritt, hatte die Polizei auch für den beliebten Trainer des FC Aarau kein Nachsehen. Urteil: zwei Monate Führerscheinentzug. Aber die Aargauer Polizei rechnete nicht mit Frau Hitzfeld. Diese stellte sich ganz einfach vor ihren Mann und erklärte den Beamten, sie habe den Wagen gesteuert. Prompt ging die Strafe an sie. »Ottmar braucht doch das Auto«, argumentierte sie Freunden gegenüber, »wäre schlecht für seinen Ruf, wenn die Leute ihn plötzlich mit der Straßenbahn zur Arbeit fahren sähen.«

Ottmar und Beatrix Hitzfeld sind Spielernaturen, das verbindet sie, früher war es Tennis, heute Golf, für ein Kartenspiel sind sie immer zu haben. Beatrix Hitzfeld beschäftigen oft Gedanken, die sie in einem Buch liest, sie würde sich gerne mit ihrem Ehemann darüber austauschen, vor allem nachdem sie erhebliche weltanschauliche Differenzen zueinander festgestellt haben, spannend und belebend wäre es schon, Streitgespräche zu führen, aber solche finden höchst selten statt, entweder weilt Ottmar Hitzfeld gerade im Trainingslager oder bei einem Spiel; ist er zu Hause, klingelt dauernd eines der Handys, studiert er Videos und analysiert den kommenden Gegner; gibt's Besuch, dauert es nicht lange, schon wird wieder über Fußball geredet.

Ein Merkmal von Beatrix Hitzfeld ist ihr Interesse an Menschen, die das Leben arg gebeutelt hat. Als Matthias in Luzern den Kindergarten besuchte, stieß sie auf die Eltern eines Spielkameraden ihres Sohnes, die Drogen konsumierten. »Mich interessierte einerseits, wie diese Familie mit diesem Problem umging«, sagt Beatrix Hitzfeld, »andererseits spüre ich einen starken Drang, zu helfen, wo Menschen in Not sind.« Als im Januar 1999 der 19-jährige drogenabhängige Justin starb, weil in ganz München und Umgebung keine Klinik in der Lage war, ihn in akuter Not unverzüglich aufzunehmen, zögerte Beatrix Hitzfeld keinen Augenblick, der Justin-Rockola-Soforthilfe e. V. beizutreten, der auch der anerkannte Münchener Drogenarzt Dr. Markus Backmund und die Schauspielerin Senta Berger angehören.

Hüftprobleme waren es, die dem damals 31 Jahre alten Ottmar Hitzfeld gegen Ende seiner Zeit in Lugano zu schaffen machten. Ohne Medikamente kam er nicht mehr aus. »Ottmar spielte seine gesundheitlichen Probleme herunter«, resümiert sein einstiger Tessiner Mitspieler Fredy Gröbli, »er kam nicht darum herum, auf ärztliche Verordnung Medikamente zu schlucken.«

Kapitel 5

Luzern

1980–1983

»Er ist ein abgezockter Gambler!«

Die Zeit mit Ottmar Hitzfeld beim FC Luzern ist für mich unvergesslich. Ich erinnere mich noch genau, wie alles begann, wie Ottmars Wechsel in die Innerschweiz zu Stande kam. Die Innerschweiz, welche für ihn zur zweiten Heimat wurde und wo seine beispiellose Trainerkarriere begann. Noch immer kehrt er ja alljährlich nach Luzern zurück und besucht enge Freunde, die ihn während dieser wichtigen Phase begleitet haben. Einer dieser Freunde, aus meiner Sicht der wichtigste von allen, ist leider im Juni 1999 verstorben. Miklos Szvircsev, dieser begnadete Journalist, war für Ottmar zugleich Kumpel, Ansprechpartner, Berater und auch sein größter Fan. Miklos hatte mich Ende 1979 davon überzeugt, Ottmar von Lugano nach Luzern zu transferieren. Im Frühling 1980 reisten wir zu Ottmars Manager nach Basel und fädelten den Wechsel ein. Ein Transfer, der sich für alle Parteien mehr als bezahlt gemacht hat. Ottmar schoss für uns viele wichtige Tore und bewies auf und neben dem Spielfeld seinen Fußball-Instinkt. Er war ein echtes Schlitzohr, der die Verteidiger noch und noch narrte. In der Mannschaft fand er immer den richtigen Ton zu jedem Mitspieler. Er war unheimlich ehrgeizig und konnte schon damals gut motivieren. Es war sehr angenehm für mich, mit ihm zusammenzuarbeiten.

Die Schlitzohrigkeit und das richtige Gespür für jede Situation waren wohl die Gründe, weshalb Ottmar und Miklos zu ihrer engen, ganz speziellen Freundschaft fanden. Im regelmäßigen Pokerspiel war es für beide sehr schwierig, den andern zu überlisten. Und wenn es um Fußball ging, wusste der eine stets ohne viele Worte, was der andere dachte oder meinte. Miklos begleitete Ottmar auch während dessen erster Trainerstation als Sportchef. Gemeinsam schafften sie mit dem Sportclub Zug und dessen ehrgeizigem Präsidenten Werner »Höfi« Hofstetter den sensationellen Aufstieg in die Nationalliga A.

Nach diesem Erfolg wäre Miklos jede Wette eingegangen, dass Ottmar eine Weltkarriere als Trainer bevorstand. Er hatte die phänomenalen Fähigkeiten seines Kumpels wohl als Erster richtig erkannt.

Ich durfte diese Männerfreundschaft zwischen Ottmar und dem etwas kauzigen, aber blitzgescheiten Miklos während beinahe 20 Jahren mitverfolgen. Wir drei verbrachten viele Stunden mit intensiven Gesprächen, Analysen und Prognosen. Ich war immer wieder verblüfft, wie vieles von dem eintraf, was die beiden vorhergesagt hatten. Schade, dass es Miklos nicht mehr vergönnt war, Ottmars unglaubliche Titeljagd mit den Münchner Bayern mitzuerleben. Doch prophezeit hatte er auch diese schon lange im Voraus.

Paul Wolfisberg, ehemaliger Trainer des FC Luzern
und der Schweizer Fußballnationalmannschaft

»Sehen Sie, auch der Hitzfeld gehört zu diesen modernen Menschenhändlern!« – »Wie denn?«, frage ich den 68 Jahre alten Pensionär. »Auch Hitzfeld unterstützt das Geschäft mit den hoch bezahlten Fußballprofis, die wie eine Ware von Klub zu Klub weitergereicht werden. Überdies fördert Fußball den Nationalismus. Ich bin gegen Fußball!« Hat's gesprochen und marschiert weiter.

Ich stehe am Schwanenplatz in Luzern, wo ein paar bedeutende Einkaufsstraßen ins Zentrum der Innerschweizer Metropole führen, in der Hand ein Tonbandgerät, an meiner linken Brust ein Bild von Ottmar. An diesem Montagmorgen ist der Platz am Ausfluss der Reuss aus dem Vierwaldstättersee noch nicht sehr belebt. Das ist mir recht so. Ich will Passanten ansprechen und ihnen zwei Fragen stellen. Der Start ist schlecht. Man schlägt einen leichten Bogen um mich herum, mimt die Gestresste, hüstelt verlegen, das Tempo beschleunigend. Ich muss allen Mut zusammennehmen, komme mir vor wie einer, der im Auftrag einer Firma den Leuten ein neues Produkt andrehen muss. »Entschuldigen Sie, darf ich Ihnen zwei Fragen stellen?« Kein Wort. Blick geradeaus. Vorbei. Zehn Minuten lang geht das so. Ich denke schon, das wird ein Flop. Dabei möchte ich doch wissen, ob sich in dieser Stadt 18 Jahre nach seinem Weggang von Luzern noch Leute finden, die Ottmar Hitzfeld kennen und sich vielleicht gar noch an den einstigen Stürmer des FC Luzern erinnern können.

Eine junge Frau bleibt stehen. »Er ist cool, der Hitzfeld, nur schade, dass er jetzt auch noch Werbung macht für irgend so eine Bekleidungsfirma!« – »Klar kenne ich den, das ist der Timo Konietzka!« – »Das ist Ottmar Hitzfeld«, korrigiere ich. »Spielt keine Rolle, die unterscheiden sich nicht«, stellt ein 33-jähriger, sportlich gekleideter Mann fest. Was ihm denn in den Sinn komme zu – »zu wem denn jetzt?« – »Zu Hitzfeld!« – »Der beste Trainer der Welt, keine Frage!«

Mein anfänglich mulmiges Gefühl ist der Leichtigkeit eines heiteren Spiels gewichen. »Ich war schon im Stadion des FC Luzern, als Sie noch den Kindergarten besuchten, guter Mann«, klopft mir ein älterer Herr väterlich auf die Schulter. »Wissen Sie, dem Hitzfeld habe ich immer gern zugeschaut auf der Allmend. Ein blitzsauberer Sportsmann. Der hat Mathematik studiert und hat es trotzdem auch in den Beinen gehabt. Solche Männer hält man einfach in Ehren. Hitzfeld ist immer ...« Bevor mein Interviewpartner zur großen Lobeshymne ausholt, finde ich einen höflichen Dreh, ihn zu verabschieden. »Darf ich noch wissen, wie alt Sie sind?« – »Raten Sie mal!«, fordert er mich heraus. Ich liege mit meiner Schätzung zehn Jahre zu tief. Nächsten Monat wird er 86.

Nach gut zwei Stunden sind 188 Luzernerinnen und Luzerner befragt. 117 kennen Ottmar Hitzfeld, erstaunlich viel, wenn man bedenkt, dass ich nach dem Zufallsprinzip Junge und Alte, Männer und Frauen, Sportinteressierte und Sportmuffel, Schweizer und Nicht-Schweizer interviewt habe. Bei einem Meisterschaftsspiel des FC Luzern vor dem Stadion Allmend hätte sich wohl kaum einer der Zuschauer die Blöße gegeben, Ottmar Hitzfeld nicht zu kennen. Die Quote wäre mit Sicherheit gestiegen. Auf dem Luzerner Schwanenplatz weisen sich zudem 23 Interviewte als besondere Kenner aus. Sie wissen noch, dass Hitzfeld vor rund zwanzig Jahren im blau-weißen Dress des FC Luzern die Zuschauer begeistert hat. Er sei ein ausgemachtes Schlitzohr gewesen, der Hitzfeld. Das versicherte mir ein Mann, den ich gar nicht zum Interview bat. Er kam spontan auf mich zu und sprach fast beschwörend auf das Tonbandgerät ein, als ob er fürchtete, die Technik könnte seine schicksalsschweren Worte nicht deutlich genug registrieren: »Das Schlitzohr Hitzfeld war entweder mit dem Teufel im Bund, oder der liebe Gott hat mit ihm ein spezielles Werk geschaffen! Ein magischer Trickser war dieser Hitzfeld, so einer wie David Copperfield.« Welch ein Kompliment! Oder doch nicht?

Die Brüder Jacob und Wilhelm Grimm wissen zum Stichwort »Schlitzohr« zu berichten, dass ein Pferd dadurch geadelt wurde, dass man ihm einen Schlitz ins Ohr machte. Im Band 6 merkt der Duden zum Begriff »Schlitzohr« an, dass man in früheren Zeiten Betrüger durch Einschlitzen der Ohren gekennzeichnet hat. Keinem Menschen würde es einfallen, Ottmar Hitzfeld einen Betrüger zu nennen, nicht einmal die unzähligen gegnerischen Verteidiger, die sich mühten, gegen ihn nicht dauernd den Kürzeren zu ziehen. Aber geadelt – ob durch einen Schlitz ins Ohr oder auf andere Weise – wurde Ottmar Hitzfeld jedenfalls noch nicht. Er trägt bis heute nicht offiziell den Titel eines Sir wie sein englischer Trainerkollege Alex Ferguson. Fußballsachverständige und auch die Medien bedienen sich seit vielen Jahren eines anderen Ausdrucks, um die außerordentlichen Fähigkeiten von Ottmar Hitzfeld zu umschreiben. Sie sind überzeugt, er habe zunehmend die faszinierende Ausstrahlung eines Magiers.

Dass Ottmar zumindest unter dem Verdacht stand, geheimnisvolle Kräfte zu besitzen, davon ging im Jahre 1979 ein Mann aus, der als Trainer im Jahr zuvor den FC Luzern auf einem sportlichen Tiefstand übernahm: Paul Wolfisberg, einst selber Fußballer beim FC Luzern, von Beruf Architekt, ein bärtiger Eidgenosse. Ende der siebziger Jahre vermochte er die enttäuschten und zugleich schlummernden Hoffnungen der gesamten Zentralschweiz auf spektakulären Fußball wieder zum Leben zu erwecken. Trainer Wolfisberg wusste, in Lugano spielt ein gewisser Ottmar Hitzfeld, ein Mann mit magischem Fuß. »Ich spielte mit dem FC Luzern in der Nationalliga B«, beginnt Wolfisberg zu erzählen, »wir hatten endlich wieder Erfolg, die Zuschauer strömten Wochenende für Wochenende ins Allmendstadion, wir konnten uns berechtigte Chancen ausrechnen, in die Nationalliga A aufzusteigen, dann mussten wir ins Tessin reisen, das Spiel gegen den FC Lugano stand an, in dessen Reihen stürmte Hitzfeld, ihn wollte ich genau studieren, seit geraumer Zeit galt er in meinen Augen als heißer Transferkandidat für einen wieder erstarkten FC Luzern.« Wolfisberg schwärmt noch heute: »Wir haben im Stadio Cornaredo 1:0 gewonnen, der Aufstieg war praktisch perfekt, aber fast noch mehr als all das interessierte mich der leichtfüßige

Rechtsaußen von Lugano, ich brauchte als Ergänzung zu Peter Risi einen rechten Flügel, der so richtig Dampf machen konnte.« Was Wolfisberg in Lugano sah, überzeugte ihn restlos. »Ottmar verfügte über einen trockenen Schuss, er war ein unwiderstehlicher Reißer, technisch sehr flexibel, stark im Kopfball, unglaublich, mit wie viel Zug und Tempo er stets auf das gegnerische Tor losstürmte.« Dass Paul Wolfisberg kein Tor von Hitzfeld bewundern durfte, kam ihm verständlicherweise mehr als gelegen.

Dann ging alles sehr schnell. Miklos Szvircsev, ein enger Freund von Hitzfeld, trug Wolfisberg zu, der Stürmer wolle von Lugano weg, die Gelegenheit sei äußerst günstig, mit seinem Anwalt ins Gespräch zu kommen. Dr. Ratz galt als »Mister 10 %«. Bei einem Klubwechsel von Ottmar Hitzfeld lag seine Provision stets bei 10 %. Szvircsev und Wolfisberg trafen sich mit dem Anwalt. Weil das Verhältnis zwischen Trainer Wolfisberg und Romano Simioni, seit 1975 Präsident des FC Luzern, Mäzen und Urgestein des Klubs, nicht ungetrübt war, musste der Transfer besonders clever eingefädelt werden. Die Drahtzieher setzten ihren Plan unverzüglich um. Dr. Ratz teilte Simioni mit, Hitzfeld habe Interesse am FC Luzern. Kurz darauf meldete sich Simioni bei Wolfisberg, es gebe da einen Spieler aus dem Tessin, der vielleicht für den FC Luzern in Frage käme. Wolfisberg verkniff sich ein Lächeln des Wissenden. Es war längst klar, welcher Name nun fallen würde.

Wenig später unterschrieb Ottmar Hitzfeld im Rahmen eines Abendessens im Restaurant »Gotthard« beim Bahnhof Luzern in Anwesenheit der gesamten Klubleitung des FC Luzern einen Vertrag über drei Jahre. Bei Vertragsunterzeichnung war Ottmar bereits 31 Jahre alt. Damit gehörte er zu den älteren Spielern. Überdies hatte er weiterhin mit beachtlichen gesundheitlichen Problemen zu kämpfen. Die Schmerzen in den Hüften hielten, auch trotz regelmäßiger Einnahme von Medikamenten, an. Doch die Klubverantwortlichen gingen davon aus, die Neuverpflichtung aus Lugano könne den FC Luzern verstärken.

Hitzfelds bezogen eine Wohnung in einem kleinen Dorf namens

Adligenswil, zehn Kilometer von Luzern entfernt. »Ottmar saß mit dem kleinen Matthias auf der Stiege beim Briefkasten«, schildern Yvonne und Thomas Koller, die einstigen Nachbarn ihre erste Begegnung mit dem neuen Ausländer des FC Luzern. »Herr Hitzfeld kam spontan auf uns zu und stellte sich als Ottmar vor.« Gleich gab es Gesprächsstoff, denn auch Thomas Koller spielte in einem Vorortverein von Luzern Fußball, in der 3. Liga allerdings. Wenig später avancierte er gar zum Spielertrainer. Das war für Hitzfeld nicht ganz unbedeutend. Koller musste nämlich für drei Wochen zum militärischen Wiederholungskurs. »Ich zögerte nicht lange und fragte Ottmar, ob er das Training bis zu meiner Rückkehr aus dem Militärdienst leiten würde.« Ottmar Hitzfeld sagte zu und sammelte bei dieser Gelegenheit bereits im Jahre 1980 die allerersten Erfahrungen als Trainer beim kleinen Drittligisten FC Meggen.

Einundzwanzig Jahre sind vergangen, seit Paul Wolfisberg Ottmar Hitzfeld auf die Luzerner Allmend verpflichtete. Nun sitzt der »Wolf« im Restaurant »Schützenhaus«, direkt beim Stadion. Neunundsechzig Jahre alt ist er inzwischen geworden. Nach seiner Trainerstation in Luzern führte er als Coach die Schweizer Fußballnationalmannschaft zwischen 1981 und 1985 von Erfolg zu Erfolg. Wolfisberg war einer der populärsten Schweizer Nationaltrainer. Er brachte es fertig, Leute für den Fußball zu begeistern, die zuvor nie einen Gedanken an diese Sportart verschwendeten. Unter ihm siegte die Schweiz im Mai 1981 in einem unvergesslichen Spiel mit 2:1 gegen England. Auch dem dreifachen Weltmeister Italien gelang es nie, gegen die Schweiz zu gewinnen, solange Wolfisberg die Nationalmannschaft trainierte. Als frisch gebackene Weltmeister verloren die Italiener 1982 in Rom gegen die »Wölfe« mit 0:1. Ruedi Elsener traf für die Schweiz.

Noch immer trägt Wolfisberg sein Markenzeichen, den Respekt einflößenden Bart. Die Kombination aus Markenzeichen, Nachname und beeindruckender Gestalt trug ihm den Kosenamen »Wolf« ein. Längst ergraut, langsamer in den Bewegungen, aber noch immer bestens informiert über das fußballerische Geschehen in der Schweiz und in Deutschland, blickt der »Wolf« zurück: »Die Beziehung zwischen Ottmar und mir lebte auf einer starken Vertrauensbasis, denn ich wusste um seine akuten Hüftprobleme. Fühlte er sich einmal nicht in der Lage, spielen zu können, teilte er es mir mit. Ich habe die Einschätzung seiner gesundheitlichen Befindlichkeit immer akzeptiert, weil ich wusste, Ottmar ist ehrlich, er würde mein Vertrauen nie ausnützen.«

Nach wie vor fuhr Ottmar Hitzfeld regelmäßig zu Dr. Klümper in den Breisgau. Das traf sich gut. Von Lörrach nach Freiburg ist es nicht weit, und nach Lörrach fuhr Hitzfeld mit seiner Familie fast in jeder freien Minute. Wie sehr er sich um seine zunehmend schlechtere körperliche Verfassung sorgte, zeigt die Tatsache, dass er aus eigener Tasche für 5 000 Franken ein teures elektrolytisches Gerät zur Behandlung seiner lädierten Muskeln erstand. Täglich arbeitete er eine Stunde an diesem Gerät. Zudem achtete er peinlichst genau auf eine gesunde Ernährung.

Großen Wert legte Paul Wolfisberg darauf, dass seine Spieler nach dem Training noch zusammensaßen, um bei Essen und Trinken den Mannschaftsgeist zu pflegen. Als Trainer hatte er keine Bedenken, den einen oder andern Spieler auch einmal aufzumuntern, ein Bier zu trinken, um aus sich herauszukommen. »Ottmar hat sich sofort in die Mannschaft eingefügt«, bilanziert der einstige FCL-Coach, »er war flexibel genug, zu spielen, was ich von ihm verlangte. Oft half er defensiv aus, holte sich die Bälle selbst tief in der eigenen Hälfte und trug sie nach vorne.« In den Augen Wolfisbergs war Hitzfeld ein erstaunlich ruhiger Mensch. »Mit seiner Erfahrung hätte Ottmar zur Leaderfigur aufsteigen können«, betont der »Wolf«, »er nahm aber diese Position nie ein. Er übte zwar ab und zu Kritik an seinen Mitspielern, das tat er aber, ohne Aufsehen zu erregen. Mich hat er nie kritisiert, er war immer loyal.« Paul Wolfisberg genießt den letzten Schluck seines zweiten Espressos. »Wissen Sie«, brummt es aus ihm heraus, »es überrascht mich schon, dass ein Lehrer wie Ottmar eine derart einmalige Trainerkarriere fertig gebracht hat, er müsste folgerichtig ein schlechter Lehrer geworden sein, hätte er diesen Job

Paul Wolfisberg, FC Luzern 1980

je ausgeführt, denn die guten Lehrer kann man im Fußball nicht gebrauchen, zum Organisieren schon, aber zum Fußballspielen – nein!«

Mit Luzern, seiner letzten Station als Spieler, verbindet Ottmar Hitzfeld Gefühle einer beinahe beschaulichen Zeit. »Man hat damals mit dem FC Luzern in der Nationalliga A so um den 8. Platz herum gespielt. Da war kein Stress. Ich genoss die Stimmung auf der Allmend in vollen Zügen. Die Fans mochten mich.« Und ergänzt schmunzelnd: »Nichts gegen die italienische Sprache, Lugano war ein kleines Paradies, aber in Luzern durfte ich endlich wieder schweizerdeutsch reden!«

In der Saison 1981/82 lieferte Ottmar Hitzfeld eine Reihe schlechter Spiele ab. Die Leute fragten sich, was mit ihm nur los sei. Die Öffentlichkeit wusste nicht, wie es um seine Gesundheit stand. Verhandlungen um eine vorzeitige Beendigung des Vertrags standen an, und prompt schoss Hitzfeld wieder Tor um Tor. Weg war das Gespenst einer drohenden Entlassung. Allein, wie schaffte er das? Eine

FC Luzern, 1982

Reihe schlechter Tage, Drohung von außen, und schon läuft es wieder. Also doch im Bund mit magischen Kräften?

Bei einem Gespräch bitte ich Ottmar Hitzfelds Assistenztrainer Michael Henke, aus drei Rollen die für seinen Chef zutreffendste an die erste Stelle zu setzen. Zur Auswahl stehen: Dirigent, Magier, General. Nach kurzem Zögern entscheidet sich Henke für den Magier und begründet seine Wahl: »Nach einer Phase analytischer Überlegungen urteilt Ottmar vielfach aus dem Bauch heraus und liegt damit unglaublich oft richtig. Da sehe ich nicht bloß eine langjährige Erfahrung am Werk. Er muss in der Lage sein, Kräfte anzuzapfen, die in ihm selbst liegen, die dann ihre Wirkung in Ottmars Umgebung entfalten.« Stefan Effenberg ergänzt: »Ein Magier ist Ottmar Hitzfeld in dem Sinne, dass er sämtliche positiven Energien mobilisieren kann und sie auf uns Spieler zu übertragen versteht. Der Mann muss bei seiner Geburt vom Glück besonders geküsst worden sein.«

Hitzfeld versichert, er trage noch heute einen Rosenkranz zu den Spielen bei sich: »Er gibt mir eine gewisse Sicherheit, strahlt eine bestimmte Kraft aus, ich kenne den Rosenkranz aus meiner Kinderzeit, die Atmosphäre während des Rosenkranzbetens in der Kirche war geheimnisvoll und wohltuend, vielleicht kann diese meditative Gebetsform gute Energien in den Menschen freisetztzen.« Der Rosenkranz ist für Ottmar Hitzfeld kein magisches Zaubermittel. »Nicht der Gegenstand selbst wirkt, sonst müsste ich ja als Trainer nichts mehr tun, nur den Rosenkranz zum Spiel nicht vergessen. Und was ist, wenn der Trainer des Gegners auch einen Rosenkranz in der Hosentasche trüge? – Magier bin ich bestimmt keiner, wenn damit ein im Bund mit dunklen Mächten agierender Zauberer gemeint ist. Wenn mit Magier ein Mensch gemeint ist, der es zu Stande bringt, auf nicht direkt einsehbare Weise ungeahnte Kräfte und Energien anzuzapfen, dann mag man mich ruhig einen Magier nennen.«

In Luzern konnte sich Hitzfeld jedenfalls uneingeschränkt einer großen Leidenschaft hingeben, die manche auch in die Nähe von Magie rücken würden: Pokern. Fußball und Pokern buhlten geradezu um die Gunst von Ottmar Hitzfeld. Er hätte auch am Spieltisch der knallhartesten Profis eine gute Figur abgegeben. Schon mit 18 Jahren traf er sich in Lörrach mit einem Malermeister und Handwerkern und spielte Karten. Es ging bloß um die Ehre. Geld war keines im Spiel. Nicht so in Luzern. Da ging es um mehr als nur um die Ehre.

Gegen halb acht Uhr abends traf man sich im Luzerner Hotel »Drei Könige«: ein Fußballprofi, ein Rechtsanwalt, ein Sportjournalist und wechselweise ein vierter Mitspieler. Pokern – da denkt man an ein rauchiges Hinterzimmer, an zwielichtige Gestalten aus der Halbwelt, an illegale Geschäfte. »Nichts von alledem«, versichert der Zuger Rechtsanwalt Iso Lenzlinger, leicht amüsiert, »wir saßen in einer ruhigen Ecke des Restaurants, etwas abseits von den übrigen Gästen. Viele hätten mitspielen wollen, um nachher unter Freunden bewundert zu werden, weil sie mit Hitzfeld gepokert haben.«

Ein Pokerabend verlief nach einem festen Schema. Erst plauderte und diskutierte man miteinander. Dabei ging es keineswegs bloß um Fußball. Dann genoss man ein feines Abendessen. Für Ottmar Hitzfeld begann ein Abend mit seinen Pokerfreunden allerdings schon am frühen Nachmittag. »Ich habe zuerst zwei oder drei Stunden geschlafen«, erinnert er sich, »dann habe ich mir immer wieder ideale Kartenkombinationen vorgestellt. Ich war überzeugt, das vorausgehende Denken, dieses Phantasieren, dieser positive Glaube an gute Karten würde mein Schicksal für den Abend beeinflussen können. Brauchte ich ein Ass, bekam ich auch ein Ass. Gedanken können Wirklichkeit schaffen. Davon bin ich überzeugt. So bereite ich mich unter anderem noch heute auf ein Spiel mit meiner Mannschaft vor. Ich stelle mir Spielzüge vor und sehe dann die richtigen Spieler, die diese Spielzüge auch ausführen können.« Gegen halb zehn Uhr ging die Pokerrunde los. Gespielt wurde mit Chips, die reales Geld bedeuteten. Diese Chips sind gefährlich, denn sie verleiten dazu, viel sorgloser zu spielen, als wenn echte Geldscheine auf dem Tisch lägen. Hitzfeld brachte stets die Karten mit. Er vergaß auch nie, zwei Sets davon mitzuführen. Es konnte leicht vorkommen, dass ein Spieler im Verlaufe des Abends, vom Schicksal verlassen, bedrohlich auf die Verliererstraße geriet. In einer solchen Situation durfte er einen Kartenwechsel verlangen.

Für Hitzfelds Freunde steht auch heute noch außer Zweifel: Ottmar war ein Meister des Pokerspiels. Er war imstande, lächelnd hochkarätige Karten wegzuwerfen, weil er spürte, der andere hält noch höhere in seiner Hand. Sah er schlechte Karten in seiner eigenen Hand, setzte er das sprichwörtliche Pokerface auf. Das beherrschte er perfekt. Prompt waren die Gegner verunsichert und gingen resigniert davon aus, Hitzfeld sei wieder mit unübertrefflichen Karten gesegnet.

Zwar konnte er die Schwäche eines Gegners blitzartig erkennen und notfalls bloßlegen. Nie im Leben hätte er ihn aber fertig gemacht. Der Gegner blieb stets ein Mensch, dessen Würde nicht anzutasten war, ob auf dem Rasen oder am Pokertisch. Das ist noch heute ein ethischer Grundsatz von Ottmar Hitzfeld.

Beim Kartenspiel indessen ließ er nicht die kleinste Beobachtung aus. Jahre später lässt er sich zum Thema »Wahrnehmungen während des Pokerns« kurz in die Karten blicken. Er weiß noch genau, »hatte ein ganz bestimmter Mitspieler in der Runde gute Karten, ging der kleine Finger seiner rechten Hand wie von unsichtbaren Fäden gezogen langsam in die Höhe. Fast zu hundert Prozent durfte ich dann davon ausgehen, je weiter sich der ›kleine Verräter‹ von den übrigen vier Fingern entfernte, desto besser waren dessen Karten.« Umgekehrt war es äußerst schwierig, Hitzfelds Gestik und Mimik einzuschätzen.

Als Kiebitz setzte sich auch Trainer Paul Wolfisberg ab und an zur Pokerrunde. »Ottmar besaß ein überdurchschnittliches Gespür für die Lage, in der sich seine Mitspieler gerade befanden. Er wusste, was in den Köpfen seiner Gegner ablief, ob sie blufften oder nicht.« Für Wolfisberg ist klar, »genau so spielte Ottmar auch auf dem Rasen, er sah schon die übernächste Spielsituation, das hat mich immer sehr beeindruckt.« Nachts um drei Uhr war jeweils Schluss. Alle Schulden wurden beglichen. Der Ehrenkodex verlangte: Wer gewinnt, bezahlt Essen und Trinken der gesamten Runde. Bei unserem Gespräch in seiner Rechtsanwaltspraxis merkt Iso Lenzlinger amüsiert an, »wenn Ottmar mit einem Mitspieler zusammen Gewinner des Abends war, hat er stets die anteilsmäßige Begleichung der Zeche ausgerechnet, sparsam und korrekt.« Von vier Pokerabenden trat Ottmar dreimal als Sieger den Heimweg an. »Hunderttausend Schweizer Franken habe ich da schon eingespielt«, verrät er, »mehr als mein Jahressalär beim FC Luzern.«

Im Frühjahr 1983 stand Ottmar Hitzfeld vor einer entscheidenden Frage. Sollte er sich in Zukunft als Trainer versuchen oder den Beruf eines Lehrers ergreifen? Die Grundlagen für beide Berufswege waren gelegt. Bereits 1979 hatte er in Köln die Trainerausbildung absolviert. Mit Datum vom 22. Februar 1979 bestätigen der Präsident und der Lehrgangsleiter des Deutschen Fußball-Bundes Ottmar Hitzfeld die erfolgreiche Teilnahme am Trainer-A-Lizenz-Lehrgang. Drei Jahre später schloss er die Ausbildung zum Fußballlehrer im schweizerischen Magglingen mit der Qualifikation als Nationalligatrainer ab. An der pädagogischen Hochschule in Lörrach erwarb sich Hitzfeld bereits 1968 das Examen als Lehrer für Sport und Mathematik. Wollte er jetzt in den Schulbetrieb einsteigen, hätte er aber, fünfzehn Jahre nach dem Examen, eine Nachprüfung und ein halbes Jahr Praktikum im Schuldienst zu absolvieren. Hitzfeld besprach sich mit seiner Frau. »Ich wollte nicht, dass meine Familie darunter leiden müsste, wenn ich womöglich als glückloser Trainer in zweitklassigen Ligen herumdümpeln würde«, sagt er heute, »ich hatte Angst, bei Misserfolg Frau und Kind nicht mehr ernähren zu können.«

Eine weitere Frage stellte sich mit Sohn Matthias. War ihm ein Nomadenleben mit ständigem Wohnortswechsel zuzutrauen? Würde er nicht heimatlos werden, in ständiger Angst, seine Freunde wieder verlassen zu müssen, nirgends richtig zu Hause zu sein? Auf der anderen Seite: Der ehemalige Fußballprofi Ottmar Hitzfeld als Lehrer, irgendwo in Baden-Württemberg, einer unter vielen, ohne prickelnde Herausforderung – sollte das die Zukunft sein? Die Zuneigung einer Schulklasse würde nie und nimmer dasselbe sein wie der Applaus von den Zuschauerrängen in den Stadien. Zwar gebärdete sich Ottmar nie als Star, aber er genoss es sehr wohl, wenn ihn die Fans erkannten, wenn selbst Frauen sich nach ihm umschauten.

Hitzfeld kann sich jene Tage der Entscheidung noch sehr gut vor Augen halten: »Ich war drauf und dran, dem Fußball adieu zu sagen. Jedenfalls trug ich das Gesuch um eine Nachprüfung auf die Post und bereitete mich innerlich auf ein halbjähriges Praktikum in einer Schulklasse vor.« Doch es kam nicht so weit. Haben es Kräfte in seinem Unterbewusstsein provoziert, oder war es der Zocker – kaum war die Entscheidung für den Schuldienst gefällt, flatterte ein Angebot aus Zug in den Briefkasten. Hitzfeld sollte als Spielertrainer den Nationalliga-B-Club SC Zug übernehmen. Das war eine Herausforderung. Hitzfeld nahm sie an, aber nur unter der Bedingung, nicht Spielertrainer sein zu müssen. Die Zeit als Spieler gehörte endgültig der Vergangenheit an. Ottmar Hitzfeld weiß noch ganz genau, »ich formulierte für mich ein klares Ziel, ich gab mir genau fünf Jahre Zeit, bis dann wollte ich in der Schweiz zu den drei besten Trainern gehören, sollte ich dieses Ziel nicht erreichen, würde ich mich unwi-

FC Luzern, 1983
(James Meyer, Ottmar Hitzfeld und Peter Risi)

derruflich vom Fußballgeschäft verabschieden und in den Lehrerberuf einsteigen.«

Mit seinem Entschluss, im Fußballgeschäft zu bleiben, hat Ottmar Hitzfeld eine Weiche gestellt. Er ist kein ängstlicher Zauderer, der unsicher mal so und dann wieder anders zu gehen pflegt. Ihn prägt die Eigenschaft, nach einer einmal vollzogenen Entscheidung den eingeschlagenen Weg unbeirrt zu gehen. Inneren Unsicherheiten, die ihn von Zeit zu Zeit bedrängen, begegnet er im Wissen um eine unerschütterliche Stabilität und Wärme in persönlichen Beziehungen.

Zwischen Juli 1980 und Juni 1983 spielte Hitzfeld 86 Mal in den blau-weißen Farben des FC Luzern, in 147 Spielen schoss er 86 Tore für die Leuchtenstädter. Am 11. Juni 1983 gab er seine letzte Vorstellung als Profifußballer. Zu Gast im Stadion Allmend war der FC Zürich. Die Innerschweizer verloren 0:2. Für sie war das eine Niederlage ohne jegliche Bedeutung. Und für Hitzfeld? Ob verloren, gewonnen oder unentschieden – ein letztes Mal hat er alles gegeben. Die neunzigste Minute kam, der Schlusspfiff des Schiedsrichters, kein stehender Beifall von den Rängen, ein kurzer Blick zurück ins Stadion Allmend, wo die Zuschauer langsam abzogen. Keine Wehmut? Kein besonderes Gefühl nach 23 Jahren auf allen möglichen Fußballplätzen? »Gar nichts davon«, versichert Ottmar Hitzfeld, »ich wusste ja, dass es mit dem Fußball weiterging. Die Zeit als Spieler konnte ich sehr schnell ablegen, es galt, nach vorne zu schauen, im Kopf beschäftigte ich mich bereits mit der kommenden Zeit als Trainer.«

Wie sorgfältig Ottmar Hitzfeld über Spiele und Tore in seiner gesamten Karriere als Fußballer Buch führte, zeigt der Ausschnitt aus seinem statistischen Tagebuch. Auf dessen letzter Seite gab sich Hitzfeld Rechenschaft über all die Spiele und Tore seiner Fußballkarriere: In 852 Spielen 758 Tore.

»Hast du eigentlich eine Zahl, die dir mehr bedeutet als die bloße Ziffer?«, frage ich Ottmar Hitzfeld während eines Telefongesprächs. »Klar, die 7!«, antwortet er blitzschnell, »ich habe einmal gelesen, der menschliche Organismus erneuere sich alle sieben Jahre, er erlebe in diesem Zeitraum eine Auffrischung bis in die letzte Zelle. Vielleicht ist die Zeit nicht nur eine messbare Größe, gut möglich, dass sie auch eine Qualität anzeigt: Alle sieben Jahre will sich mein gesamtes Leben erneuern, nicht nur der Organismus.« – »Glaubst du, dass daran was ist?« – »Ich fände es spannend, wenn es so wäre!«

Die Probe aufs Exempel: Die ersten beiden Siebener-Phasen bis zum 14. Lebensjahr geben für Ottmar nichts Außergewöhnliches her. Im Alter von 21 Jahren zeichnete sich der Sprung zum FC Basel ab. Sieben Jahre später fasste er ein Engagement beim FC Lugano ins Auge. Nach genau fünf Mal sieben Jahren nahm Ottmar die Herausforderung FC Aarau an. Ebenfalls präzise nach einer Siebenjahresphase schaffte er den Sprung in die Bundesliga. Das war im Alter von 42 Jahren. Nach weiteren sieben Jahren erneut ein markantes Ereignis: Ottmar wurde Cheftrainer bei Bayern München. Zurzeit durchläuft Ottmar seine achte Phase im Siebenjahresrhythmus. Wenn diese Phase im Jahre 2005 zu Ende geht, wird Ottmar 56 Jahre alt sein, und …

18.7.66 201 Tore in 111 Spielen.

28.7.63 103 Tore in 48 Spielen
25.7.64 ~~29~~ 29 Tore in 15 ~~20~~ Spielen
18.7.65 21 Tore in 22 Spielen
18.7.66 48 Tore in 26 Spielen

18.7.66 201 Tore in 111 Spielen

25.5.67 235 Tore in 138 Spielen 138
235 C – B – A Jugend | 3 akt. Sp. / 3 Tore

28.4.68 26 Tore in 31 Spielen
9.8.69 29 Tore in 44 "
23.8.70 47 Tore in 44 "
27.6.71 26 Tore in 30 "

128 Tore in 149 Spielen
128 FVL 16.8.67 – 27.6.71 149

133 Tore in 181 Spielen
261 FCB 31.7.71 – 17.5.75 330

102 Tore in 144 Spielen
363 VfB 9.7.75 – 23.5.78 474

71 Tore in 90 Spielen
434 Lugano 19.7.78 – 20.5.80 564

86 Tore in 147 Spielen
520 Luzern 22.7.80 – 11.6.83 711

Mit Jugend:

852 Spiele + 758 Tore

Kapitel 6

Zug

1983–1984

Pädagoge auf dem Feld oder im Klassenzimmer?

Unzählige Interviews habe ich mit Ottmar Hitzfeld geführt. Vor, manchmal während und immer nach seinen größten Siegen und bittersten Niederlagen auf dem Fußballplatz. Wie viel weiß ich also von dem Mann? Wie nahe bin ich ihm in diesen Momenten, in denen ich ihm direkt gegenüberstand, gekommen? Die Antwort: Ich weiß über ihn gar nichts. Ich stand ihm nahe, ohne ihm nahe zu stehen.

Egal, wie konkret eine Frage gestellt ist, unabhängig davon, wie sehr sie ihn langweilen oder provozieren mag, die Antwort lautet – mit leichten Abwandlungen – eigentlich immer so: ›Wir haben in der ersten Halbzeit mit sehr viel Disziplin gespielt. Ich hoffe, dass Sergio sich in der zweiten Halbzeit gut einfügt. Natürlich wollen wir dann noch das eine oder andere Tor machen. Aber Prag will auch sein Spiel machen, und dann müssen wir hinten sehr kompakt stehen.‹

Er sagt das immer sehr freundlich und sehr aufmerksam. Er respektiert seinen Gesprächspartner, und die Leute hören ihm zu. Er sagt immer etwas, aber er verrät nichts. Er hält Distanz und gibt nichts preis. Gar nichts.

Also bin ich auf das angewiesen, was dieser Mann an Körpersprache vermittelt, was ich aus seinem Auftreten herauszulesen glaube, wobei ich mich täuschen kann.

Ich denke, dass er immer und unbedingt gewinnen will. Dass er sich bei Niederlagen zwar äußerlich unter Kontrolle hat, aber dass ihn überhebliche oder dumme oder disziplinlose Fußballprofis zur Weißglut treiben.

Er genießt Siege – und schweigt. Auf der Bank ist er trotzdem kein Lobanowski, aber die innere Freude über wichtige Siege, die ist in ihm nur ganz tief drinnen und schon gar nicht für die Öffentlichkeit bestimmt. Spieler sind für ihn sicher keine dummen Jungen, aber er käme nie auf die Idee, sich einem zum Freund zu machen. Denn dann wäre es schwer, so einem zu sagen: ›Du spielst nächsten Samstag nicht.‹ Zeigt er also niemals Emotionen? Nach dem ersten Meistertitel für Borussia Dortmund nach 32 Jahren soll er an der Schulter von Stefan Reuter geweint haben. Gesehen habe ich das nicht. Und der Weltpokal-Sieg im letzten Jahr in Tokio wurde publizistisch von den Schlagzeilen über einen Ottmar Hitzfeld verdrängt, dem also doch allzu Menschliches nicht völlig fremd zu sein scheint. Darüber war ich dann fast schon wieder erleichtert.

Ottmar Hitzfeld wird mir wohl trotzdem ein Mysterium bleiben. Ich empfinde ihn als ebenso intelligent wie sympathisch, und ich bewundere ihn für das, was er im Fußball leistet. Das muss mir (und wird ihm allemal) reichen. Vielleicht erzählt er mir in 20 Jahren mit Blick auf einen Schweizer See einmal, wie es wirklich war in der Zeit, als ich nur erfuhr: ›In der Champions League kann jeder jeden schlagen, und deshalb muss in unserer Abwehr die Zuordnung stimmen, und außerdem müssen wir von Anfang an aggressiv in die Zweikämpfe gehen.‹

Günther Jauch, Journalist und Fernsehmoderator

Zug, Thema Fußball – dann reden in die Jahre gekommene Fußballsachverständige in der Innerschweiz gleich vom legendären Werner »Höfi« Hofstetter und beschwören mich: »Mit dieser markanten Präsidentenfigur müssen Sie unbedingt reden, wenn Sie über das erste Trainerjahr von Ottmar Hitzfeld schreiben wollen.« Also rufe ich ihn an. »Wer sind Sie?« Ich nenne meinen Namen und schiebe gleich den Namen Hitzfeld hinterher, erkläre ihm, alle, mit denen ich gesprochen habe, seien der Meinung, ich komme in der Hitzfeld-Biographie nicht um dessen damaligen Präsidenten herum … »Stimmt!«, quittiert Hofstetter, »ich werde Ihnen einiges mitzuteilen haben!« Klingt viel versprechend, fast bedrohlich, ich bin gespannt.

Hofstetter bestellt einen Tisch im Restaurant »Galliker« in Luzern. Ich bin pünktlich. Er kommt zwanzig Minuten zu spät: Knappe, trockene Begrüßung, kein langes, gegenseitiges Abtasten, keine Worthülsen, Hofstetter mustert mich zweimal aus seinen Augenwinkeln und übernimmt mit einer rhetorischen Frage unverzüglich die Gesprächsführung: »Haben Sie Hitzfeld je vor laufender Kamera einmal auf den Tisch hauen sehen oder so richtig fluchen gehört? Man muss doch seinen Emotionen ab und an freien Lauf lassen, sonst gibt es Falten im Gesicht, zeugen von unterdrückten Gefühlen. Schauen Sie ihn an, immer kontrolliert, das ist falsch!«

Werner Hofstetter ist Bauunternehmer, ihm unterstehen 110 Leute. Denen sagt er klipp und klar, was Sache ist. Der SC Zug, den »Höfi« als Mäzen und höchst eigenwilliger Chef von 1980 bis 1984 präsidierte, hatte wie ein Bauunternehmen zu funktionieren. Hofstetter betrachtete seine Spieler wie Bauarbeiter. Nüchterne Philosophie des Präsidenten: »Die Spieler sollten am Monatsende von mir ihren Lohn bekommen, dafür wollte ich Leistung sehen. Entscheidend war für mich die Haltung gegenüber der Arbeit. Ein Spieler konnte durchaus mal eine schlechte Leistung auf dem Platz abliefern, aber seine Einstellung musste hundertprozentig sein.« Denselben Maßstab legte Hofstetter auch an seinen Trainer: »Als junger Fußballlehrer brachte Hitzfeld einen tadellosen Arbeitswillen mit, aber wie er mit den Spielern des SC Zug umging – viel zu weich, viel zu wenig autoritär! Ottmar und ich waren wie Feuer und Wasser.«

Feuer und Wasser – zwei Urelemente. Wenn sie aufeinander prallen, drohen sie sich gegenseitig zu vernichten. Der Feuerteufel Hofstetter diktierte Hitzfeld unumwunden, auf welche Art und Weise er die Mannschaft zu führen hatte: »Stur ist eine Eigenschaft, erfolgreich zu sein!« Sein kühl berechnender Trainer legte ebenso klare Vorstellungen auf den Tisch: »In fünf Jahren will ich einer der erfolgreichsten Trainer der Schweiz sein.« Auf dem Weg dorthin konnte Sturheit aber kein Ratgeber sein. Ottmar Hitzfeld wusste um die exzentrische Art seines Präsidenten. »Viele haben mich vor Hofstetter gewarnt. Nicht nur er, auch ich selber ging ein beträchtliches Risiko ein. Die Herausforderung an mich war eine doppelte, eine sportliche und eine menschliche. Hofstetter hatte gut eingekauft, das vorhandene Spielerpotenzial erlaubte mir die Vision, am Ende der ersten Saison um den Aufstieg zu spielen, eine reizvolle Vorstellung, spielte doch der Sportclub Zug noch nie in seiner Geschichte in der Nationalliga A. Größer noch als die sportliche Ambition schätzte ich die menschliche Aufgabe ein, die ich darin sah, mit einem Präsidenten klarzukommen, der nicht meinen Umgangsvorstellungen entsprach. Ich erinnere mich an so manches Telefongespräch mit ihm, sie wurden fast alle zum Albtraum für mich, Hofstetter sprach stets derart laut, dass meine Frau Beatrix in der entfernten Ecke des Zimmers jedes Wort verstand. Als ich ihn darauf ansprach, zeigte er allerdings Stil: Er rief meine Frau an und entschuldigte sich in aller Form.«

In der wirtschaftlich rasant aufstrebenden Kleinstadt Zug mit ihren 24 000 Einwohnern war zu Beginn der achtziger Jahre Eishockey die dominierende Sportart. Zwei Fußballklubs spielten und stritten in der 1. Liga (oberste Amateurliga) um die Vorrangstellung, der FC

Zug und der SC Zug. Bestrebungen, die vorhandenen Kräfte zu konzentrieren, schlugen fehl. Die Leistungskurve des SC Zug zeigte 1980 klar nach unten. Ein Entscheidungsspiel gegen Brühl-St. Gallen musste den Absteiger in die 2. Liga ermitteln. Kurz vor dem Spiel meldete sich ein gewisser Werner Hofstetter. In seiner Mappe lagen 10 000 Franken. Falls der Verein in der 1. Liga bleibe, werde er gerne das Präsidium übernehmen und das mitgebrachte Geld gleich als Startkapital anlegen. Nach 90 Minuten stand es 4 : 4, in der Verlängerung gelang dem SC Zug das erlösende 5 : 4. Hofstetter übernahm ab sofort mit fester Hand die Geschicke des SC Zug. Vorerst klappte alles wie am Schnürchen. Unter dem deutschen Trainer Otto Luttrop, wegen seiner gefürchteten Schusskraft »Atom-Otto« genannt, einem Mann mit Bundesligaerfahrung als Spieler und der Auszeichnung »Schweizer Fußballer des Jahres 1973«, stieg der SC Zug in die Nationalliga B auf. Der Rubel aus Hofstetters Kasse rollte wie versprochen. Rund vier Millionen Franken hatte der Präsident und Bauunternehmer insgesamt in seinen SC Zug investiert. Damit beglich er die Löhne der gesamten Mannschaft und das Salär des Trainers. Die stets fließende Geldquelle krönte ihn zum Fußballkönig von Zug. Eine Denunziation aus seinem näheren Umfeld trug ihm 855 000 Franken Straf- und Nachsteuer ein. Das steckte er locker weg. Auch nach beinahe zwanzig Jahren glänzt er mit finanziellem Detailwissen: »Ich bezahlte Ottmar einen Monatslohn von 5 500 Franken, einen monatlichen Spesenanteil für Wohnung, Reisen etc. von 2 000 Franken und übernahm seine Steuerbelastungen.« Als auffallend bescheidene Gegenleistung liest sich ein witziges Detail, das Hofstetter unter Punkt 8 in den Vertrag einbaute: *Herr Ottmar Hitzfeld wird ein besonderes Augenmerk auf die Juniorenabteilung des SC Zug haben, insbesondere auf den Sohn des Präsidenten.*

Auf meine Frage, welchen Lohn er Hitzfeld denn heute als Trainer von Bayern München zugestände, zögert Hofstetter keine Sekunde: »Zwei Millionen netto plus Prämien! Die Spieler verdienen gegenüber dem Trainer zu viel. Der Trainer muss der bestbezahlte Angestellte sein.« Damit würden die Saläre der Bayern-Spieler unter einem Präsidenten Hofstetter drastisch gestutzt. Die Akteure des SC Zug kamen sich unter der Ägide ihres forschen Präsidenten tatsächlich vor wie Bauarbeiter. »Drei Stunden am Tag zu trainieren ist doch lächerlich«, enerviert er sich, »acht Stunden müssten die jungen Kerle schuften, wie meine Arbeiter!« Darüber ließ Hofstetter nicht mit sich diskutieren, auch heute vertritt er kategorisch diese Auffassung.

»Es war ein Risiko, Hitzfeld als Trainer nach Zug zu holen, wer konnte mir garantieren, dass der erfolgreiche Fußballer Hitzfeld auch als Trainer ein Volltreffer werden würde? Beim FC Luzern hat er sich nach seinem Karriereende als Spieler schriftlich um den Trainerposten beworben. Die Klubleitung wollte ihn nicht, reagierte nicht einmal auf seine Anfrage. Aber als Unternehmer war ich es gewohnt, etwas zu riskieren.«

Die Verantwortlichen des SC Zug nahmen die Einstellung eines neuen Trainers sorgfältig in die Hand. Sie nahmen verschiedene Kandidaten unter die Lupe. Am Schluss lagen zwei Kumpels, die als Spieler beim FC Basel große Zeiten erlebt hatten, gleich auf: Karl Odermatt und Ottmar Hitzfeld. Hofstetter zur Entscheidungsfindung: »Odermatt war ein großartiger Fußballer mit einer einmaligen Karriere, er hatte nach seiner Aktivzeit allerdings zwei Geschäfte in Basel aufgebaut, deshalb waren wir nicht sicher, ob er dem SC Zug die nötige Aufmerksamkeit hätte entgegenbringen können. Hitzfeld wohnte in der Nähe von Zug, erschien uns überaus ehrgeizig, war pädagogisch geschult, verfügte über das A-Diplom und absolvierte an der Sporthochschule Köln die ersten Kurse mit bestem Erfolg.« – Hitzfeld könne ein zweiter Benthaus werden, soll Hofstetter seine nie ganz ausgeräumte Unsicherheit gegenüber dem Lehrer aus Lörrach beschwörend überdeckt haben. Am Montag, 9. Mai 1983 unterschrieb Ottmar Hitzfeld seinen ersten Vertrag als Trainer. Der Kampf zwischen »Feuer« und »Wasser« konnte beginnen.

Der Aufstieg des SC Zug in die Nationalliga B weckte in der Vereinsführung und im Spielerkader die Lust auf mehr, der Klub liebäugelte mit einem Platz in der obersten Etage des Schweizer Fußballs. Nach außen kommunizierte die Führungscrew, in der ersten

B-Saison mindestens Platz fünf erobern zu wollen, nach innen erklärte der große Vorsitzende seinem Angestellten Ottmar Hitzfeld unumwunden das Top-Ziel des Vereins: »In spätestens drei Jahren spielt der SC Zug in der Nationalliga A!« Drei Voraussetzungen, da hinzukommen, waren zum Saisonstart gegeben: Das Geld des Mäzens Hofstetter floss wie nie zuvor, 750 000 Franken betrug das Budget zum Start in die Nationalliga B, zudem war der neue Trainer fachlich in der Lage, die Vorgabe der Vereinsführung zu erfüllen, und schließlich war der Kader Nationalliga-A-tauglich. Ottmar standen 18 Spieler zur Verfügung, davon stießen neun neu zum SC Zug, als namhafte Zugänge streiften Rolf Fringer, der spätere Cheftrainer beim VfB Stuttgart und eher glücklose Trainer der Schweizer Fußballnationalmannschaft, und von Schalke 04 der polnische Junioreninternationale Joachim Wieczorek das blau-weiße Dress des SC Zug über.

Trotz gesteigerten Selbstbewusstseins erschien das Bild des SC Zug weiterhin liebenswürdig provinziell. Zwar trainierte die Hitzfeld-Truppe wie ein Nationalliga-A-Verein fünfmal in der Woche, aber keine Geringere als die Frau des Präsidenten wusch eigenhändig alle Trikots. Die Spieler waren sich keineswegs zu schade, mit dem eigenen Auto zum einen oder anderen Auswärtsspiel zu fahren. Gegen den FC Monthey setzte sich selbst Trainer Hitzfeld hinter das Steuer seines Privatwagens. Die Strapazen der 600 Kilometer langen Autofahrt in die Westschweiz und zurück erlaubten dem SC Zug trotzdem, einen 6:0-Kantersieg nach Hause zu bringen. Wer weiß in Europa schon, wo Monthey liegt, nach den Aussagen eines altgedienten Mitglieds des Sportclubs Zug soll »Höfi« in besonders euphorischen Momenten in allem Ernst davon geträumt haben, mit seinem SC Zug dereinst im Europacup mitzuspielen.

Gleich im ersten Spiel der Trainerlaufbahn von Ottmar Hitzfeld zischte es prompt zwischen »Feuer« und »Wasser«. Der SC Zug hatte auswärts gegen den FC Biel anzutreten. Präsident Hofstetter reiste mit. Er wollte dem neuen Trainer gleich zu Beginn auf die Finger schauen. 1:1 hieß das Schlussresultat. *In einem sehr temporeichen,*

Mit Werner Hofstetter beim SC Zug, November 1983

kämpferisch wie auch spielerisch überzeugenden Fight holte sich die Allmend-Truppe gegen ein starkes Biel verdientermaßen einen Zähler, resümierten die »Zuger Nachrichten« wohlwollend den Einstand von Trainer Hitzfeld. Fast alle waren mit dem ersten Punkt in der neuen Liga zufrieden. Einer nicht. Bei der ersten Gelegenheit, die sich ihm bot, zog Präsident Hofstetter seinen Trainer gleich zur Rechenschaft: »Nicht schlecht gespielt, Ottmar, aber wir hätten gewinnen können! Wenn du die Spieler in Zukunft wie ein verständnisvoller Lehrer behandeln willst, kommst du nicht weit. Zufriedenheit ist Abstieg, merk dir das!«

Die erste Trainerstation stellte Hitzfeld gleich vor ein paar kniffflige Probleme. Der hemdsärmlige Baulöwe Hofstetter in der Rolle des Präsidenten und der intellektuelle, diskrete Trainerneuling waren nicht das traumhafte Kapitänsduo auf der Kommandobrücke des SC Zug. Hofstetter, der Mann, der autoritär Befehle erteilte, Hitzfeld, der Mann, der durch Argumente überzeugte. Hofstetter erhob

Führungsansprüche als Geldgeber, Hitzfeld war laut Vertrag *allein verantwortlich für alle technischen Entscheidungen der ersten Mannschaft, inklusive der Trainingsgestaltung und Trainingsplan*. Für Zündstoff musste aber der anschließende Satz im Vertrag sorgen: *Herr Ottmar Hitzfeld ist allein dem Präsidenten des SCZ Rechenschaft schuldig.*

Ottmar Hitzfeld war ein exzellenter Fußballer. Er konnte nicht zwingend damit rechnen, auch ein ausgezeichneter Trainer zu werden. »Hofstetter begann vom ersten Tag an, sich in meine Kompetenzbereiche einzumischen«, schildert Hitzfeld, »das war für mich als unerfahrenen Trainer eine riesige Herausforderung. Ich wollte einerseits mein Gesicht wahren und ihm Paroli bieten, konnte mir aber andererseits nie und nimmer erlauben, entlassen zu werden, eine tägliche Gratwanderung. Laut Hofstetter sollte ich meine Spieler acht Stunden lang am Tag fordern. Ich konnte ihm nicht klarmachen, dass Fußballer keine Bauarbeiter sind. Wir haben uns im Gespräch nicht gefunden, es gab erst gar keine Diskussion. Ich habe mich jedes Mal zurückgezogen, bin den Konflikten eher aus dem Weg gegangen, heute spreche ich sie schneller an. In Zug habe ich mich noch schwer getan mit Entscheidungen, habe sie vor mir hergeschoben, es gab ja nicht so etwas wie ein Kochbuch, wo ich hätte nachschlagen können.« Natürlich hatte Hitzfeld eine Trainerausbildung, klar kannte er die Theorie, »aber jetzt sah ich mich vor praktische Fragen gestellt, die eine Lösung verlangten: Wie reagiere ich gegenüber den Spielern, wenn ich sie am Tag nach einer Niederlage wieder sehe? Wie treffe ich den Ton bei einer Mannschaftssitzung? Wie gehe ich vor, wenn ich einen Spieler kritisieren muss? Was tue ich bei Disziplinlosigkeit? Wie kann ich glaubwürdig bleiben? Wie gehe ich mit meiner Autorität um? Wie gestalte ich Nähe und Distanz zu den Spielern?«

Ottmar Hitzfeld analysierte seine ersten Erfahrungen im Trainerberuf. Er wollte sich Klarheit darüber verschaffen, mit welchem »Regierungsprogramm« er den SC Zug führen wollte. Nach wenigen Wochen kristallisierte sich ein Katalog mit folgenden Absichten heraus:

1. Ich verlasse mich auf mein Gefühl; ich horche in mich hinein.
2. Ich halte mir stets die Frage vor Augen: Wie würde ich als mein Gegenüber reagieren? Was möchte ich als mein Gegenüber vom Trainer?
3. Ich will niemanden verletzen.
4. Ich will ehrlich bleiben.
5. Ich will meine Entscheide transparent und für die Spieler nachvollziehbar machen. Ich will logisch sein.
6. Ich will Gefühle zeigen.
7. Ich will die Kraft positiver Gedanken nutzen.

Neunzehn Jahre später geht Bayern-Trainer Ottmar Hitzfeld jene sieben Visionen noch einmal Punkt für Punkt und sehr kritisch durch, mit denen er seine Karriere beim SC Zug einst startete. Er liest sie laut, legt das Blatt beiseite und kommentiert trocken: »Stimmt alles!« Ich frage nach, will wissen, ob er nach all den Erfahrungen im rauen Klima der Bundesliga seinen Job noch immer nach diesen sieben Grundsätzen ausrichtet. »Klar, ohne jede Einschränkung! Das sind allerdings Ideale, ich behaupte nicht, sie jederzeit perfekt zu leben, aber sie haben mich dahin gebracht, wo ich jetzt bin.«

Mit den meisten Journalisten in der Schweiz war Ottmar Hitzfeld per Du. »In Dortmund pflegte ich auch den Medienschaffenden gegenüber Zurückhaltung«, erklärt Hitzfeld, »die Medienszene im Umfeld der Borussia war viel aggressiver als bei den Grasshoppers, beim FC Aarau oder gar in Zug. Gab ich in Dortmund einem befreundeten Journalisten Details bekannt, fand dieser sich unversehens in einer Zwickmühle: einerseits verfügte er über brisante News, andererseits sollte er aber diese aus Loyalität zu mir für sich behalten, für einen Journalisten eine unbefriedigende Situation, in diese heikle Lage wollte ich die Medienleute nicht bringen, sie waren so erst noch viel freier, auch einmal negativ über mich schreiben zu können.«

Wo immer auch Ottmar Hitzfeld als Trainer wirkte, war er für Medienleute etwa so viel wert, wie eine versiegte Quelle, ein ziemlich unbrauchbarer Informant, ihn konnten sie aushorchen, sooft sie wollten, eine süffige Geschichte brachten sie nie aus ihm heraus. Trotzdem waren sich die Journalisten stets einig: Der Hitzfeld ist in jeder Situation freundlich zu uns, auch wenn er uns keine Storys liefert, wir können ihm nicht böse sein. Das alles gilt auch für seinen aktuellen Arbeitsplatz in München. Schon nach dem ersten Meisterschaftsspiel seiner gesamten Trainerlaufbahn – der SC Zug spielte am 10. August 1983 in Biel – gab Ottmar in den »Zuger Nachrichten« eine Kostprobe seiner typischen Art, nach einem Match ein Statement abzugeben: *Ich bin stolz auf die Mannschaft, sie hat großartig gekämpft. Wir beherrschten den Gegner in jeder Phase des Spiels und mussten nie befürchten, die Partie zu verlieren. Biel ist eine sehr starke Mannschaft, die man nicht ins Spiel kommen lassen darf. Dadurch, dass wir früh störten, gelang uns dies weitgehend.* Das ist die Sprache des Fußballlehrers Ottmar Hitzfeld, wie sie heute noch Fans in ganz Europa hören können, fachlich qualifiziert, kaum seine wirkliche Meinung verratend, stets den Gegner respektierend. Den Wortlaut der Analyse zum Spiel gegen die Bieler könnte irgendein Journalist problemlos auch rund zwanzig Jahre später in seinen Bericht über ein Bundesligaspiel übernehmen, er müsste nur den FC Biel ersetzen durch Leverkusen oder den 1. FC Kaiserslautern.

Einer, der die Mauer zwischen Trainer Hitzfeld und einem Journalisten schon vor dreißig Jahren duchbrach, ist der Basler Franz Baur. Er war Lehrer, im Nebenberuf übertrug er an Wochenenden für das Schweizer Radio insgesamt über 450 Fußballspiele der Nationalliga A. Baur erlebte schon den legendären Einstand des unbekannten Ottmar Hitzfeld mit zwei Toren für den FC Basel. »Zwei Jahre später fuhr ich mit Ottmar im Rahmen einer lokalen Promi-Benefiz-Radrennveranstaltung ein Paar-Zeitfahren«, erzählt Baur, »wir legten die 14 Kilometer in 28 Minuten zurück und landeten auf dem 7. Rang.« Über viele Jahre hinweg kreuzten sich die Wege des Radioreporters Baur und des Fußballers und späteren Trainers Hitzfeld, sei es auf dem Espenmoos in St. Gallen, im Stade Olympique von Lausanne, im Stadio Communale in Bellinzona oder im Dreisamstadion von Freiburg. »Wenn Ottmar mir etwas anvertraute, das nicht für die Öffentlichkeit bestimmt war, hielt ich mich strikt daran, so schöpfte er Vertrauen zu mir.«

Obwohl die Presse in Zug Hitzfelds Arbeit schätzte und den jungen Trainer kaum je kritisierte, entwickelte er sehr bald eine erhöhte Sensibilität gegenüber den Medien. Er bemühte sich um ein gutes Einvernehmen mit ihnen, begann aber, seine Worte in der Öffentlichkeit mit Bedacht zu wählen, und beabsichtigte, nirgends Öl ins Feuer zu gießen. Ottmar Hitzfeld begriff sehr schnell die Macht der Journalisten. Als Rolf Fringer seinen Cheftrainerposten beim VfB Stuttgart antrat und ihn SAT1 um ein Interview bat, konnte er seinen Kollegen nicht mehr rechtzeitig warnen. Fringer ließ sich ahnungslos vor dem imposanten Rheinfall bei Schaffhausen ins Bild nehmen. Der medienerfahrene Hitzfeld konnte seinem einstigen Libero beim SC Zug erst hinterher die Gefahr einer solchen Inszenierung klarmachen. Die Medien sind leichten Fußes zur Stelle, aus einem Rheinfall über Nacht einen Reinfall zu zaubern.

In der Nähe von Aarau liegt das Thermalbad von Schinznach. Oft bereitete sich Hitzfeld dort mit dem FC Aarau auf ein Spiel vor. Der Journalist Peter Herzog und Trainer Hitzfeld kannten sich gut. Ein Vertrauensverhältnis war aufgebaut. Klar, Herzog wollte einen guten Job machen, hatte eine zündende Idee: »Ottmar, kannst du mal deine Spieler im Wasser so aufstellen, wie du ins nächste Spiel gehst!« Ottmar durchschaute die zweifellos originelle Idee des Journalisten, schmunzelte und winkte ab: »Und bei der nächstpassenden Gelegenheit hast du eine wunderschöne Schlagzeile: Der FC Aarau ging baden!«

Ruedi Zahner war für Hitzfelds Start als Trainer eine wichtige Figur. Die beiden hatten damals noch eben gegeneinander gespielt. Nun holte Ottmar Hitzfeld den schlaksigen rechten Außenverteidiger vom FC Zürich nach Zug. In seiner Rückblende nennt Zahner zuerst das kollegiale Verhältnis zwischen Trainer und Mannschaft, das die Zeit unter Ottmar Hitzfeld prägte. »Ottmar hat uns auf sehr menschliche Art geführt, die meisten waren per Du mit ihm, er war ein verspielter Typ, wir spürten: Unser Trainer war eben erst noch Spieler wie wir, beim Aufwärmspiel 5 gegen 2 spielte er mit Leib und Seele mit, grätschte, rackerte und vergaß, dass er der Chef war, die Fetzen flogen, er wurde auch schon mal ungehalten. Zum Schmunzeln brachte uns Spieler das Krafttraining unseres jungen Trainers, er wollte so gern eine Bodybuildingfigur, aber das war vergebliche Mühe, es reichte nicht. Was Ottmar heute auszeichnet, reifte schon in Zug heran: Kommunikationsfähigkeit. Trainer und Spieler waren eine Schicksalsgemeinschaft, die große Gegengestalt war der Präsident. Ottmar gelang eine optimale Kommunikation sowohl zu uns Spielern wie auch zum Boss, er spürte, was gerade lief, zog die richtigen Schlüsse und leitete die entsprechenden Schritte ein, uns Spielern machte er Dampf mit einer klaren Zielvorgabe: ›Ich will mit euch aufsteigen!‹ Auf dieses Ziel hin stellte er die Mannschaft bewusst zusammen, die Gruppendynamik stimmte.«

Seine Kommunikationskompetenz zeigte Ottmar Hitzfeld im Verlaufe einer brisanten Sitzung. Ruedi Zahner wurde von Hofstetter in die Chefetage zitiert. Zur Aussprache war auch der Trainer eingeladen. Hofstetter: »Herr Zahner, wie Sie seit einiger Zeit für den SC Zug spielen und was Sie verdienen, klafft meilenweit auseinander!« Zahner zu Hofstetter: »Ihre Meinung interessiert mich nicht, ich respektiere allein das Urteil meines Trainers!« Hofstetter wollte Zahner auf der Stelle entlassen. Dank der Besonnenheit von Ottmar Hitzfeld kam es nicht dazu. Dem Trainer gelang es, seinem aufgebrachten Präsidenten die Konsequenzen einer Entlassung von Zahner vor Augen zu führen und auf die positiven Werte seines Spielers aufmerksam zu machen. »Ich war beeindruckt«, lobt Ruedi Zahner, »ohne Hitzfeld hätte ich den Laufpass bekommen. Von 1000 Trainern hätten 999 mit Herrn Hofstetter garantiert die Kurve nicht gekriegt und hätten aufgegeben. Ottmar hat sehr viel geschluckt, weil er wusste, mit dieser Mannschaft kann ich erfolgreich sein. Nie hat er einen Menschen beleidigt, wobei sich hinter dieser rühmlichen Einstellung auch ein Quäntchen Berechnung verbirgt. Mir scheint, Ottmar geht immer davon aus, nie ganz sicher zu sein, ob er einen

Menschen auf dem Weg zum Erfolg nicht vielleicht doch noch brauchen könnte, würde er ihn vergraulen, wäre die Türe ja zu.«

In der Tat, Ottmar Hitzfeld konnte nicht sämtliche Lorbeeren für eine glückliche Kommunikationsfähigkeit für sich allein beanspruchen. Im Hintergrund brachte nicht selten Miklos Szvircsev gezielt die auseinander driftenden Interessen von Präsident, Trainer, Vorstand und Spielern wieder auf einen gemeinsamen Nenner. Der Mann floh 1956 aus Ungarn in die Schweiz, wuchs in Zug auf, war ein Klassenkamerad von Präsident Hofstetter, ging im Benediktinerkloster Einsiedeln ins Gymnasium und wurde Sportjournalist. Für den SC Zug übernahm er das Amt eines TK-Chefs, damit stand er in Pflicht gegenüber dem gesamten Verein. Als Journalist, der für verschiedene Schweizer Zeitungen unterwegs war, fiel Miklos Szvircsev bald einmal das Können des Fußballers Ottmar Hitzfeld auf. Er begann, sich für den Lörracher zu interessieren, lange bevor dieser etwas davon merkte. Aufgrund von Interviews, in denen Szvircsev Hitzfelds Aussagen stets korrekt wiedergab, gewann der Journalist das Vertrauen des Fußballers. »Wir trafen uns immer öfter zum Kartenspiel, pokerten miteinander, diskutierten stundenlang über Fußball und spürten bald einmal eine gewisse Ähnlichkeit in unseren Ansichten.« Ottmar Hitzfeld denkt mit großer Achtung an seinen vor drei Jahren verstorbenen Freund zurück. »Ich konnte mit Miklos auch kontrovers diskutieren, das habe ich gebraucht und sehr geschätzt, weil ich auf diese argumentative Weise selber weiterkam und oft überraschende Lösungen gefunden habe, Miklos prüfte auf unnachahmliche Weise meine Intuitionen, überdies war er für mich wie ein Seismograph, ein absolut vertrauenswürdiger Mittler zwischen mir und der Außenwelt, mit ihm rang ich um kluge Vorgehensweisen gegenüber Vorstand, Journalisten oder Spielern.«

Szvircsev hat Ottmar Hitzfeld den Weg zu seinem ersten Trainerposten geebnet, die Connection mit Schulfreund Hofstetter klappte wunderbar. Hitzfeld weiß: »Miklos gab mir Selbstvertrauen, er war von meinen Fähigkeiten als Trainer überzeugt, ich war doch als Spieler nicht imstande, abzuschätzen, ob ich auch als Trainer etwas tau-

Mit Miklos Szvircsev, 1992

ge, Miklos strahlte eine unglaubliche Gewissheit aus, dass ich auch als Trainer einschlagen werde.«

Ottmar Hitzfeld durfte bis zum Schluss seiner Zeit in Dortmund von der Weisheit seines Freundes Miklos profitieren, selbstredend, dass er aus Dankbarkeit mit ein paar Freunden zusammen den gegen Ende seines Lebens fast mittellos gewordenen Lebenskünstler Szvircsev wenigstens seiner finanziellen Sorgen enthob. Hofstetter schüttelt den Kopf: »Nie werde ich begreifen, dass Ottmar nicht zur Beerdigung von Miklos erschien, eine Schande!« – »Ich konnte nicht weg, wir standen mit dem FC Bayern vor einem Spiel«, bedauert Ottmar Hitzfeld.

Mondfinsternis beim SC Zug titelten im Frühling 1984 die »Zuger Nachrichten«. Der Klub belegte einen Mittelfeldplatz. Nicht diese Tabellenposition beunruhigte. Zündstoff lag ganz woanders. Zum Rückrundenstart erteilte Hitzfeld seinem Präsidenten Sprechverbot in der Spielerkabine, worauf dieser im nächsten Heimspiel gegen den FC Lugano seine Kränkung öffentlich zur Schau stellte und den gegnerischen Trainer feierlich abholte, ihn zum Spiel begleitete, nur mit ihm sprach und den eigenen Trainer links liegen ließ. Durfte Präsident Hofstetter schon nicht mehr in der Spielerkabine das Wort ergreifen, ließ er sich etwas anderes einfallen, um auf die Mannschaft Einfluss zu nehmen. »Höfi« stieg kurzerhand auf das Dach des Spielereingangs und peitschte von dort die Akteure beim Auflaufen lautstark zur geforderten Leistung. Die nächste Partie nach der Verhängung des Maulkorbs gegen den Präsidenten fand in Winterthur statt. Bis zur 89. Minute führte der SC Zug 1:0, in der 90. Minute fiel der Ausgleich, dreißig Sekunden später führte der FC Winterthur 2:1. Hofstetter stand kurz vor der Explosion: »Diesen Frust wollte ich nicht in mich hineinfressen. Ich ging geradewegs in die Kabine. Die einen Spieler waren noch unter der Dusche, mit den andern sprach Hitzfeld in aller Ruhe. Ich habe gesagt, er solle die Klappe halten, und beorderte die duschenden Spieler zu den andern in den Kabinenraum. Klipp und klar erklärte ich: Für mich seid ihr alle Parasiten, ihr wollt pünktlich den Lohn, seid aber nicht bereit, die erforderliche Leistung zu bringen!«

In diesem Machtkampf spürte Ottmar Hitzfeld, dass die Spieler auf seiner Seite standen. Das Tor, das zur Niederlage in Winterthur führte, schoss Libero Rolf Fringer, ein Eigentor. Nach dem Match beleidigte ihn Hofstetter, fluchte über seinen polnischen Stürmer Wieczorek, drohte, am Monatsende die Löhne nicht mehr zu bezahlen. »Du, Werner, das alles besprechen wir besser nicht gleich nach dem Spiel, du siehst doch, jetzt ist jeder mit sich selbst beschäftigt, ich schlage vor, morgen eine Sitzung zu halten.« Hitzfeld wollte beruhigen. Hofstetter aufgebracht: »Du redest wie ein Pfarrer, nimmst die Spieler in Schutz, das muss aufhören!« »Im nächsten Augenblick fuhr mir Hofstetter an die Gurgel, gleichzeitig öffnete sich die Tür: ›Herr Hitzfeld, Pressekonferenz!‹« – Rettung vor einem Eklat mit ungewissem Ausgang. »Körperlich angegriffen habe ich Ottmar nie«, versichert mir Hofstetter bei unserem gemeinsamen Abendessen.

Erich Vogel, kantiger Manager der Grasshoppers und kritischer

Begleiter ihres Cheftrainers in den Jahren 1988–1991, schätzte im Gegensatz zu Hofstetter Ottmar Hitzfelds feinfühligen Umgang mit seinen Spielern: »Das Einfühlungsvermögen Hitzfelds gehört zum Besten, was dieser Fußballfachmann vorzuweisen hat, mit dieser Qualität wäre er auch ein guter Pfarrer oder Psychologe geworden.« In einem Artikel in der »NZZ am Sonntag« vom 8. September 2002 bekräftigt Vogel sein früheres Urteil: *Wenn ich als Sportchef einen wie Ottmar Hitzfeld als Trainer verpflichte, dann weiß ich, dass er im Umgang mit Spielern, Technikern und Vorstand alle Probleme in den Griff bekommt.*

Bei einem Vergleich zwischen Bayern-Präsident Franz Beckenbauer und seinem Zuger Amtskollegen Werner Hofstetter schmunzelt Ottmar Hitzfeld: »Eines haben die beiden schon gemeinsam, auch Franz kann auf die Pauke hauen, ich denke etwa an die Gardinenpredigt nach der 0:3-Niederlage vom 6. März 2001 im Champions-League-Vorrundenspiel in Lyon, aber ich hatte nie das Gefühl, Beckenbauer wolle mir in den Rücken fallen, Auseinandersetzungen zwischen Präsident Beckenbauer und Trainer Hitzfeld waren stets offene Diskussionen von Trainer zu Trainer, Franz kennt die Hilflosigkeit des Trainers, wenn die Mannschaft nicht gut spielt, aus eigener Erfahrung, seine Kritik empfand ich als ehrlich, sie war vor allem begleitet von größtem fußballerischen Sachverstand.«

Die schwache Position der Vorstandsmitglieder des Sportclub Zug eröffnete Präsident Hofstetter über lange Zeit einen uneingeschränkten Aktionsradius. Der Boss machte mit seinen Vasallen, was er wollte. Spät erst trat der Vorstand gegen den ungekrönten König des SC Zug auf. Nach dem Winterthur-Spiel hatte Hofstetter genug, er dankte ab. Das »Feuer« erlosch. Zurück blieb der Finanz AG ein Erbe von offenen Transferrechnungen über 150 000 Franken und ein Defizit von 300 000 Franken. Sportlich lag der SC Zug im Mittelfeld der Nationalliga B. Der Einzige, der sich dem Machtkampf mit Hofstetter stellte, wenn auch spät, und ihn schließlich gewann, war Trainer Hitzfeld. Nichts stand ihm jetzt mehr im Wege, seine Ziele mit aller Kraft anzustreben. Goldene Zeiten konnten in Zug anbrechen, und sie stellten sich tatsächlich ein. Nach dem Abgang von Hofstetter gewann der SC Zug Spiel um Spiel, beinahe atemberaubend. Aber kaum schwelgten die SCZ-Anhänger in ihren schönsten Träumen, mischte sich ein Wermutstropfen bei, das Gerücht zirkulierte in der Stadt, Hitzfeld würde Zug nach Saisonende schon wieder verlassen, sein Spieler Zahner habe ihm den Weg nach Aarau geebnet und würde mit seinem Trainer gleich selbst zum FC Aarau wechseln. Der so hoffnungsvoll in eine neue Zukunft gestartete SC Zug schon wieder am Ende aller Visionen? Sein Trainer in Gedanken schon eine Station weiter? Aus der Befürchtung wurde schnell Klarheit. Ottmar Hitzfeld hatte in Aarau unterschrieben. Grenzenlose Enttäuschung in Zug, und dennoch fand sich niemand, der dem jungen Trainer sein Glück nicht gönnte, zumal jedermann spürte, dass er in der noch verbleibenden Zeit mit aller Kraft das Optimum für den SC Zug herausholen wollte. Aber da galt es noch eine Schwierigkeit aus dem Weg zu räumen. Hitzfeld hatte beim SC Zug einen Zweijahresvertrag unterschrieben. Wie sollte er nach nur einem einzigen Jahr fair aus diesem Vertrag aussteigen? Der Gentleman-Trainer ist bis auf den heutigen Tag dafür bekannt, nie einen Vertrag gebrochen zu haben. Hätte der Vorstand des SC Zug auf der Vertragseinhaltung bestanden, wäre Hitzfeld nicht nach Aarau gegangen. Aber die Dinge liefen für ihn. Die Vereinsbosse in Zug, allen voran Lenzlinger und Szvircsev, starteten den Tanz auf dem rohen Ei, sie brachten es fertig, auch ihren Präsidenten dafür zu gewinnen, Hitzfeld in gegenseitigem Einverständnis frühzeitig aus dem Vertrag zu entlassen.

In Zug staunte die gesamte Mannschaft nicht schlecht, als zu Trainingsbeginn vor dem Start zur Rückrunde neben ihrem Cheftrainer eine Frau stand, die gleich das Kommando übernahm. Etwas abseits vom Trainingsgelände hinter einer Holzbaracke wies die Unbekannte die leicht zögernden Spieler an, sich auf den Boden zu legen und die Augen zu schließen. Dann begann sie mit Entspannungsübungen und redete den Spielern immer wieder ein: »Ihr seid stark, seid erfolgreich, ihr könnt euer Ziel erreichen, könnt aufsteigen …« Da und dort ein Augenzwinkern eines Spielers, tatsächlich, ihr Trainer lag auch am Boden, war auch auf vorweggenommener Erfolgsreise in die Zukunft. Die Frau kam noch mehrere Male. Kein Spieler lachte, keiner, der sie nicht ernst nahm. Ottmar Hitzfeld hatte die Alpha-Typen unter seinen Spielern längst auf seiner Seite. Der SC Zug gewann in der Folge 10 von 12 Meisterschaftsspielen, zwei endeten unentschieden. Nach vier Monaten stand der Aufstieg des SC Zug in die Nationalliga A fest. Keiner weiß, ob die »Magierin von der Holzbaracke« unter den 4 200 Zuschauern war, die am 9. Juni 1984 den größten Triumph der Vereinsgeschichte des SC Zug miterlebten. Ihr Anteil am Erfolg gleicht Zucker in einem Glas Wasser. Man kann ihn – gut umgerührt – nicht mehr sehen. Umso deutlicher erschien das Verdienst von Ottmar Hitzfeld. Mit viel taktischem und psychologischem Geschick formte der junge Trainer aus einer zusammengewürfelten Truppe ein erstklassiges Team. Am Tag des Aufstiegs durfte sich auch der oft geschmähte Ex-Präsident Hofstetter einen Teil am Erfolg des SC Zug zuschreiben. Unter seiner Ägide stieg der Verein in wenigen Jahren von der Amateurliga in die oberste Etage des Schweizer Fußballs auf. Hofstetter sagte später einmal zu seinem früheren Trainer Hitzfeld: »Du bist deinen Weg gegangen, ich den meinen – gemeinsam haben wir eine Schlacht gewonnen, den Aufstieg.«

Hitzfeld war schon längst Trainer beim FC Aarau, da ließ das Schicksal seinen Klub im Pokalwettbewerb auf den FC Olten treffen. Dort bekleidete aber niemand anderer das Amt des Präsidenten als Werner Hofstetter, der ehemalige Fußballkönig von Zug. Aarau verlor gegen das unterklassige Olten 1:2. Späte Rache und wohltuende Genugtuung eines Präsidenten, der seinen einstigen Trainer nie ganz in den Griff bekam.

Wie die Sonne stieg der SC Zug für kurze Zeit am Fußballhimmel auf, fuhr zum Zenit und verschwand im ersten Jahr nach Hitzfeld wieder im Dunkel der Bedeutungslosigkeit. Heute spielt der Verein unter dem Namen Zug 94 vor ein paar hundert Zuschauern in der Amateurliga.

Kapitel 7

Aarau
1984–1988

»Sei gerecht, ohne Rücksicht!«

Manchmal gibt es Tage, da zieht es einen Fußballer zurück. Er will sehen, was seine alte Mannschaft macht: Was hat sich verändert, seit du nicht mehr da bist? Was erkennst du noch? Es war einige Zeit nach meinem Engagement in Zürich, und ich wollte wissen, was mit den Grasshoppers los ist. Dummerweise spielten sie an diesem Tag nicht im Hardturm-Stadion, sondern fünfzig Kilometer entfernt in Aarau. Eine kleine Arena mit sehr viel Emotionen, zumindest für Schweizer Verhältnisse, und es entwickelte sich auch ein richtig gutes Match.

Im Kopf lief ich immer noch bei den Grasshoppers mit, was interessierten mich schon die Kicker von Aarau. Doch je länger das Spiel dauerte, desto mehr faszinierte mich dann die Heimmannschaft. In deren Reihen standen zwar nur ein oder zwei überdurchschnittliche Profis, aber dieses Team spielte dermaßen diszipliniert und klug: Mit Abseitsfalle, mit Forechecking, sodass ich mich schnell fragte: Wie geht denn das? Wie kann man einer Provinzmannschaft solch modernen Fußball beibringen? Dann fragte ich die Leute: Wer ist denn dieser Trainer hier? Und sie sagten: ›Der Hitzfeld.‹

Damals hatte ich Ottmar Hitzfeld aus den Augen verloren. Ich wusste, dass er aus Lörrach stammte, dass er in Basel, beim VfB Stuttgart und in der Olympiaauswahl des DFB gespielt hatte – aber in diesem Augenblick auf der Tribüne in Aarau war mir klar, dass ich einen großen Trainer entdeckt hatte. Hier war das passiert, was für mich das entscheidende Kriterium eines guten Fußballlehrers ausmacht: Wenn die Mannschaft genauso spielt, wie der Trainer es will. Das ist das höchste Lob, das man einem Trainer attestieren kann. Er erreicht die Mannschaft mit seinen Worten, und die Spieler setzen die Vorgaben um. Wenig später haben die Grasshoppers ja auch reagiert und gesagt: Dieser Hitzfeld ist unser Mann. Und so konnte Ottmars Karriere und das Sammeln von Titeln losgehen.

Die Zeit war reif geworden für einen neuen Typus Trainer. Für Leute, die weniger sagen, aber viel mehr tun. In jener Epoche sind viele Fußballlehrer entlarvt worden als Sprücheklopfer. Medien und Spieler konnten all die Phrasen und Sprechblasen nicht mehr hören, die ganzen Selbstdarsteller der Branche hatten sich abgenutzt. Auch deshalb kam Ottmar Hitzfeld so gut an. Die Klubs achteten auf einmal fachliche, pädagogische und psychologische Arbeit. Und ein Trainer konnte nur Erfolg haben, wenn ihn seine Spieler als oberste Instanz akzeptierten. An diesem Berufsbild vom modernen Trainer hat Ottmar Hitzfeld schon in seinen Anfängen mit geschaffen.

Diese veränderte Erscheinungsform hat aber auch dazu geführt, dass Ottmar zu Beginn seiner Karriere manchmal unterschätzt wurde. Man hat nicht geglaubt, dass hinter der freundlichen und immer höflichen Art auch etwas ganz anderes steckt. Ottmar Hitzfeld war nie der liebe, nette Onkel von nebenan; hinter seinen Erfolgen verbirgt sich schon eine gewisse Härte, ja manchmal sogar Brutalität. Ich rechne ihm aber hoch an, dass er diese Macht-Mechanismen, die er zweifellos beherrscht, nach außen nicht zu erkennen gibt. Dieses, das zweite oder auch böse Gesicht des Trainers Hitzfeld, bleibt in der Kabine oder im Sitzungsraum. Doch das gehört zu den Prinzipien eines modernen Trainers und zur heutigen Mannschaftsführung auf internationaler Ebene eben genauso dazu wie die oft apostrophierte »lange Leine«. Ottmar Hitzfeld aber wusste schon bei seiner ersten Station, wann er diese anziehen und wann er wieder ein Stück loslassen musste.

Ottmar Hitzfeld ist kein Leuteschinder und auch keiner, der seine Spieler in der Zeitung schlachtet. So etwas entspricht überhaupt nicht seinem Charakter, man hat bei ihm das Gefühl, dass jeder und sei es der siebenundzwanzigste Spieler seines Kaders – für ihn auch als Mensch zählt. Er ist alles andere als nur ein sportlicher Übungsleiter oder der kühle Stratege, der eben die Taktik für die nächste Partie entwirft. Ottmar war schon früh ein gewisser Weltmann, der sich auf allen gesellschaftlichen Parketts bewegen kann. Aber er hat sich auch nie vereinnahmen lassen von seinen Spielern oder den Journalisten vor Ort. Das ist zwar ein legitimes Anliegen, von Profis genauso wie von Reportern, dass man, wenn man gemeinsam große Erfolge gefeiert hat, irgendwann auf Kumpel macht. Ottmar hat auf diese Versuche nicht reagiert. Er hat sich nie auf diesem Gebiet angebiedert – und wer das hinkriegt, verschafft sich noch viel mehr Akzeptanz, als wenn er überall nur Freunde hat. Diese absolut korrekte Haltung hat ihm auch geholfen, wenn er, was in diesem Geschäft vorkommt, einen Star oder Publikumsliebling verabschieden oder aussortieren musste. Die Zuschauer hatten immer das Gefühl, Ottmar Hitzfeld handle gerecht. Ich kann mich nicht erinnern, dass es mal einen Trainer gab, der nicht irgendwann einmal ausgepfiffen worden wäre. Ottmar Hitzfeld ist bislang der einzige.

Günter Netzer, Fußballlegende

»Es war im Januar 1984«, erzählt der damalige Präsident des FC Aarau, Dr. Peter Treyer. »Der Vorstand des FC Aarau gab mir alle Vollmachten, die Trainersuche in Eigenregie voranzutreiben. Die dunkle Jahreszeit bot die ideale Kulisse. In ihrem Schutz und pünktlich zur verabredeten Zeit öffnete ich mein Garagentor, kurz darauf fuhr Ottmar vor, parkte seinen Wagen direkt in der Garage, das Tor schloss sich hinter ihm, niemand bemerkte meinen Gast. Die Verhandlungen unter vier Augen gingen zügig voran. Noch zwei oder drei geheime Treffen, dann war ich mit Hitzfeld einig.«

Als Rechtsanwalt wusste der Boss des FC Aarau die Carte blanche seines Vorstandes sehr wohl innerhalb der gesetzlichen Grenzen zu interpretieren. Er ritt jedenfalls ein Husarenstück, das ihm zunächst Ärger eintragen, den Verantwortlichen des Vereins und den Fans bald aber zunehmend Bewunderung abringen sollte. »Vom Fußball verstand ich nichts«, lautet die erstaunliche Begründung von Treyers unkonventionellem Vorgehen, »ich suchte einen Mann mit pädagogischen Fähigkeiten, einen Menschen, mit dem ich auf intellektuellem Niveau kommunizieren konnte.«

Treyer durfte niemanden über seinen geheimen Handel informieren, denn Hitzfeld hatte beim SC Zug noch einen laufenden Vertrag bis zum 30. Juni 1985 und Zvezdan Cebinac, der damalige Trainer des FC Aarau, war noch nicht entlassen. Dennoch fand der Deal im Gewand des Gerüchts den Weg in die Öffentlichkeit. »Du kannst mir die Halsschlagader aufschlitzen, wenn der neue Trainer des FC Aarau nicht Hitzfeld heißt«, soll Ruedi Zahner, Spieler beim SC Zug, im Februar 1984 einem Journalisten gegenüber geäußert haben.

Miklos Szvircsev wusste als Einziger mit Sicherheit vom definitiven Engagement seines Freundes beim FC Aarau. Irgendwann steckte er die brisante Information einem Mann von der Presse. Wie eine

Bombe platzte die Neuigkeit an einer Vorstandssitzung im April 1984. Im Sitzungsraum des Stadions Brügglifeld tagte die Klubführung. Noch immer hatte kein Vorstandsmitglied Kenntnis vom insgeheim längst besiegelten Vertrag. Plötzlich ging die Tür auf, und die Chefin des Stadionlokals eröffnete dem verdutzten Vorstand: »Eben verbreitete das Radio die Meldung, der neue Trainer des FC Aarau heiße Ottmar Hitzfeld!« Bestürzung im Vorstand. Der Präsident in heikler Lage ... In Windeseile verbreitete sich die Nachricht vom Engagement Hitzfelds. Die Fans des FC Aarau verstanden die Welt nicht mehr. »Warum in aller Welt holt die Klubleitung diesen Hitzfeld?«, ereiferten sie sich. »Der hat doch keine Erfahrung als Trainer! Was soll ein Anfänger bei uns auf dem Brügglifeld, wenn doch eine ausgewiesene Fachkraft bereit ist, den FC Aarau zu trainieren!« Für die Fans war klar: Der erfahrene Trainer Willy Sommer muss der Neue sein! Gereizte Stimmung machte sich breit. Der harte Kern fackelte nicht lange und sprach mit einer Delegation in der Redaktion des »Aargauer Tagblatts« vor. Auf einer Zeitungsseite wollten sie ihre Sympathie für Trainer Sommer kundtun. Der Chefredaktor zog aber nicht mit. »Das kann man mit einem neuen Trainer nicht machen!«, urteilte er. Am Freitag, 6. April 1984, unterschrieb Hitzfeld offiziell einen Zweijahresvertrag. Am selben Tag fragte ihn Peter Herzog, Sportredaktor bei der »Aargauer Zeitung«, in einem Interview: *Der Trainerwechsel hat in Aarau einigen Wirbel ausgelöst. Sind Sie froh darüber, dass Ihr Arbeitsverhältnis beim FC Aarau erst am 1. Juli beginnt, wenn sich die Wogen wieder geglättet haben dürften?* Hitzfeld antwortete: *Das Ganze beschäftigt mich nicht groß, dazu bin ich schon zu lange im Fußballgeschäft. Ich kann auch nicht beurteilen, wie gut oder schlecht das Verhältnis von Trainer Cebinac zu den einzelnen Spielern sein soll. Wenn ich im Juli in Aarau die Arbeit aufnehme, beginnt alles bei null. Was zuvor war, interessiert mich nicht.*

Als Ottmar Hitzfeld im Sommer 1984 im Alter von 35 Jahren seinen zweiten Trainerposten antrat, zählte die kleine Stadt Aarau im schweizerischen Mittelland 16 020 Einwohner. Der FC Aarau, anno 1902 gegründet, bejubelte 1957 seinen Aufstieg in die Nationalliga B.

Im Jahre 1981 gelang sogar der Sprung nach ganz oben. Nachdem die beiden Startspiele als Neuling in der Eliteliga mit Niederlagen endeten, gewann man die dritte Partie vor 10 800 Zuschauern gegen den FC Luzern gleich mit 5:1. In den Reihen der Luzerner stürmte Ottmar Hitzfeld. Seit seinem Aufstieg vermochte sich der FC Aarau ohne Unterbruch in der Nationalliga A zu halten, mal eher im oberen Tabellenbereich, mal unten. Nach ersten guten Erfahrungen als Trainer in Zug war Ottmar Hitzfeld überzeugt, »da liegt mehr drin, sowohl in mir selber als auch im FC Aarau, wir können beide voneinander profitieren, der FC Aarau bietet mir die Möglichkeit, mich in der obersten Liga als Trainer zu zeigen, ich selber will meine unverbrauchten Visionen und meine jugendliche Frische als Trainerneuling vorbehaltlos für meinen neuen Verein einsetzen«.

Keine Rede von vorsichtigem Abtasten. Der Auftakt als Trainer war genauso fulminant wie jener Matchbeginn, der inzwischen unter dem Stichwort »Aarau-Ankick« längst zur Legende geworden ist: Ball im Mittelkreis kurz antippen, langer Pass auf den rechten Flügel, Flanke zur Mitte und …! Dieser unbändige Drang nach vorne drückte aus, was nun in Aarau Sache sein sollte. Der »FC Wunder« nahm Gestalt an. Experten und Offizielle rieben sich kräftig die Augen. Sie hielten die Spielweise von Hitzfeld für ungemein gefährlich. Konter drohte fast bei jedem Angriff der eigenen Mannschaft. Das Risiko war hoch. Typisch Hitzfeld eben. *Fürs Herz – aber auch für Herzschlag*, titelte am 24. September 1984 die Tageszeitung »Blick«. Hitzfeld bringt es auf den Punkt: »Ich gewann lieber 4:3 als 1:0.« So hat er im Trainergeschäft Fuß gefasst. Die Fachwelt staunte, die Zuschauer fanden nur Superlative für ihren Ottmar. Niemand hätte es damals für möglich gehalten, dass Ottmar Hitzfeld auch vorsichtig und abwartend sein könnte. Derart unbekümmert, wie Hitzfeld sich auf den Trainerstuhl hievte, ist er heute nicht mehr. Schon bei den Grasshoppers agierte er differenzierter. Aber der Erfolg in Aarau stellte sich rasch ein. Der Zuschauerschnitt schnellte sprunghaft in die Höhe. Die Kritiker, die eben noch Harakiri-Fußball monierten, verstummten. »Das Wunder FC Aarau bestand in der Art und Weise, wie wir aufspielten«, schwärmt Hitzfeld, »frech und unbekümmert forderten wir die Großen der Liga heraus, wir störten früh, stellten konsequent die Abseitsfalle, warfen alles nach vorne. Das war meine Sturm-und-Drang-Zeit, so konnte ich auf mich als Trainer aufmerksam machen.« Ottmar Hitzfelds Begeisterung für den Fußball sprang jetzt erstmals so richtig auch in der Rolle des Trainers auf die Mannschaft über. Die Zauberformel hieß: Wir können jeden Gegner im Schweizer Fußball schlagen! Hitzfeld gesteht: »In Aarau stiegen mit einem Mal Visionen in mir auf, ich sah die große Trainerfigur Ernst Happel beim Hamburger SV vor mir, träumte davon, auch einmal in der deutschen Bundesliga zu landen, stellte mir vor, im Sportstudio auftreten zu können ...«

Mit Hitzfeld war die Kleinstadt Aarau wieder wer im Schweizer Fußball. Die Kurve zeigte steil nach oben. Schon im ersten Jahr unter dem neuen Trainer erreichte der FC Aarau das Pokalendspiel in der Hauptstadt. Ein paar Tage zuvor wurde das Schicksal schon einmal auf die Probe gestellt. Nach seinem Interview in der Wohnung von Trainer Hitzfeld schlug ein Journalist vor, im Garten ein Elfmeterschießen zu veranstalten. Der Journalist setzte auf einen Sieg von Xamax Neuenburg, Hitzfeld wettete selbstverständlich auf seinen FC Aarau. Die beiden einigten sich, fünf Elfmeter zu schießen. Der Journalist gewann 5 : 4, ein schlechtes Omen. Hitzfeld behauptet allerdings heute noch, es sei umgekehrt gewesen. Was soll's? Ohnehin war alles wenig später schon Makulatur. Das 60. Pokalendspiel in der Schweizer Fußballgeschichte sah am 27. Mai 1985 einen 1 : 0-Sieg des FC Aarau über Xamax Neuenburg. Das goldene Tor, ein phänomenaler Weitschuss, erzielte Walter Iselin in der 86. Minute, ausgerechnet jener Spieler, der kurz zuvor vom großen FC Zürich in die Provinz abgeschoben wurde. Die Pokaltrophäe riss ohnehin eine Mannschaft an sich, die heute als Kuriositätentruppe belächelt würde. Auf den heiligen Wankdorfrasen liefen im Dress des FC Aarau: ein Bankangestellter, zwei Programmierer, ein Weinhändler, ein Bürovertreter, drei Versicherungsangestellte, ein Sanitärinstallateur, ein Maler und ein Postangestellter.

Selten vor und nach dem Sieg ihres Fußballklubs sah die Stadt Aarau so viele ausgelassene und begeisterte Menschen in ihren Straßen wie nach dem Pokalsieg gegen die Neuenburger. So etwas hatten sich die Leute bis zu diesem Zeitpunkt schlicht nicht vorstellen können. Der Aarauer ist zurückhaltend, konservativ, es braucht viel Zeit, bis er aus sich herausgeht. An diesem Frühsommertag 1985 war alles ganz anders. Die Neugier und der Stolz auf die heimkehrende Mannschaft brachte den Verkehr zum Erliegen. Niemand hatte daran gedacht, vor dem Regierungsgebäude ein Mikrophon aufzustellen. Die siegreichen Spieler stellten sich einfach vor die Menge, stemmten wieder und wieder den Pokal in die Höhe. Die Menge jubelte. Was brauchte es da noch Worte?

Nach dem Pokalgewinn in Bern hatte sich auch der Vorstand seine Version über die Verpflichtung des genialen Fußballlehrers aus Lörrach zurechtgelegt. Keiner wollte mehr etwas vom Alleingang des Präsidenten wissen. »Im Vorstand gaben sie sich in der Stunde des großen 1:0-Sieges über Xamax Neuenburg überzeugt, ein Stück vom Erfolg auf das eigene Konto verbuchen zu dürfen. Meine Vorstandskollegen wiesen auf die Verdienste hin, die der gesamten Vereinsführung für die Verpflichtung von Hitzfeld gebühren«, bilanziert Präsident Treyer und lacht herzhaft.

Am Tag nach dem Pokalsieg zog sich Miklos Szvircsev zurück und dachte intensiv nach. Ein bestimmtes Bild vom Vortag wollte ihm nicht mehr aus dem Kopf: Alle Spieler rannten nach dem Schlusspfiff in Bern auf ihren Trainer los. Sie wussten, dass sie die siegbringende Strategie nur ihm zu verdanken hatten. Dasselbe Bild wie ein Jahr zuvor: Kaum war das letzte Spiel beendet und der Aufstieg gesichert, flogen die Spieler des SC Zug ihrem Trainer entgegen. Zwei Jahre beobachtete Szvircsev Hitzfelds Trainerarbeit, am 28. Mai 1985 schrieb er in der »Aargauer Zeitung«, welche seiner Ansicht nach die Gründe für die steil ansteigende Erfolgskurve seines Freundes sind: *Sein Naturell: Er doziert Fußball nie von Professorenhöhe, sondern bringt Fußball wie ein Volkslehrer bei. Sein Einfühlungsvermögen: Spielsituationen, die er als Spieler erlebt hatte, sind ihm noch alle prä-*

Schweizer Pokalsieg mit dem FC Aarau, 1985

sent, sodass er sich bestens in seine Spieler einfühlen kann. Sein Gefühl fürs Kollektiv: Wie selten ein Trainer besitzt Hitzfeld die Fähigkeit, das Material nach seinen Vorstellungen zu formen. Mit seinem Gefühl für das richtige Kollektiv machte er schon in Zug aus neun (!) neuen Spielern in kürzester Zeit eine Einheit. In Aarau formte er aus Spielern, die anderswo abgeschoben worden sind, eine Truppe von unerschütterlichem Selbstvertrauen. Seine totale Bereitschaft: 24 Stunden im Tag ist Hitzfeld für seine Mannschaft, für seinen Verein und für den Fußball da. Und das sieben Tage lang in der Woche. Beispiel gefällig? Gestern Nacht feierte er mit Fußball-Aarau das rauschende Fest. Heute Vormittag sitzt er bereits im Flugzeug und am Abend auf einer Tribüne in einem französischen Stadion, wo er einen Ausländer beobachtet. Sein Paradoxon: Hitzfeld ist ein Vollprofi und trotzdem ein Amateur. Genauer gesagt: einer, der mit dem Verstand Profi geworden und mit dem Herzen ein Amateur geblieben ist.

Pressing, das war der Stoff, aus dem die Siege des FC Aarau gewoben wurden. Erstaunlicherweise machten die Fachmedien die Wunderwaffe des Aarauer Trainers nicht publik, mit einer Ausnahme: der renommierte Sportjournalist Walter Lutz von der Wochenzeitung »Sport«. Eines Tages diktierte Hitzfeld einem Vorstandsmitglied ins Aufgabenbüchlein, dem alten Fuchs Lutz zu sagen, er solle aufhören, über die Spielweise des FC Aarau zu schreiben, er sei der Einzige, der sie wirklich durchschaut habe. »Wenn uns Lutz weiterhin so treffend analysiert, werden uns die Gegner mit unseren eigenen Waffen schlagen«, sagte Hitzfeld mit leichten Sorgenfalten auf der Stirn.

Nach dem Pokalsieg sahen sich die Mitglieder des Vorstands schon bald in einem Wechselbad der Gefühle. Der Sieg in Bern trug sie, aber die selige Stimmung hielt nicht lange. Aus Genf zogen Sorgenwolken auf. Den eben noch überglücklichen Verantwortlichen des FC Aarau drohten sie im nächsten Augenblick mit dem Sturz ins kalte Wasser. Eine Delegation des hochkarätigen FC Servette, Nobelklub aus Genf, wollte Hitzfeld aus dem laufenden Vertrag herausholen. Servette-Präsident Carlo Lavizzari war fest entschlossen, die Konventionalstrafe von 500 000 Franken, die Aarau Hitzfeld bei einem Vertragsbruch aufgebrummt hätte, zu bezahlen. Doch seine Hoffnungen zerschellten am ethischen Grundsatz des Aarauer Trainers. Er nahm sich vor, nie einen Vertrag zu brechen. Servette Genf kam zudem für Ottmar Hitzfeld nicht in Frage, weil er kein Französisch spricht. Wäre er trotzdem nach Genf gegangen, hätte dies in der eben erfolgreich gestarteten Trainerlaufbahn zu einem Stolperstein werden können.

Zwei Jahre später gingen die Wogen wieder hoch. Dem FC Aarau drohte der Abstieg in die Nationalliga B. Die Mannschaft musste sich im Stade du Bois Gentil in Lausanne gegen Etoile Sportive Malley und zu Hause gegen Lugano durchsetzen, um in der obersten Liga zu verbleiben. Ich erinnere mich noch an jenen Montagabend, den 22. Juni 1987, als ich mit einem Glas Chianti Classico Don Petrucci mit Ottmar Hitzfeld auf ein glückliches Abschneiden in der Relegationsrunde anstieß. »6:0 wirst du morgen gegen Malley gewinnen«, versicherte ich ihm und weiß noch heute nicht, wie ich dazu kam, so verwegen daherzureden. Ottmar Hitzfeld, positiv gestimmt wie immer: »Klar doch, machen wir!« Tags darauf fegte die Hitzfeld-Truppe die Mannschaft aus der Westschweiz mit einem 6:0-Sieg vom Platz. Ich saß während des Spiels ein paar Reihen hinter der Trainerbank. In der Mannschaft von Malley wirbelte ein 18 Jahre junger Stürmer anfänglich die Aarauer Verteidiger arg durcheinander. Aber auch er vermochte die Niederlage seines Vereins nicht abzuwenden. Nach dem letzten Treffer für Aarau erhob sich Hitzfeld von der Trainerbank, wandte sich gegen die Tribüne und bestätigte mir mit erhobenem Daumen meine präzise Intuition vom Vorabend. Nach dem Spiel erkundigte sich der Chef nach dem jungen, dribbelstarken Stürmer bei Malley. »Il s'appelle Stéphane Chapuisat«, erklärte ihm ein Funktionär, nicht ganz ohne Stolz. Ottmar Hitzfeld prägte sich diesen Namen ganz tief in sein Gedächtnis ein …

Der Gang in die italienische Schweiz gestaltete sich weit weniger erfolgreich. Eine 0:1-Niederlage in Lugano dämpfte die Hoffnung, das Gespenst des Abstiegs verjagen zu können. Drei Tage später folgte das Rückspiel gegen die Tessiner. Ein heißer Sommerabend. Die letzte Chance. 11 500 Zuschauer im Stadion Brügglifeld. Der FC Aarau gewann 5:0. Nach Spielschluss hätte man meinen können, Aarau sei Schweizer Meister geworden. Nachbarn Hitzfelds, die sich sonst nicht sonderlich für Fußball interessieren, erinnern sich lachend, sie hätten sich alle nach Bekanntgabe des Siegs vor lauter Freude mitsamt ihren leichten Sommerkleidern ins Schwimmbad gestürzt. Die Emotionen, die Ottmar Hitzfeld in der Region auslöste, widerspiegeln sich in den ergreifenden Worten eines älteren Mannes, der sich in der Zeitung »Sport« am 7. Juli 1987 unter vielen anderen in einer Fragerunde mit Ottmar Hitzfeld äußerte: *Ich habe eigentlich gar keine Frage. Sie sind mir so sympathisch, Herr Hitzfeld. Danke für alles, was Sie für den FC Aarau gemacht haben (mit tief gerührter Stimme und wohl gar Tränen in den Augen; Red.).*

Auch wenn er damals mit seiner Mannschaft die Abstiegsrunde bestreiten musste, galt Hitzfeld als einer der Besten seines Faches in der Schweiz. Das nahmen auch einige Bundesligisten wahr, allen voran der VfB Stuttgart. Wieder Stuttgart also, wo sie den tollen Torjäger aus der zweiten Hälfte der siebziger Jahre nicht vergessen hatten. Die Vereinsbosse des FC Aarau zitterten, sie wussten um das Ziel ihres Trainers: ein Job in der Bundesliga, daraus hat er nie ein Geheimnis gemacht. »Mit dem VfB habe ich stets Kontakte«, soll Hitzfeld geschmunzelt haben, »die haben mir eine Weihnachtskarte geschickt.« Was wirklich vorging, war weniger zum Schmunzeln. In Stuttgart wurde Trainer Egon Coordes entlassen. Kurz darauf klingelte beim Sportjournalisten Martin Hägele, der damals für den »Stern« in Hamburg tätig war, das Telefon. Ulrich Schäfer, Geschäftsführer beim VfB Stuttgart, war dran: »Wir brauchen in Stuttgart dringend einen neuen Trainer! Präsident Mayer-Vorfelder und ich wollten dich mal anhören, du bist Schwabe, hast in Hamburg eine gewisse Distanz, bist neutral, wen empfiehlst du uns?« Für Hägele kamen nur zwei Leute in Frage, welche die Anforderung eines untadeligen und qualifizierten Rufs erfüllten: »Fragt den Gilbert Gress, der ja früher für den VfB spielte und mit dem ihr schon immer ge-

Ottmar Hitzfeld:
Nach dem Ligaerhalt von
allen geliebt
alibert 87

Juli 1987

flirtet habt, oder holt den Ottmar Hitzfeld, den einstigen Liebling der Massen im Neckarstadion!« Die Sache mit Gress war vertrackt, immer wenn der VfB dringend einen Trainer brauchte, war Gress unter Vertrag, und wenn Gress auf der Suche war, hatten die Stuttgarter keinen Bedarf. Schäfer bat Hägele jedenfalls: »Martin, tu mir den Gefallen und ruf den Ottmar Hitzfeld an!« Hägele griff sich an den Kopf: »Ich bin Journalist, kein Sportagent.« Allein, Hägele telefonierte in die Schweiz: »Hallo, Ottmar! Wie geht's dir? Willst du Trainer beim VfB Stuttgart werden?« – »Ja, gern!« – »Gut, dann kriegst du jetzt gleich einen Anruf aus Stuttgart.« Schäfer rief tatsächlich an, aber er hatte die Rechnung ohne seinen Präsidenten Dr. Gerhard Mayer-Vorfelder gemacht. Während Ottmar Hitzfeld, der »verlorene Sohn«, Schäfers Wunschkandidat Nummer 1 war und auch andere namhafte Fußballsachverständige in der schwäbischen Fußballmetropole diese Einschätzung teilten, stellte sich Mayer-Vorfelder von Anfang an quer. Nie fand er so richtig Zugang zum Charakter des einstigen Torjägers aus der »Wundermann-Ära«, der über dem Rhein und hinter Schaffhausen schon als Trainerstar galt. Hitzfeld dürfte für »MV« ein viel zu selbständig denkender Mensch gewesen sein. Weil die Stuttgarter Fußballfans ihren Ottmar noch immer im Herzen trugen und die lokalen Blätter die Anstellung des sympathischen Ex-Profis forderten, musste sich Mayer-Vorfelder etwas einfallen lassen, um Hitzfeld zu verhindern, selbst aber nicht als böser Bube dazustehen. Er wusste von einer halben Million Franken Ablösesumme, die der FC Aarau von demjenigen Verein forderte, der Hitzfeld aus dem laufenden Vertrag herausholen wollte. Mayer-Vorfelder, ein erfahrener Verhandlungsstratege, merkte bald, dass die maßgebenden Leute beim FC Aarau sich nicht einig waren, ob sie Hitzfeld nach Stuttgart ziehen lassen sollten. Präsident Peter Treyer wollte seinem Trainer keine Steine in den Weg legen. Die eben erst gegründete Sponsorengruppe »Klub 100« pochte aus wirtschaftlichen Gründen bei einem Abgang Hitzfelds dezidiert auf Begleichung der Ablösesumme, neigte aber dazu, Hitzfeld zu halten, der Betroffene selber gab den Aarauer Spielern bekannt, er würde die Chance, in der

Bundesliga tätig sein zu können, gerne packen, aber nur, wenn eine gütliche Einigung zwischen dem FC Aarau und dem VfB zu Stande käme. Diese divergierenden Interessen der verschiedenen involvierten Instanzen nutzte »MV« dazu, den treu sorgenden Präsidenten zu markieren und zu erklären, der VfB Stuttgart wolle nicht eine Million Franken für die Verpflichtung von Hitzfeld bezahlen, denn mit dieser Summe würde der junge Trainer zweifellos einem übermächtigen Druck ausgesetzt und mit einer persönlichen Bürde beladen, die man ihm einfach nicht zumuten dürfe.

tutz, Sportjournalist bei der Lau-
, die Art und Weise in Erinnerung,
erraschenden Anfrage aus Stuttgart
h für den jungen Trainer und sah ihn
rzählt Stutz. »Dann staunte ich aber
feld erklärte: ›Ich schlage das Ange-
wirklich ein guter Trainer, dann be-
hance, oder ich bin jetzt ein Oppor-
ut gehen.‹« Stutz war beeindruckt:

bstieg in der Saison 1986/87 lief die
ch besser, und am Abend des 1. Juni
ge Chance, die Meisterschale nach 74
tführen. Spannender hätte die Aus-
nicht sein können: Hitzfelds Team,
t dem besseren Torverhältnis gegen-
te bei den Grasshoppers antreten.
n-Stadion in Zürich die Zuschauer-
chbarkanton zu fassen. Kein Platz
utigsten Fans begannen, ihre Autos
kurzerhand am Rande der Autobahn zu parken. Hunderte folgten dem Beispiel. Keine Chance mehr für die Polizei. Sie konnte dem Ansturm erwartungsfroher Fans aus der Provinz nur tatenlos zusehen.

Nach 22 Uhr hätte es allerdings eines Heeres von Tröstern bedurft. Der Traum von einem Schweizer Meister FC Aarau entschwand im

Zürcher Nachthimmel. Das Spiel gegen Grasshoppers ging 1:2 verloren. Die Partie zwischen Xamax und St. Gallen endete 2 : 0 für die Westschweizer.

Das dramatische Match in Zürich hatte noch ein langes Nachspiel. Über ein ganzes Jahr war der Vorstand des FC Aarau in langwierige Verhandlungen mit der Zürcher Polizei verwickelt, die das rechtswidrige Parken auf der Autobahn nicht ohne Sanktionen durchgehen lassen wollte. Die Aarauer plädierten wegen der absoluten Einmaligkeit des Vergehens auf Straffreiheit. Schließlich fanden sich Zürichs Polizeifunktionäre und die Zuständigen beim FC Aarau in einem Kompromiss. Bis zu einer genau definierten Grenzlinie vom Stadion entfernt drückte die Polizei ein Auge zu, wer weiter weg geparkt hatte, musste Bußgeld bezahlen.

Als Spieler genoss es Ottmar Hitzfeld, fast in jeder Beziehung frei zu sein. »Verantwortlich fühlte ich mich als Profi nur für eine tadellose Leistung auf dem Platz, nach dem Spiel konnte ich alles ablegen und mich erholen«, bilanziert er, »ich brauchte mir keine weiteren Gedanken mehr zu machen, weder zum vergangenen Spiel noch zum bevorstehenden. Das änderte sich in der Rolle als Trainer schlagartig. Nun war ich der Chef, sah mich verantwortlich für das Wohl der Spieler. Viele waren Familienväter. Ich musste mich darauf einstellen, der Vereinsführung Rechenschaft zu geben, sah mich vor die Aufgabe gestellt, zu den Medien ein gutes Verhältnis aufzubauen, und wollte mich nicht zuletzt auch den Fans gegenüber in die Verantwortung nehmen lassen, denn man darf nicht vergessen, die Zuschauer bezahlen Eintritt, der eine oder andere muss sich sein Ticket mühsam ersparen, also konnte ich es nicht verantworten, ihm für sein Geld eine schlechte Leistung zu bieten.« Vorbei waren die paradiesischen Zeiten eines locker-leichten Spielerdaseins. In der Rolle des Trainers wurde sich Hitzfeld der Verantwortung in verschiedene Richtungen bewusster. Als Spieler sah er sie kaum. In der Chefposition war es für ihn kein Pappenstiel, über die Macht zu verfügen, einen Spieler zu beschäftigen und ihm damit auch ein wirtschaftliches Auskommen zu sichern oder ihm zu eröffnen, sein Vertrag würde nicht mehr verlängert. »Ich konnte nachts nicht mehr schlafen, wenn ich am andern Tag einem Spieler mitzuteilen hatte, er müsse im nächsten Spiel auf der Bank Platz nehmen. Ein Beispiel ist Wynton Rufer, jener begnadete Stürmer aus Neuseeland, Spieler beim FC Zürich, bei Aarau, bei den Grasshoppers und bei Werder Bremen. »Wynton konnte locker, Kaugummi kauend, Sonnenbrille am Stirnansatz mit dem gewinnendsten Lächeln der Welt auf dem Trainingsplatz erscheinen«, stellt Ottmar Hitzfeld fest, »aber die volle und letzte Verantwortung für das Wohl des FC Aarau lag auf meinen Schultern. Rufers lässige Art machte mich zwischendurch fast wahnsinnig, auf der anderen Seite tat seine positive Ausstrahlung meiner Mannschaft nur gut! Wyntons Mutter war eine Maori. Von ihr erbte er wohl sein grenzenloses Vertrauen. Er hatte vor niemandem Angst, kannte keine Hemmungen. All diese Eigenschaften, gepaart mit glänzenden fußballerischen Qualitäten – eine geschliffene Technik, links- wie rechtsfüßig, sprung- und kopfballstark –, machten ihn für mich zu einem der wertvollsten, aber auch unberechenbarsten Spieler.« Einmal nahm Hitzfeld eine besondere Einladung Wynton Rufers an. Der Neuseeländer war zusammen mit seiner Frau Mitglied bei einer christlichen Vereinigung. Ottmar Hitzfeld erzählt, sie seien im Raum Zürich in einem Haus zusammengekommen, hätten aus der Bibel gelesen, jedes Mitglied habe frei von persönlichen Lebenserfahrungen berichtet, sie hätten im Kreis gesessen, einander bei der Hand genommen und gebetet. Der Katholik Ottmar Hitzfeld und das »Christian-born-again«-Mitglied Wynton Rufer – der Trainer und sein Spieler in einer nicht alltäglichen Versammlung. »Ich spürte, das war niemals mein Ding, es war mir peinlich, ich habe es Wynton zuliebe getan, wollte ihm meinen Respekt gegenüber seiner speziellen Weltanschauung zeigen«, erklärt Hitzfeld. Das war die eine Seite, vom Menschen Ottmar durchaus ehrlich gemeint, aber da mischten gleichzeitig auch handfeste Interessen des Trainers Hitzfeld mit. Zu dieser Zeit stand sein Wechsel zu den Grasshoppers bereits fest. Er wollte Rufer unbedingt nach Zürich mitnehmen. Alles, aber auch wirklich alles musste unternommen werden, zumal Werder Bremen schon heftig um Rufer buhlte. Vielleicht war Hitzfelds schwieriger Gang zum Gottesdienst dann doch die entscheidende Karte in diesem Transfer-Poker. Der Deal klappte jedenfalls. Rufer ging mit Hitzfeld auf den Zürcher Hardturm, und der FC Aarau war um drei Millionen Franken reicher.

Mit Aarau war für Ottmar Hitzfeld auch die Zeit gekommen, sein Beziehungsnetz genauer unter die Lupe zu nehmen. Schulterklopfer und Trittbrettfahrer gab es inzwischen wie Sand am Meer. Viele zielten darauf ab, sich vom Erfolg Hitzfelds eine Scheibe abzuschneiden. Klar stand die Heimat Lörrach nach wie vor wie eine feste Burg, schaffte die eigene Familie ihm ein unverzichtbares Refugium, aber Ottmar Hitzfeld war jetzt offen, ehrliche Freunde zu finden, nicht Leute, die den in der Beliebtheitsskala sprungartig aufsteigenden Trainer meinten, sondern solche, die ihn als Menschen sahen, die auch noch zur Stelle wären, wenn er nicht mehr eine Figur der Öffentlichkeit sein würde, wenn es ihm schlecht ginge, wenn man sich mit ihm in der noblen Gesellschaft keine Lorbeeren mehr aufs Haupt stecken könnte. Hitzfeld greift zu einem Vergleich und meint: »Tiere spüren oft instinktiv, welche Lebewesen es gut mit ihnen meinen. Mir ist dieser Instinkt auch eigen, noch mehr aber schaute ich früher auf meinen Sohn Matthias, unglaublich, wie sehr ich mich auf sein Empfinden abstützen konnte, er fühlte immer so wie ich, verzog er sich beim Auftauchen eines neuen Bekannten unmerklich, aber bestimmt in den Hintergrund, entsprach sein Signal ohne Ausnahme auch meinem Gefühl.«

Ottmar Hitzfeld ist bekannt für seine Fähigkeit, mit so genannten problematischen Spielern gut umgehen zu können. Andy Egli vom Grasshopper Club Zürich war so einer oder Matthias Sammer bei Borussia Dortmund, Mario Basler und Stefan Effenberg bei Bayern München. Ein schwieriger Spieler war auch James Meyer vom FC Aarau. Er lebte in einem Wohnwagen, keiner kannte seine Anschrift, sein Gehalt holte er Monat für Monat eigenhändig beim Schatzmeister ab. Vor einem Spiel gegen Luzern begleitete der Journalist Ruedi

Kuhn die Spieler Christoph Gilli und James Meyer zum Training. Die drei unterhielten sich über schwere Verletzungen – ein Damoklesschwert, das grundsätzlich über jedem Spieler hängt. »Ich wünsche keinem von uns einen Beinbruch«, flachste Meyer mit Gilli, »aber wenn es einen von uns beiden treffen sollte, dann schon lieber dich als mich.« Kuhn brachte dieses Bonmot von Meyer prompt tags darauf in der Zeitung. Postwendend erfolgte die Reaktion von Trainer Hitzfeld. Er verbot James Meyer für die Dauer von vier Tagen, mit der Presse zu reden. Wirkung bei Meyer hatte das keine.

Als der FC Aarau im Frühling 1985 vor dem Pokalendspiel in Bern stand, hatte Meyer noch einen Vertrag für die nächsten zwei Jahre. Im Vorfeld des Endspiels war er sehr nervös, wollte unter keinen Umständen auflaufen, gab an, er habe Probleme mit der Achillessehne. Hitzfeld wollte seinen extravaganten Stürmer unbedingt bringen. »Er war unsere Wühlmaus, ein Fuchs mit einer untrüglichen Spürnase, ich begriff sein komisches Verhalten, er wollte eine Gehaltserhöhung, 90 000 Franken Jahreseinkommen genügten ihm nicht mehr, das war aber für damalige Verhältnisse und angesichts des Budgets des FC Aarau viel Geld«, versichert Hitzfeld, »wir waren bereit, 100 000 Franken zu bezahlen, mehr war nicht drin.« James Meyer erklärte kategorisch: »Für dieses Geld spiele ich nicht mehr für Aarau!« Meyer setzte sich in den Kopf, für höhere Aufgaben berufen zu sein, als sich bloß für den FC Aarau abzurackern. Er wartete auf Angebote anderer Clubs, glaubte, die Grasshoppers würden demnächst anrufen, redete sich ein, Servette Genf habe Interesse an ihm. Ottmar konnte Meyer dazu bewegen, das Pokalendspiel zu bestreiten. Dann aber war Schluss mit lustig. Beim ersten Training nach der Sommerpause fehlte er, tauchte jedoch weder im Kader von GC Zürich noch in jenem des FC Servette auf. Meyer verschwand von der Bildfläche. Hitzfeld kannte die Wege seines Schützlings und ehemaligen Mitspielers. Im Hotel »Drei Könige« in Luzern stöberte er ihn auf. »Wenn du nicht mehr bei uns spielst, hast du gar nichts mehr«, versuchte der fürsorgende Trainer zu argumentieren. Meyer konterte sibyllinisch: »Der Schnee muss stimmen!« Noch kurze Zeit spielte er in einem Provinzklub, ehe er in der Versenkung verschwand.

Aus welchen Motiven kümmert sich Ottmar Hitzfeld um seine unbequemen Spieler? Handelt er als Trainer, aus rein sportlichem Interesse, weil er einen guten Spieler nicht einfach ziehen lassen will? Oder macht sich Ottmar um Menschen Sorgen? Sozialarbeiter oder gar Pfarrer wollte Hitzfeld allerdings nie werden, obwohl seine Mutter erfreut gewesen wäre, wenn ihr Jüngster den Priesterberuf ergriffen hätte. Insgeheim hat sie es sich gewünscht. Als Messdiener hätte Ottmar gerne feierlich Kerzen getragen oder dem Priester den Kelch dargereicht. Er wollte schon gerne auftreten. Aber genau da lag das Problem. Vor aller Öffentlichkeit im Altarraum zu stehen, das packte er nicht. Davor hatte er Angst. Kaum zu glauben, wenn man ihn heute vor unzähligen Mikrophonen seine Statements abgeben sieht.

Pfarrer wurde Ottmar Hitzfeld nicht, aber die katholische Erziehung prägte seine Weltanschauung. Die Eltern Hitzfeld orientierten sich an den Wertvorstellungen der römisch-katholischen Kirche, ohne diese je in Zweifel zu ziehen. Ihr Lehrgebäude, ihre Gesetze und Bräuche, ihre Feste sollten auch die Kinder kennen lernen und darin eine Heimat finden. Mutter Hitzfeld, große Marienverehrerin und Anhängerin von Bruder Klaus von Flüe, väterlicherseits aus einer pflichtbewussten und sittenstrengen badischen Beamtenfamilie, mütterlicherseits aus der lebensfrohen Tradition der Elsässer, traf sich jede Woche einmal mit ein paar anderen Frauen in der Paramentengruppe; der Vater war eines der Gründungsmitglieder der Christlich-Demokratischen Union in Lörrach. Die Familie machte im Kolpingverein mit, genauso wie im christlichen Gesellenverein und in der Corpus-Christi-Bruderschaft. »Wenn ich an einem spielfreien Wochenende nach Lörrach fahre, gehe ich noch heute mit der ganzen Familie in die Kirche zum Gottesdienst«, bekennt Ottmar Hitzfeld, »hier wurde ich getauft, feierte meine Erstkommunion, hier wurde ich auch getraut. Ich singe sehr gern die alten Kirchenlieder, die ich aus der Jugendzeit kenne. An Gott als Person, die über uns steht, glaube ich nicht, mehr an das Göttliche in Form von positiven Energien, davon erhoffe ich mir Schutz, ich glaube an die Existenz einer geistigen Welt, an Schutzengel, ich kann mir vorstellen, dass meine Vorfahren mich wohlwollend begleiten, ich kommuniziere mit ihnen, bitte um Schutz und Kraft, so habe ich das Gefühl, dass jemand aus einer anderen Welt noch hinter mir steht.« Irgendwie kann und will Hitzfeld die ihm einst eingeträufelte Idee nicht über Bord werfen, eine Woche, die nicht mit dem Gang zum sonntäglichen Gottesdienst beginnt, könne schief laufen, doch seine Erfolge widerlegen dieses tief sitzende Bewusstsein heute fast Woche um Woche. Am Sonntagmorgen steht Ottmar Hitzfeld wie alle Profitrainer auf dem Trainingsgelände, wo auch am Tag des Herrn kontinuierlich am Grundstein für die Erfolge gearbeitet wird. Hitzfeld erklärt sehr dezidiert: »Ich habe es nie ernsthaft erwogen, aus der Kirche auszutreten. Noch immer bietet sie mir den geeigneten Rahmen, wo ich am besten Gott danken kann für das Leben, das ich bekommen habe, für die Kraft, die er mir schenkt, meine große Aufgabe zu erfüllen.«

Die katholische Kirche gab der Familie Hitzfeld eine feste Struktur, sich im Leben zu orientieren, Sinn zu finden und eine letzte, tiefe Geborgenheit zu spüren. Die Kinder stöhnten zwar schon, wenn sie von Gründonnerstag bis Ostermontag jeden Tag ein- bis dreimal zur Kirche mussten. Wie hätten sie sich aber dagegen auflehnen sollen? Niemand stellte in den fünfziger Jahren des letzten Jahrhunderts solch kirchliche Marathonübungen in Frage. Alle machten mit. Und doch gab es kleine Risse im Gebälk. »Der Sonntagnachmittag war klar vorgegeben«, erzählt Hitzfeld, »um zwei Uhr schickten uns die Eltern in den Vespergottesdienst. Das war eiserne Pflicht. Sehnlichst warteten wir auf den Moment, in dem der Pfarrer endlich den Segen sprach. Dann ging's nichts wie los auf den Fußballplatz. Um drei Uhr war Anpfiff.« Ab und an nahmen Ottmar und seine Brüder allen Mut zusammen, holten den Kirchenzettel ab, ohne den nachmittäglichen Gottesdienst besucht zu haben, ließen die Kirche links liegen und nahmen direkt Kurs auf den Fußballplatz. Noch heute geht Ottmar Hitzfeld vor jedem Spiel kurz in sich und betet: »Lieber Gott, ich bitte dich, gib mir die Kraft, damit ich stark bin, damit ich

Familie Hitzfeld, Mai 1988

Selbstvertrauen habe, Selbstsicherheit ausstrahle, dass ich diejenige Persönlichkeit entwickle, die ich gerne sein möchte, um bestehen zu können.«

Martin Luther King hat Ottmar Hitzfeld nachhaltig beeinflusst. Den schwarzen Baptistenprediger aus Georgia bewundert er wegen seines unerschrockenen Einsatzes für Menschen, die darunter zu leiden hatten, nicht von denselben Rechten Gebrauch machen zu dürfen wie andere. Was ihn noch mehr beeindruckt, ist die Tatsache, dass King den Weg der Gewaltlosigkeit ging und auf tragische Weise gerade durch einen Akt der Gewalt ums Leben kam. »Luther King hat Konflikte nicht gescheut«, stellt Ottmar anerkennend fest, »gerade dazu war ich lange Zeit nicht in der Lage, oft habe ich den Kopf in den Sand gesteckt, bin Schwierigkeiten aus dem Weg gegangen, bis ich eines Tages – ich war schon 30 Jahre alt – einer weisen Frau begegnete, die nicht viel wusste von mir, mich aber in kürzester Zeit im positiven Sinne durchschaute und mir klipp und klar eröffnete: ›Ottmar, du schiebst die Probleme deines Lebens bloß vor dir her, statt sie anzugehen.‹« Das war eine richtungsweisende Erkenntnis im Zusammenhang mit der Gestaltung seines persönlichen Lebensumfeldes, aber auch im Hinblick auf die spätere Laufbahn als Trainer und die sich dabei ergebenden Problemfelder. »Von Martin Luther King habe ich auch gelernt, anderen Menschen mit Achtung und Respekt zu begegnen. Ich versuche, jede Existenz zu schätzen. Jeder Mensch hat seine Eigenart, ist eine einmalige Persönlichkeit, egal, was für einen Beruf jemand ausübt, ob einer arbeitslos ist, obdachlos oder drogenabhängig. Luther King hätte sich ja bloß um seine eigene Familie zu kümmern brauchen, das wäre schon viel gewesen, er hat aber Verantwortung für viele Menschen übernommen, ist nicht bloß den Weg des geringsten Widerstandes gegangen.«

»Hermann Hesse!« Er nennt den Schriftsteller nach nur kurzem Nachdenken über die Frage nach einer weiteren Persönlichkeit, die ihn geprägt hat. »Vor allem *Siddhartha* hat mich gefesselt«, schwärmt Ottmar Hitzfeld. »Ich habe diese indische Legende in der Zeit meines Wechsels von Lörrach zum FC Basel fast in einem Zug gelesen, so fasziniert war ich.« Bei der Lektüre von Hesse kam Ottmar Hitzfeld immer wieder eine bestimmte, eindringliche Redeweise seines eigenen Vaters in den Sinn. »Schon bei meinem Transfer nach Basel sagte er mir liebevoll und zugleich warnend: ›Ottmar, bleib doch in Lörrach, dann weißt du, was du hast!‹ Später kam es stets wieder: ›Bleib doch in Zürich, da weißt du, was du hast!‹ Das war Vaters Lebensmotto. Er hat es gut gemeint mit mir, setzte unbedingt auf Bewährtes. *Siddhartha* aber zog mich in die entgegengesetzte Richtung. Ich werde die folgende Passage eines Dialogs zwischen Kamala und Siddhartha nie vergessen: *›Die meisten Menschen, Kamala, sind wie ein fallendes Blatt, das weht und dreht sich durch die Luft, und schwankt und taumelt zu Boden. Andre aber, wenige, sind wie Sterne, die gehen eine feste Bahn, kein Wind erreicht sie, in sich selber haben sie ihr Gesetz und ihre Bahn. Unter allen Gelehrten und Samanas, deren ich viele kannte, war einer von dieser Art, ein Vollkommener, nie kann ich ihn vergessen. Es ist jener Gotama,* *der Erhabene, der Verkünder jener Lehre. Tausend Jünger hören jeden Tag seine Lehre, folgen jede Stunde seiner Vorschrift, aber sie alle sind fallendes Laub, nicht in sich selbst haben sie Lehre und Gesetz.«*

Hesses *Siddhartha* hat Hitzfeld den Impuls gegeben, eigene Erfahrungen zu wagen, selber jenen Aufgaben nachzuspüren, die das Leben ihm stellt.

Sind es die Zehn Gebote der Juden und Christen? Sind es die Gedanken von Martin Luther King und Hermann Hesse? Oder ist es vielleicht die allen Weltreligionen zugrunde liegende »Goldene Regel«, die besagt: »Was du nicht willst, dass andere dir antun, das tue andern auch nicht an!«? Ich wollte herausfinden, worauf der Christ Ottmar Hitzfeld sein Leben aufbaut, ihm die Möglichkeit eröffnen, sich bewusst zu machen, welche Werte er für erstrebenswert hält. Aus einer Liste von 138 Eigenschaftswörtern hat Ottmar Hitzfeld drei ausgewählt:

Verantwortungsvoll

»Ich möchte fähig sein, selbständig Entscheide zu fällen, und Menschen, die von meinen Entscheiden betroffen sind, erklären, wie ich dazu gekommen bin, so und nicht anders zu entscheiden.«

Gerecht

»Getreu der ehrwürdigen Devise meiner Vorfahren ›Sei gerecht ohne Rücksicht‹ lege ich Wert darauf, Konflikte nicht nach Gesetzesparagraphen zu lösen, sondern den schwierigeren Weg einzuschlagen, sie mit Einfühlungsvermögen, Dialog und Vernunft anzugehen.«

Hilfsbereit

»Ich gehe davon aus, dass ich einmal in einer bestimmten Lebenslage nicht mehr ein und aus weiß. In einer solchen Situation bin ich sehr dankbar, Hilfe annehmen zu dürfen. Das soll auf Gegenseitigkeit beruhen.«

Ottmar Hitzfeld nimmt sehr wohl die gesellschaftspolitischen Fragen wahr, die außerhalb der Welt des Fußballs nach einer Lösung verlangen. Die klare Wahrnehmung drängt Ottmar Hitzfeld aber nicht zu politischen Aktivitäten. »Ich kann mich unmöglich intensiv mit politischen Fragen auseinander setzen, dazu fehlt mir schlicht die Zeit, ich bin Trainer, Stratege, Kämpfer. Kaum ist ein Spiel verarbeitet, steht das nächste vor der Tür. Es ist auch nicht meine Aufgabe, mich politisch zu äußern. Die Fans erwarten von mir und meiner Mannschaft attraktiven Fußball, keine politischen Statements.«

Wenn Ottmar Hitzfeld seine Zeit in Aarau Revue passieren lässt, kommt er irgendwann immer auch auf jenen schwarzen Dienstag, den 12. April 1988, zu sprechen. Der FC Aarau gewann an diesem Abend ein Meisterschaftsspiel bei den Berner Young Boys. Im Sturm der Aarauer spielte unter anderem auch der dreifache dänische Nationalspieler Lars Lunde, der früher noch die Farben des heutigen Gegners, der Mannschaft aus der Hauptstadt trug, sich dort im Nu in die Herzen der Zuschauer spielte, ehe er gar die Ehre hatte, seine Fußballkunst beim großen FC Bayern unter Beweis zu stellen. Müde und zugleich zufrieden wieder zurück auf dem Aarauer Brügglifeld, stiegen Spieler, Trainer und Funktionäre bereits nach Mitternacht in ihre Privatautos, um nach Hause zu fahren. Auch Lars Lunde startete seinen Golf GTI. Gleich hinter ihm folgte Ottmar Hitzfeld. Beide wohnten in Oberentfelden, einer Nachbargemeinde Aaraus. »Ich fuhr auf eine Ampel zu, die gerade auf Rot umschaltete«, erzählt Hitzfeld, »als Lunde mich im selben Moment rasant überholte und mir im Vorbeifahren lachend zuwinkte. Mein Gott, dachte ich, was macht der jetzt?« Von der rechten Seite nahte die Straßenbahn. Lunde übersah die rote Ampel. Ein Knall. »Sekunden später war ich bei Lars, er war nicht angegurtet, hatte schwere Kopfverletzungen, lag eingeklemmt am Boden des Beifahrersitzes, ich habe das nahe gelegene Krankenhaus angerufen, in meiner Hilflosigkeit versuchte ich, durch das offene Fenster seinen rechten Arm zu befreien, redete auf Lars ein, obwohl er bewusstlos war, ich wollte beruhigend auf ihn einwirken.« Lunde hatte Sauerstoffverlust im Hirn. Er lag lange im

Mit Sohn Matthias, Mai 1988

Koma. Ottmar Hitzfeld besuchte seinen Spieler des Öfteren am Krankenbett. »Einmal hat Lars plötzlich die Augen geöffnet«, erzählt er, »er hat realisiert, dass ich es bin, der bei ihm steht, der Pulsfrequenzmesser hat diese Phase genau registriert.« Lunde hat es später bestätigt: »Ich habe meinen Trainer gesehen, obwohl ich ja gar nicht bei Bewusstsein war, ich habe richtig gespürt, dass er ganz nahe war, eine eindrückliche Erfahrung!« – »Vielleicht habe ich durch meine Anwesenheit irgendetwas in Lars wieder in Bewegung setzen können«, meint Hitzfeld, »zwischen uns beiden gab es eine feste, innere Verbindung.«

Fast ganz Aarau war enttäuscht, als im Frühjahr 1988 die Botschaft durchsickerte, Ottmar Hitzfeld würde den FC Aarau verlassen. Zumindest zwei Nachbarn der Familie Hitzfeld bildeten die Ausnahme. Der eine meinte: »Ach, die Hitzfelds waren sehr nett, aber wir waren immer wieder in Sorge um unsere schönen Rosen. Der Herr Hitzfeld und sein Sohn haben sie uns oft beim Fußballspielen auf der Gartenwiese geknickt!« Ottmar Hitzfeld versuchte, die unzulängliche Balltechnik von Matthias mit der einen oder anderen Flasche Wein beim Nachbarn zu entschuldigen. Der andere Nachbar musste von Zeit zu Zeit seine Hausfassade neu spritzen lassen. Allzu oft hinterließ ein verirrter Ball der Hitzfeld-Kicker an der weißen Mauer an Nachbars Haus seine Visitenkarte.

Wie sehr Hitzfeld mit Aarau und seinem Fußballclub verbunden geblieben ist, schildert René Ritter, ein guter Freunde der Familie Hitzfeld. Die beiden saßen zusammen und tranken ein Bier. Ritter kam auf die prekäre finanzielle Lage zu sprechen, in welcher der FC Aarau schon lange steckt. »Wir hätten euch einen guten Mann abzugeben«, provoziert Ritter seinen Freund, »er kostet euch nur eine Million Franken, ein Klacks für einen Klub von Weltformat wie den FC Bayern! Slavomir Wojciechowski heißt der Spieler.« – »Nie gehört.« Hitzfeld hielt sich bedeckt. »Schick mir ein Video von ihm!« Der Transfer klappte. Wojciechowski konnte sich bei den Bayern allerdings nie durchsetzen. Uli Hoeneß hat es gar nicht gefreut. Ottmar Hitzfeld sah es differenzierter.

Bei seinem Amtsantritt im Jahre 1983 gab sich Ottmar Hitzfeld genau fünf Jahre Zeit, ein erfolgreicher Trainer zu werden. Nach den Stationen in Zug und Aarau war diese Zeitspanne abgelaufen, das Ziel erreicht, der 39 Jahre alte Hitzfeld fühlte sich fähig genug, sich höheren Aufgaben zu stellen.

Kapitel 8

Zürich
1988–1991

Herzerfrischender Fußball oder knallhart auf Sieg?

Natürlich kenne ich Ottmar Hitzfeld. Wer kennt ihn nicht. War mal Torjäger beim VfB Stuttgart, Nationalspieler, Meister, Pokalsieger, Torschützenkönig in der Schweiz, Olympiateilnehmer 1972. Danach als Trainer auf der gleichen Erfolgsspur, in Aarau, in Zürich und in Dortmund.

Da hab ich ihn dann, Mitte der 90er Jahre, näher kennen gelernt. Der Mann hat mir imponiert. Ich war damals noch Spieler bei Bayer Leverkusen, wir spielten gegen Dortmund – und da stand dieser »Gentleman« am Spielfeldrand. Er hatte Format, das sah man, eine Persönlichkeit. Und nach dem Spiel faszinierte mich damals schon seine Sachlichkeit, wie er ein Spiel analysierte, wie er sich im Griff hatte, dazu der korrekte und freundliche Umgang mit seinen Spielern.

Keine Frage, es wäre schön gewesen, wenn ich als Spieler Ottmar Hitzfeld mal als Trainer gehabt hätte. Ich glaube, wir hätten auch menschlich zueinander gepasst.

Dass er als Trainer einer der ganz Großen ist, dass er mit seiner Art überall ankommt, beweisen seine Erfolge. Meistertitel in Deutschland und der Schweiz, Pokalsieger in beiden Ländern, zweimal Champions-League-Gewinner, Weltpokalsieger und, und, und … Es gibt kaum einen Titel, den Ottmar mit seinen Mannschaften nicht gewonnen hat. Er ist der erfolgreichste Fußballtrainer Deutschlands.

Inzwischen sind wir Kollegen geworden. Er bei Bayern, ich für die Nationalmannschaft. Wir beide haben ein sehr gutes Verhältnis zueinander. Wir telefonieren regelmäßig, wir treffen uns, wenn wir in der Nähe sind, und wir tauschen unsere Meinungen über Spieler aus. Mit Ottmar Hitzfeld über Fußball zu reden bringt was. Der Mann lebt für den Fußball, er kennt ihn, er hat Visionen, und bei ihm hat man immer das Gefühl: egal worüber man sich Gedanken macht, er hat alles schon erlebt und weiß, wie etwas zu handhaben ist. Doch das lässt er sich weder anmerken noch raushängen. Understatement und Zurückhaltung, so habe ich das Gefühl, sind zwei seiner Lebensmottos. Das macht ihn sympathisch.

Ottmar Hitzfeld hat einen schwierigen Job. Manchmal glaubt man, in seinem Gesicht zu erkennen, wie schwer es ist. Aber er macht diesen Job großartig.

Ich hoffe, dass Ottmar Hitzfeld uns noch lange fasziniert. Als Trainer, als Persönlichkeit und nicht zuletzt als Mensch.

Rudi Völler,
Teamchef der deutschen Fußballnationalmannschaft

Im Februar 1988 – Hitzfeld stand noch immer beim FC Aarau unter Vertrag – hatte der »Blick« die Nase im Wind und titelte: *Hochexplosive Bombe tickt im Schweizer Fußball – Aarau-Duo Hitzfeld/Vogel bei GC?* Auf die »Blick«-Schlagzeile angesprochen, kommentierte Aarau-Präsident Dr. Peter Treyer lakonisch, von diesem Gerücht habe er auch schon gehört, doch er hoffe, das Ganze sei eine Zeitungsente. In Zürich waren die Verantwortlichen des Grasshoppers Clubs allerdings fest entschlossen, Hitzfeld und Vogel auf den Hardturm zu holen. Nach einer durchwachsenen Zeit standen die Zeichen gut für einen Neuanfang, zumal die Grasshoppers am 3. März 1988 mit Fritz Peter auch noch einen neuen Präsidenten bekamen. Drei neue Sterne sollten künftig über dem Zürcher Fußballhimmel leuchten. Dass Ottmar Hitzfeld bei einem sportlich lukrativen Angebot den FC Aarau verlassen würde, konnten Freunde und Anhänger sehr wohl verstehen. Die Wegzugsabsichten von Manager Vogel wurden dagegen nicht goutiert, hielt er doch vor Monatsfrist bei der Generalversammlung der Sponsorengruppe »Klub 100« des FC Aarau noch voller Enthusiasmus einen Vortrag über Zukunftspläne und Transferstrategie. Der Wegzug von Hitzfeld und Vogel schlug ein tiefes Loch in die Perspektiven des FC Aarau. Der Graben wurde endgültig aufgerissen, als die Meldung die Runde machte, auch Stürmerstar Wynton Rufer wechsle zu den Grasshoppers nach Zürich.

In der »Festschrift 100 Jahre FC Aarau«, die zum Jubiläum im Jahre 2002 Reminiszenzen zur Klubgeschichte versammelte, wagte der ehemalige Libero Rolf Osterwalder offene Worte an die Adresse seines einstigen Trainers Ottmar Hitzfeld: *Was wäre gewesen, wenn wir in seiner dritten NLA-Saison das entscheidende Spiel in Aarau gegen Lugano verloren hätten und – mit ihm – in die NLB abgestiegen wä-*

ren? Was wäre gewesen, wenn seine vierte und letzte Saison beim FC Aarau nicht noch einmal so erfolgreich verlaufen wäre? Niemand weiß es, und sein heutiger Status lässt keine Gedanken mehr darüber aufkommen. Seine einzigartige Trainerkarriere wird wohl mit dem Amt des deutschen Bundestrainers enden, und das ist gut so. Er ist ein ausgezeichneter Trainer. In ihm als Mensch habe ich mich allerdings schwer getäuscht.

Das Aarauer Urgestein Rolf Osterwalder war beim FC Aarau unter Hitzfeld einer der gewissenhaftesten Spieler. Nach seiner eigenen Einschätzung gehörte er zu den Vertrauenspersonen des Trainers. Osterwalders pointierte Aussage, sich im Menschen Ottmar Hitzfeld schwer getäuscht zu haben, gründet auf einer konkreten Begebenheit: Ein Jahr nach dem Wegzug von Aarau traf der frisch gebackene Grasshoppers-Trainer Hitzfeld im Pokalfinale von 1989 ausgerechnet auf seinen alten Verein, den FC Aarau. Wolfgang Frank, Hitzfelds Nachfolger auf dem Aarauer Brügglifeld, musste zwar in der Liga die Abstiegsrunde bestreiten, konnte seinem Klub aber noch vor dem Pokalendspiel für die folgende Saison wieder einen Platz in der Nationalliga A sichern. FC Aarau-Kapitän Osterwalder wurde im Vorfeld dieses pikanten Finales von einem Journalisten gebeten, Frank und Hitzfeld miteinander zu vergleichen. »Unversehens sah ich mich in einer äußerst heiklen Lage«, erklärt Osterwalder heute, »ich setzte auf die Karte Ehrlichkeit, sagte, Wolfgang Frank sei ein lieber Mensch, fast zu nett für den Trainerjob, mit seinem fußballerischen Sachverstand erreiche er aber nie die Qualität von Hitzfeld.«

Kurz vor dem Endspiel saß Hitzfeld in der Sendung »Sportpanorama« des Schweizer Fernsehens. Der Moderator bat ihn prompt um eine Stellungnahme zu den Aussagen seines ehemaligen Spielführers. Entspannt sah sich Osterwalder die besagte Sportsendung an, traute aber seinen Ohren nicht, als Hitzfeld erklärte, er wundere sich über die Äußerungen Osterwalders seinem eigenen Trainer gegenüber, mehr noch: die Klubverantwortlichen des FC Aarau müssten sich wohl überlegen, ob Sanktionen gegen Osterwalder nicht angebracht wären. »Niemals habe ich eine derartige Aussage von Ottmar erwartet«, beteuert Osterwalder, »ich hätte mir gewünscht, er hätte mich verteidigt oder wenigstens bloß eine sachlich-neutrale Erklärung abgegeben. Ich war niedergeschlagen.«

Zwei Tage später verlor Osterwalder mit dem FC Aarau das Pokalfinale gegen seinen alten Chef und nunmehr neuen GC-Trainer Hitzfeld mit 1:2. Nach geschlagener Schlacht begegneten sich die beiden Kontrahenten am Spielfeldrand. Getreu seiner korrekten Art ging Osterwalder auf Hitzfeld zu und gratulierte ihm. Hitzfeld schlug vor, sich wieder mal zum Kartenspiel zu treffen: »Ich ruf dich nächste Woche an.« Osterwalder war so perplex, »mir blieb nicht die geringste Chance, nein zu sagen, aber die kurze Begegnung ließ mir keine Ruhe. Ich wollte Ottmar anrufen, fand aber den Mut dazu nicht, so setzte ich mich hin und schrieb Ottmar einen zweiseitigen Brief, in welchem ich ihm meine Enttäuschung mitteilte, doch ich wartete vergebens auf eine Antwort. Dafür reagierte der FC Aarau – mit einer Buße von 3 000 Franken für ungebührliche Interviewaussagen über Trainer Frank.«

Werner H. Spross war eine der bedeutenden Figuren des Nobelklubs Grasshoppers Zürich. Als »graue Eminenz« und potenter Geldgeber wirkte der Inhaber eines Gartenbaugeschäfts stets dezent im Hintergrund. Schon im Januar 1988 kontaktierte Spross auf der Suche nach einem neuen Trainer Erich Vogel und versicherte ihm: »Herr Vogel, Sie sind der richtige Manager für die Grasshoppers.« Wer denn auf dem Hardturm neuer Trainer werden könne, habe Spross von Vogel wissen wollen, worauf Vogel zurückfragte: »Wollen Sie etwas mit jungen Spielern aufbauen, oder wollen Sie sofort Erfolg?« Spross wollte unverzüglich Erfolg. Vogel entschieden: »Dann kommt nur einer in Frage: Hitzfeld!« Spross war überzeugt. Der Rest erledigte sich fast wie von selbst. Vogel informierte Hitzfeld. Klar bin ich interessiert, soll dieser erfreut gesagt haben. Hat also Erich Vogel Hitzfeld nach Zürich geholt? Keiner weiß es mehr mit Sicherheit.

Vielleicht war der neu gewählte Präsident Fritz Peter der eigentliche Drahtzieher. Peter, ein Mann der Wirtschaft, ließ gleich zu Beginn seiner Präsidialzeit seine unternehmerischen Anschauungen spielen. »Unser Produkt, das wir Samstag für Samstag verkaufen, heißt Fußball«, stellte er für jedermann einleuchtend fest. »Wenn wir spektakulär spielen, kommen die Zuschauer wieder auf den Hardturm.« Fritz Peter wandte sich in seiner Amtszeit als Präsident ganz selten offiziell an die Spieler. Doch bevor der erste Ball in seiner Ära gespielt wurde, stellte er sich vor die Mannschaft. Er wollte den Funken einer neuen Vision auf die Spieler überspringen sehen und gab ihnen zu bedenken: »Ein Schauspieler, der seinen Text auswendig kennt, kann ihn noch so sauber vortragen, er wird bloß einen artigen Applaus der Zuschauer ernten; schwingt aber seine Seele mit, werden ihm ihre Herzen zufliegen, und die Zuschauer kommen wieder.«

Vierzehn Jahre später erklärt Fritz Peter: »Um meiner Vision Flügel zu verleihen und GC endlich wieder fliegen zu sehen, fehlte noch der Chefpilot. Ich hatte nur einen einzigen Namen im Kopf, Hitzfeld, ihn wollte ich um alles in der Welt zu den Grasshoppers holen; zu mir als Bauchmensch sollte der Kopfmensch Hitzfeld dazukommen, die ideale Mischung, vor allem garantierte Hitzfeld einen Fußball, der bei den Fans ankommt, offensiv, unbekümmert, risikoreich. Erich Vogel, den Ur-Grasshopper« – er war von 1973 bis 1976 Trainer auf dem Hardturm –, »schätzte ich als Manager sehr wohl, als Mensch hatte ich meine liebe Mühe mit ihm. Ich ließ es eher geschehen, dass er im Doppelpack mit Hitzfeld zu uns kam. Mit Überzeugung hatte ich ihn nicht geholt!«

Erstmals in seiner Laufbahn stieg Ottmar Hitzfeld bei einem Spitzenklub ein. »Nach den lehrreichen Erfahrungen in Aarau wollte ich mich sportlich verbessern«, erklärt Hitzfeld, »um dieses Ziel zu erreichen, kamen in der deutschsprachigen Schweiz nur GC oder der FC Basel in Frage. In Aarau war es eine Sensation, einen Titel zu holen, bei den Grasshoppers galt das als absolute Pflicht.«

Die vornehmen Zürcher sind der FC Bayern München der Schweiz: beneidet, gehasst, gefürchtet, gejagt. Der dortige Trainer

Kurt Jara war durchaus erfolgreich, musste aber gehen, weil er dem Grasshoppers Club nicht geben konnte, was viele GC-Anhänger sich für die Saison 1988/89 endlich wieder wünschten, nämlich Leidenschaft und Herzblut wie in den Tagen des unvergesslichen Hennes Weisweiler. Diesen Wunsch hegten viele GC-Fans, obwohl die Grasshoppers im Unterschied zum FC Zürich immer schon der Klub der eher distanzierten, gehobenen Mittelschicht waren. Ein paar Tage vor Beginn der neuen Meisterschaft schrieb der Sportchef des Zürcher »Tages-Anzeiger«, Fredy Wettstein: *Der Hardturm wieder als Bühne für Artisten und nicht mehr als Ort zum Gähnen – so stand es vor einem Jahr an dieser Stelle. Und die Hoffnung trage einen Namen: Paulo César.*

Es war eine trügerische Hoffnung. Zwei Beine, auch wenn's brasilianische waren, haben das Gesicht einer Mannschaft nicht verändert. GC war zwar erfolgreich, Cupsieger und fast auch noch Meister, zeigte aber weiterhin einen Fußball, der niemanden erwärmen konnte: zweckmäßig, nüchtern, nur erfolgsorientiert. Fußball aus dem Kühlschrank.

Und jetzt soll wieder alles anders werden. Die Hoffnung trägt auch diesmal einen Namen. Aber es sind diesmal nicht zwei Beine, sondern es ist vor allem ein Kopf, der etwas verändern soll.

Und deshalb: Eine neue Grundstimmung zu bringen – das ist für Hitzfeld wohl die wichtigste Aufgabe überhaupt. Eine Aufgabe, die aber gerade Hitzfeld liegt.

Und die Mächtigen bei GC Zürich bauten ihre Hoffnungen nicht auf Sand. Der Trainer, den sie wollten, brachte sämtliche Voraussetzungen mit, die ersehnte positive Grundstimmung auf den Hardturm zu bringen. Zu keiner Zeit beanspruchte Ottmar Hitzfeld dafür die Dienste eines PR-Beraters. Was ein solcher ihm zur Imagepflege und zu garantiertem Erreichen von Erfolg, Anerkennung und Wohlstand hätte raten können, hat er sich nicht antrainiert, das liegt ihm im Blut. Clever redete Hitzfeld einst als Trainer des FC Aarau seine Mannschaft stets klein, den Gegner aber umso größer. Im Spiel war es dann nicht selten umgekehrt. Diese Schiene konnte er beim großen Grasshoppers Club nicht mehr fahren. Jetzt musste er wohl oder übel mit der Rolle des Gejagten fertig werden, eine neue Herausforderung, die er ja gesucht hatte. Eine andere Aufgabe sah er darin, nicht nur sich selber in der Öffentlichkeit optimal zu »verkaufen«, sondern auch seinem neuen Klub ein positiveres Image zu verleihen. Wo auch immer die Grasshoppers bisher in der Schweiz gastierten, schlug ihnen eine Welle von Hassliebe entgegen. Die Zürcher garantierten zwar immer ein volles Haus und eine Menge Einnahmen, waren aber als Team unsympathisch. Gleich zu Beginn wies Trainer Hitzfeld die Spieler darum an, sich für die Fans Zeit zu nehmen, den Journalisten freundlich und zuvorkommend Rede und Antwort zu stehen.

Mittwoch, 27. Juli 1988. Ottmar Hitzfelds erste Heimpartie als neuer Trainer bei Grasshoppers Zürich. Gegner war der FC Lugano. »Ich lasse am Stadioneingang bei der Kasse mit den Spezialtickets eine Sitzplatzkarte auf deinen Namen reservieren«, hatte mir Hitzfeld am Telefon zwei Tage vor dem Auftakt zur Meisterschaft 1988/89 versichert. Ich war viel zu früh beim Hardturm-Stadion, wollte die Atmosphäre genießen und mir in aller Ruhe meine Eintrittskarte abholen. An der Kasse wussten sie allerdings nichts von einem Spezialticket für mich. Ich war verwirrt. Er konnte mich doch nicht vergessen haben. Da stand ich, freute mich, Ottmar Hitzfeld bei seinem Saisoneröffnungsspiel mit den Grasshoppers zu begleiten, und hatte keine Eintrittskarte. Die besten Plätze waren bereits ausverkauft. Es gab nur noch eines: Ich musste ihn abfangen. Eine halbe Stunde verging. Plötzlich schauten alle in eine Richtung. Der GC-Mannschaftsbus rollte heran. Ich wunderte mich, keine Hektik bei den Fans, eher vornehme Zurückhaltung, bloß gespannte Erwartung, dezente Bewunderung und Staunen. Der Chef stieg als Erster aus, entschlossen; so hoch konzentriert hatte ich ihn noch nie erlebt, ein paar mutige Fans streckten ihm Gegenstände entgegen, auf die er sein Autogramm schrieb, ziemlich abwesend. »Ottmar!«, rief ich, nicht sehr laut, schon drehten sich unzählige Köpfe und blickten mich an, als ob sie sagen wollten: Was erlaubt sich denn der hier! Hitzfeld reagierte nicht, war eben im Begriffe, forschen Schrittes zwanzig Meter vor mir in die Kabinen zu marschieren. Das war nicht mehr der Ottmar Hitzfeld der Tage von Aarau. »Hallo, Ottmar!«, meldete ich mich nochmals, diesmal viel lauter. Ein Blick, ein kurzes Lächeln, ein paar Schritte auf mich zu, links und rechts erstaunte Gesichter: »Hat's geklappt?« – »Nein!« Während seine Spieler im Stadion verschwanden, hatte ihr Trainer nichts anderes im Sinn, als sich um meine Eintrittskarte zu kümmern, als ob er vergessen hätte, vor welch wichtigem Spiel er eigentlich stand. Wir liefen zur Kasse mit den Spezialtickets, die bedienende Dame glaubte an eine Fata Morgana, als GC-Trainer Hitzfeld vor ihr stand. Er bat um meine Eintrittskarte und bekam sie ausgehändigt. Ich verstand nichts mehr. Ein freundschaftlicher Klaps auf die Schulter, schon war er weg – und landete zwei Stunden später einen komfortablen 3 : 0-Sieg.

Wenn einer es hätte schaffen können, die Fans wieder in Scharen ins Hardturm-Stadion zu locken, dann Hitzfeld. Aber schon zur ersten Partie auf heimischem Rasen kamen gerade mal 5 700 Zuschauer. Zwar stimmte am Ende das Resultat, aber die erwartete Aufbruchstimmung stellte sich nicht ein. Hitzfeld wurde bei den Zuschauern durchaus beliebt, aber so richtig in ihr Herz schlossen sie ihn nicht. Und doch gibt es zumindest einen Zürcher Fan, der Ottmar Hitzfeld nie vergessen wird. Heimspiel für Heimspiel durfte er von einem bevorzugten Platz aus die Spiele verfolgen, obwohl er auf seinen »Logenplatz« liebend gerne verzichtet hätte. Flavio ist sprachbehindert, saß in seinem Rollstuhl zu Beginn des Spiels stets dort, wo Spieler, Trainer und Funktionäre vorbeiliefen, um ihre Positionen einzunehmen. »Hallo, Ottmar!«, rief er jeweils, Ottmar Hitzfeld winkte oder kam für ein paar Sekunden zu ihm, wechselte einige Worte mit Flavio und nahm dann auf der Trainerbank Platz. Flavios Herz schlägt noch heute treu für die Grasshoppers, aber nicht weniger auch für jenen Klub, den Ottmar Hitzfeld gerade trainiert, denn am meisten schwärmt Flavio für seinen Ottmar. Als er die Borussia trainierte, fieberte Flavio für Stéphane Chapuisat, in München gilt seine Zuneigung Giovane Elber, der einst auch in den blau-weißen

Farben der Grasshoppers stürmte. »Zu GC-Zeiten besuchte ich Flavio gelegentlich in seinem Heim außerhalb der Stadt«, erzählt Hitzfeld, »heute tauschen wir ab und an SMS-Botschaften aus, ich schicke ihm zu Beginn einer neuen Saison den Spielplan der Bundesliga oder schenke ihm ein Dress von Bayern München.« Flavio freut sich, mit Ottmar Hitzfeld schon seit Jahren Kontakt pflegen zu dürfen: »Das schönste Geschenk bereitet mir Ottmar, wenn er mich jeweils wieder zu einem Heimspiel ins Münchner Olympiastadion einlädt.«

Am Ende der ersten Saison holte Ottmar Hitzfeld in Zürich mit den Grasshoppers pflichtgemäß seinen Titel Nummer 1. GC gewann das Pokalendspiel gegen den FC Aarau. Das berechtigte die Zürcher, in der Saison 1989/90 im Europacup der Pokalsieger mitzumischen. Die Mannschaft setzte sich gegen die unbequemen Teams von Slovan Bratislava und Torpedo Moskau durch und stieß ins Viertelfinale vor. Dort traf sie im Hinspiel am 7. März 1990 auf den italienischen Spitzenklub Sampdoria Genua mit seinen klingenden Namen: Mancini, Vialli, Katanec, Vierchowod. Dieses Los erlaubte Hitzfeld, wieder einmal in seine alte Rolle zu schlüpfen, in diejenige des »Schelms«, die er als Underdog in den Jahren beim FC Aarau im Kampf gegen die Großen so meisterhaft beherrscht hatte. Gegen Sampdoria war GC der David. Die Außenseiterrolle seines Teams schilderte Hitzfeld am Vorabend des Hinspiels in Genua in der Pressekonferenz derart glaubwürdig, dass seine Gegner ihm auch die Erklärung abnahmen, eine 1:3 Niederlage wäre für GC schon ein Erfolg. Hitzfelds Poker wäre beinahe aufgegangen. GC verlor die Partie in Genua überaus unglücklich mit 0:2, Martin Andermatt vernachlässigte in der 13. Minute nur für Sekunden seine Deckungsaufgabe. Pietro Vierchowod nützte den Blackout des Schweizers gnadenlos zum 1 : 0 aus. Fünf Minuten vor Schluss wollte Urs Meier eine Flanke von Mancini zur Ecke klären, mit einem sehenswerten Hechtköpfler drosch der GC-Verteidiger den Ball aber genau in die obere rechte Ecke des eigenen Tors. Torhüter Martin Brunner war machtlos.

Tags darauf zitierte das weltbekannte rosarote Mailänder Sportblatt »Gazzetta dello Sport« einen leicht verunsicherten Sampdoria-

Trainer Vujadin Boskov: ›*Nie hätten wir ein so starkes, so offensives GC erwartet.*‹ Und im »Corriere dello Sport« ließ sich der Trainer der Sampdoria mit der Aussage zitieren: ›*Unser schlechtestes Europacupspiel. Aber wir wurden auch noch nie so in Schwierigkeiten gebracht.*‹ Nachdem die Genueser das Rückspiel in Zürich 2:1 gewannen, wich die herumschleichende Angst wieder dem gewohnten italienischen Selbstbewusstsein, das der Boskov-Elf schließlich den Sieg im Europacup der Pokalsieger gegen Barcelona eintrug. Ottmar Hitzfeld mochte es ihr gönnen, er verbuchte einen anderen wichtigen Punkt: Erstmals hatte er als Trainer die Aufmerksamkeit der europäischen Fußballsachverständigen auf sich gelenkt.

Hitzfeld unterschrieb 1988 bei den Grasshoppers einen Vertrag für zwei Jahre. Kenner der Schweizer Fußballszene wunderten sich darüber, dass Ottmar Hitzfeld tatsächlich mit Vogel auf den Hardturm zog. Das Einzige, das Hitzfeld und Vogel miteinander verbindet, ist ihr Sternzeichen, der Steinbock. Aber nicht einmal dieser kleinste gemeinsame Nenner garantierte Harmonie, im Gegenteil: Hitzfeld, der sachliche, diplomatische, berechnende, kühle, besonnene Süddeutsche; Vogel, der ungeduldige, redselige, extrovertierte, ideenreiche, durchtriebene Zürcher. Die Gruppendynamik der neuen GC-Führungscrew barg eine ansehnliche Sprengladung in sich. Präsident Fritz Peter empfand sehr viel Sympathie für Trainer Hitzfeld, Manager Vogel akzeptierte er nur widerwillig als »Morgengabe«. Hitzfeld fand stets nur lobende Worte für seinen Präsidenten, während das Verhältnis zwischen Vogel und Hitzfeld zwar in jeder Lage korrekt blieb, aber vor allem auf der Anerkennung der jeweiligen Fachkompetenz des andern beruhte. Hinter diesem Trio wirkte – eher im Dunstbereich – Geldgeber Werner H. Spross. Aggressionen von Vogel in Richtung seines Präsidenten gab es kaum, umgekehrt schon. Gleich zu Beginn des Jahres 1990 verlängerte Peter den Vertrag mit Hitzfeld. Bei dieser Gelegenheit verschaffte er seinen seit geraumer Zeit aufgestauten Emotionen Luft und hielt Manager Vogel eine kurze, aber nachhaltige Standpauke, denn es verging kein Treffen zwischen diesen beiden, ohne dass Vogel sich über Hitzfeld beschwerte.

Im Dress des Schlittschuhclubs Luzern, Winter 1988/89

»Ich wollte von meinem Manager in Abwesenheit des Trainers kein einziges negatives Wort mehr über diesen hören«, regt sich Peter noch heute auf. Nur drei Monate später verlor der Präsident allerdings den schon lange schwelenden Machtkampf gegen Vogel und musste den Hut nehmen.

Hitzfeld und Vogel kreuzten die Klingen schon, als das ungleiche Duo noch beim FC Aarau wirkte. Kaum hatte Vogel Anfang 1987 seine Arbeit aufgenommen, tauchte schon ein erster Konflikt auf. »Ottmar begann das Training immer um 17 Uhr«, erzählt Erich Vogel, »das hatte zur Folge, dass die Spieler erst gegen 20 Uhr zu ihren Familien zurückkehren konnten. Ich schlug Ottmar vor, um 16 Uhr mit dem Training zu beginnen, eigenartigerweise wehrte er sich mit Händen und Füßen gegen meine Idee, die ja der Mannschaft zugute gekommen wäre.« Wenig später stieß Vogel auf den Grund für die vehemente Ablehnung seines Vorschlags: »Kapitän Rolf Osterwalder, der tagsüber einer geregelten Arbeit nachging, befürchtete, sein Arbeitgeber würde ihm für eine Stunde weniger Arbeitszeit den Lohn kürzen. Er wollte sowohl in seinem angestammten Beruf wie auch beim FC Aarau ein 100 %-Gehalt beziehen. Ottmar hörte auf seinen Kapitän und spürte nicht, dass ein großer Teil des Kaders den Trainingsbeginn um 16 Uhr begrüßen würde.« Vogel konnte für Osterwalder eine Lösung erwirken, ebenso für ein paar andere Spieler, die in derselben Situation waren wie ihr Kapitän. »Alle waren zufrieden«, schmunzelt Vogel, »nur Hitzfeld vorerst nicht.« Hatte er ein kleines Macht-Scharmützel verloren? In den Augen Erich Vogels soll Ottmar Hitzfeld schon in Aarau stets die wichtigsten und einflussreichsten Spieler beschützt haben. »Dadurch erreichte er, dass diese alles für ihn taten, Ottmar wusste genau Bescheid über das Machtgefälle innerhalb des Kaders, sein diplomatisches Geschick ging bis zum richtigen Ton, den er bei Spielerfrauen traf, die ihre Männer dann wohl unbewusst dorthin brachten, wo sie Ottmar gerne sah.«

Fritz Peter – noch heute ein Verehrer seines einstigen Angestellten Ottmar Hitzfeld – staunt über dessen damaliges Verhalten: »Nie ließ sich Ottmar auf irgendwelche Querelen ein, er machte seine Arbeit und tat alles, um Erfolg zu haben, das fand ich stark, jeder andere wäre zwischen die Mühlen geraten, hätte sich gewehrt, interpretiert, gerechtfertigt und hätte am Ende womöglich als Sündenbock herhalten müssen.« Peter verrät, es habe eine geheime, von ihm und Hitzfeld unterzeichnete Vereinbarung gegeben, die jeder bei sich zu Hause aufbewahrte. In diesem Dokument war die Möglichkeit einer vorzeitigen Vertragsauflösung für den Fall festgehalten, dass einer der beiden Kontrahenten zur Überzeugung gelangte, die Dinge würden nicht mehr so laufen, wie ursprünglich vorgesehen. »Auf diese geheime Übereinkunft bin ich noch heute stolz«, sagt Fritz Peter. Zur Anwendung gelangte sie nie.

Als Ottmar Hitzfeld im Sommer 1988 sein Traineramt in Zürich antrat, fand er eine weitere, sehr heikle personelle Situation vor. Er selber nahm seinem Kollegen Kurt Jara zwangsläufig den Job weg, Erich Vogel trat dem Spieler Raimondo Ponte vor die Sonne, dieser liebäugelte seinerseits mit dem Managerposten bei GC. Hitzfeld konnte nicht ahnen, dass einer der GC-Schlüsselspieler den Sturz der bisherigen Führung nur ganz schlecht goutierte: Kapitän Andy Egli, bis zu diesem Zeitpunkt unbestritten der dritte, mächtige Mann neben Jara und Ponte. Egli war stocksauer. Nun stand er plötzlich alleine da, im Ungewissen darüber, wie viel Macht und Einfluss ihm unter Hitzfeld noch bleiben würde. »Von der ersten Sekunde an arbeitete Egli gegen Hitzfeld«, konstatiert Vogel. Mit seinen 30 Jahren konnte Egli auf einen reichen Erfahrungsschatz bauen. Mitte der achtziger Jahre holte ihn Timo Konietzka zu Borussia Dortmund, dort spielte er unter anderem zusammen mit Eike Immel, Rolf Rüssmann und Michael Zorc: »Ich war ungehalten darüber, wie die GC-Führung unseren damaligen Trainer Kurt Jara abservierte«, urteilt Egli, »es gab keinen Anlass dazu, da konnte nun als nächster Trainer kommen, wer auch immer – die Skepsis führender GC-Spieler wie Martin Andermatt oder Ciriaco Sforza war ihm sicher. Ich selber befand mich in einer unruhigen Lebensphase, das Ende meiner Karriere war abzusehen, ich suchte nach einer glücklichen Entscheidung,

Grasshoppers Club Zürich, 1988

liebäugelte, mit meiner Familie nach den USA auszuwandern, dort noch etwas Fußball zu spielen, um später als Trainer wieder nach Europa zurückzukehren.«

Die Verpflichtung Hitzfelds auf den Hardturm verstärkte die Umbruchstimmung im Leben Andy Eglis. »Ich hatte das Gefühl, mit Hitzfeld kommt zwar ein absolut integrer, fachlich sehr qualifizierter Trainer, der schon erste Erfolge aufzuweisen hatte und landesweit für Offensivfußball bekannt war; gleichzeitig spürte ich aber auch, einem unsicheren Hitzfeld zu begegnen, den es tief in seinem Inneren belastete, nicht zu wissen, ob er die große Herausforderung bei einem renommierten Verein wie GC packen würde.«

Mit Hitzfeld und Egli trafen zwei Persönlichkeiten zu einer Zeit aufeinander, in der beide verunsichert ihrer jeweiligen Zukunft entgegenblickten. Diese Konstellation musste nicht zwangsläufig zum persönlichen Crash führen, »zumal Hitzfeld sich in all den harten Auseinandersetzungen mit mir sehr geschickt verhalten hat«, gesteht Egli, »seine pädagogischen Fähigkeiten und seine Menschenkenntnis trugen oft zur Entschärfung bei. Ich war es, der mit unloyaler Haltung dem Trainer gegenüber den Bogen überspannte. Ich dachte halt einfach, es sei immer noch die Mannschaft, die sich die Punkte erspielte, und nicht der große Manitu Hitzfeld. Ein anderer Trainer hätte mich aufgrund meines Verhaltens wohl abserviert.« Manager Vogel ergänzt mit einem dicken Lob: »Ein guter Trainer kann mit einem schwierigen Spieler umgehen, ein sehr guter Trainer schafft es, mit zwei schwierigen Spielern zurechtzukommen, es gibt eine dritte Stufe, dort steht nur noch Hitzfeld – er versteht es, mit fünf schwierigen Spielern umzugehen.«

Trotz dieses Kompliments bleibt offen, ob Ottmar Hitzfeld Andy Egli auf den Hardturm verpflichtet hätte. Hätte Hitzfeld während der Saison 1984/85 einmal auf der Tribüne des Dortmunder Westfalenstadions gesessen und von dort aus Eglis Art, Fußball zu spielen, beobachtet, hätte er sich vom Mann im BVB-Dress ein präzises Bild gemacht und ihn treffend analysiert. »Schon wenn ich eine Gruppe Buben beim Fußballspielen beobachte, kann ich ihren Charakter zu

90 Prozent erkennen. Am Ball streift ein Spieler jegliche Rollen ab, er ist sozusagen nackt, nur noch der Mensch, der er in seinem Wesenskern eigentlich ist. Spieler, die ich gerne verpflichten würde, schaue ich sehr genau an, ich merke mir, wie sie sich auf dem Platz verhalten, es besteht ein kleiner, aber bedeutender Unterschied darin, ob einer einen Mitspieler anschreit, um von eigenen Unzulänglichkeiten abzulenken, oder ob er ihn anschreit, um ihn anzuspornen.«

Dreizehn Jahre nach seiner bewegten GC-Zeit sitzt mir ein gereifter Andy Egli gegenüber. Seine Erfahrungen als Trainer beim Schweizer B-Ligisten FC Thun, beim Nationalliga-A-Verein FC Luzern und zuletzt bei SV Waldhof Mannheim lassen ihn abgeklärter erscheinen. »Zugegeben, ich war oft neidisch auf Ottmar, er war überall gern gesehen. Die Öffentlichkeit buchte unseren Erfolg auf sein Konto. Obwohl ich nur zehn Jahre jünger bin, empfand ich die Beziehung zu Ottmar Hitzfeld wie eine vom Sohn zu seinem Vater. Ich kämpfte mit Haken und Ösen gegen meinen ›Vater‹, er musste deswegen viel einstecken.« Andy Eglis Worte klingen wie eine späte, aber ehrlich gemeinte Entschuldigung an seinen einstigen Trainer. Sein »Geständnis« ist berechtigt, schlug er doch damals in einem Interview in der offiziellen Stadionzeitung vom 27. März 1989 gnadenlos zu. *›Im vergangenen Sommer konnte man in diversen Interviews zwischen den Zeilen lesen, dass Sie mit dem Engagement von Ottmar Hitzfeld als Trainer nicht besonders glücklich waren. Hat sich Ihre Skepsis bestätigt?‹ Andy Egli: ›Ottmar Hitzfeld und ich sind ganz gegensätzliche Persönlichkeiten. Er legt zum Beispiel enormen Wert darauf, in der Öffentlichkeit ein positives Image aufzubauen, um von allen als Fachmann anerkannt und als Mensch geliebt zu werden. Ich hingegen kümmere mich nicht besonders um mein Ansehen in den Medien. Von einigen werde ich akzeptiert – vielleicht sogar bewundert, andere wiederum lassen keinen guten Faden an mir. Diese Gegensätzlichkeit bewirkt automatisch, dass unsere Fußballphilosophie nicht immer übereinstimmt.‹* Trainer Hitzfeld war ungehalten über diese öffentlichen Äußerungen seines Kapitäns. Der Ärger stieg noch an, als er erfuhr, dass Egli die volle Unterstützung des Managers genoss. Vogel steckte aber nicht unter einer Decke mit Egli, er wollte bloß den schon lange schwelenden Konflikt an die Oberfläche bringen, damit er dort endlich angegangen werden konnte. »Wären Eglis Äußerungen in einer Tageszeitung publiziert worden, hätte ich ihn auf die Tribüne gesetzt. Ich habe meinem Kapitän angedroht, ihn zu entlassen, wenn er sich noch ein einziges Mal erlaube, mich in aller Öffentlichkeit zu kritisieren«, versichert Ottmar Hitzfeld. Sechs Monate nach seinem Amtsantritt – so erinnert sich Vogel – habe Hitzfeld in einem verzweifelten Moment bei ihm angeklopft mit der Bitte, Egli wegzuschaffen. »Ich war auch zu Beginn meiner GC-Zeit noch eher konfliktscheu und harmoniebedürftig, schlichtete lieber, handelte und entschied situativ, Egli liebte es, einen Krach zu provozieren, um auf diese Weise weiterzukommen, wir beide passten wirklich schlecht zusammen.«

Es war wohl das gemeinsame Interesse aller Beteiligten am Erfolg, dass die Konfliktpartner zusammenblieben. Andy Egli ist überzeugt, dank dem tollen menschlichen Geschick seines Trainers ausgerechnet in der spannungsgeladenen Spielzeit 1989/90 die beste Saison gespielt zu haben und obendrein zum »Fußballer des Jahres« erkoren worden zu sein. Nicht genug damit, die Grasshoppers holten 1990 noch das Double. Auch Ottmar Hitzfeld zeigt sich heute in Sachen Andy Egli versöhnlich: »Da sind längst keine Ressentiments mehr. Bis zu seinem Weggang zu Xamax Neuenburg habe ich Andy respektiert und stark gemacht. Zum Wohle des Vereins war eine Trennung aber richtig. Ganz selten telefonieren wir heute miteinander. Wir sind jetzt Trainerkollegen.«

Andy Egli war Ende der achtziger Jahre kein Nobody mehr. Er trainierte und spielte unter namhaften Persönlichkeiten wie Hennes Weisweiler, Helmut Johannsen, Roy Hodgson und Uli Stielike. Auch wenn Egli ein impulsiver Mensch ist, wählte er zu seiner aktiven Züricher Zeit im Konfliktfall meist den direkten Weg zu seinem Trainer. »Im Büro von Ottmar flogen oft die Fetzen«, erzählt er, »der geschützte Raum erlaubte auch Hitzfeld, Emotionen zu zeigen.« Dass

Egli nach so vielen Jahren Fußball zunehmend wie ein Trainer dachte, war auch Ottmar Hitzfeld nicht entgangen. Die beiden Fachmänner gerieten sich immer wieder beim gleichen Thema in die Haare. Der altgediente Verteidiger Andy Egli kämpfte dafür, »dass wir als Grasshopper Club entschieden offensiver spielten, mehr Risiken auf uns nahmen und selbstbewusster auch in Auswärtsspielen auftraten. Überraschenderweise begann ausgerechnet der ehemalige Stürmer Ottmar Hitzfeld, der mit Offensivfußball in Aarau auf sich aufmerksam gemacht hatte, in Zürich zunehmend die Defensive zu forcieren. Den größten Teil unserer Teamsitzungen widmete er taktischen Überlegungen in der Abwehr.«

Mit seinen Überlegungen traf Egli einen wunden Punkt der Hitzfeld-Zeit bei den Grasshoppers: Den erhofften spektakulären Fußball hat der Lörracher nicht auf dem Hardturm gebracht, selbst Ottmar Hitzfeld räumt ein: »Ich bin in Zürich verschlossener geworden, weniger spontan.« *Vom Zauberer zum Zauderer* titelte im Frühling 1990 der »Sport« und setzte noch einen drauf: *Hitzfeld ist bei GC, hart formuliert, vom Taktiker zum Taktierer geworden*. Einen Eindruck davon, wie kühl der x-fache Schweizer Meister Grasshoppers am 30. Mai 1990 auch unter Trainer Hitzfeld seinen nunmehr 21 Titeln einen weiteren hinzufügte, vermittelt der »Tages-Anzeiger«: *Stellen Sie sich vor, verstopfte Straßen abends um sieben, ein Verkehrschaos, alle Parkplätze besetzt, geschlossene Kassen, weil längst alle Eintrittskarten verkauft sind, 30 000, die im Stadion gespannt warten, singen, schreien und jubeln ... Einschnitt. Aufwachen. Nicht träumen. ›Kommen Sie nach dem Spiel hinter die Tribüne ins Zelt zur Saisonabschlussfeier‹, sagt der Speaker im Hardturm und fügt gar zuversichtlich an: ›Vielleicht wird es ja gar mehr als eine Saisonabschlussfeier.‹ Einige klatschen. Die meisten schweigen.* 90 Minuten später ist GC Schweizer Meister. Der »Tages-Anzeiger« weiter: *Und jetzt, tatsächlich: die 10 000 zeigen Gefühle, Emotionen, die Vornehmen geben sich nicht mehr alle ganz vornehm. Der Hardturm wie das San Siro. Für einige Augenblicke wenigstens. Eine letzte Szene noch. Um halb elf an der Langstraße. Freinacht ist auch hier. Aber hupt einer? Fährt einer im offenen Wagen mit wehender GC-Fahne durch die Straße? – Und der Trainer? Die Meisterschaft erteilt ihm gleichsam die Absolution, ein Erfolgstrainer zu sein.* So ist es. Wie sagte Ottmar Hitzfeld bei seinem Wechsel nach Zürich: »Ich will Titel holen. Alles andere ist Schall und Rauch.«

Worauf nicht viele eine Wette abgeschlossen hätten, traf tatsächlich ein: Die Liaison Hitzfeld/Vogel hielt allen Stürmen stand. »Disharmonie und Spannungen können die Triebfeder für den Erfolg sein«, philosophiert Vogel, »wenn Führungskräfte allzu lieb miteinander umgehen, erlahmt der Erfolgshunger. Ich weiß, Ottmar war und bleibt wohl auch ein harmoniebedürftiger Mensch, aber er ist absolut konfliktfähig, kann mit Spannungen umgehen, sie zerfressen ihn nicht.« Erich Vogel ist wirklich in der Lage, mit starken Persönlichkeiten umzugehen, er hat keine Probleme, jeden Tag mehrere Konflikte anzugehen. Hitzfeld und Vogel fetzten sich intern immer wieder, in der Öffentlichkeit managten sie ihre Spannungen aber professionell. Nie sprach einer ein abschätziges Wort über den anderen. Nun trennten sich ihre Wege nach viereinhalb Jahren turbulenter Zusammenarbeit. Vogel blieb bei GC, Hitzfeld setzte zum großen Sprung nach Deutschland an. Die Bundesliga rief, nicht zum ersten Mal. Schon im März 1989 rief ein Mittelsmann des 1. FC Kaiserslautern bei GC-Präsident Fritz Peter an. Die »Roten Teufel« wollten Hitzfeld auf den Betzenberg holen. GC-Boss Peter soll lakonisch bemerkt haben, erst wirklich ernsthaft über eine vorzeitige Auflösung des Vertrags mit Ottmar Hitzfeld nachzudenken, wenn ein Angebot von Bayern München auf dem Tisch läge. Ottmar buchte das Interesse aus der Pfalz unter »ehrenvolle Anfrage« ab und verwies auf seine Grundhaltung, Verträge einzuhalten.

Etwas anders lag der Fall ein Jahr später beim nächsten »Angriff« eines deutschen Vereins auf Trainer Hitzfeld. Im Januar 1990 setzten sich Mönchengladbachs Manager Helmut Grashoff und GC-Trainer Ottmar Hitzfeld im Luzerner »Old Swiss House« an den Verhandlungstisch. Grashoff versuchte, Hitzfeld mit einem Fünfjahresvertrag zu ködern. Der Manager aus Gladbach hatte einen sehr ge-

Schweizer Meister mit dem Grasshopper Club Zürich, 1991

schickten Zeitpunkt gewählt, denn Hitzfeld hatte eine unterschriftsreife Vertragsverlängerung bei den Grasshoppers noch nicht unterzeichnet. Der umworbene Hitzfeld wägte ab: Ein Traumangebot von 40 000 Mark im Monat, wie »Sport-Bild« meldete, stand gegen die Tatsache, dass die »Mönche«, die damals in der 1. Bundesliga den letzten Platz belegten, noch Gefahr liefen, am Ende der Saison abzusteigen. Hitzfeld entschied sich für Kontinuität. Sein Weg führte nicht auf den Bökelberg.

Wenn ein Schreiner ein Stück Holz nach vorgegebenen Maßen zuschneidet, setzt er sein ganzes handwerkliches Geschick ein. Alle Ehre für seine Arbeit, aber er könnte jederzeit von einem Berufskollegen ersetzt werden, der ein anderes Stück Holz nach denselben Maßvorlagen genau so gut fertig stellt. Fußballtrainer, die wie Handwerker arbeiten, gibt es wie Sand am Meer. Sie lehren ihre Schützlinge, wie man einen Ball sauber stoppt, wie die Haltung des Körpers beim Schuss zu sein hat, wie ein Doppelpass gespielt werden muss … Ein Fußballtrainer wie Ottmar Hitzfeld ist kein Handwerker. Er wirkt schon eher wie ein Professor mit einem Lehrstuhl für Philosophie, Psychologie und Ethik im Spezialbereich Fußball. Hitzfeld erklärt seine Auffassungen zum Spiel mit dem Ball nicht bloß für den Tagesjournalismus, er wird oft auch zu Tagungen eingeladen, etwa auf die Lenzburg im Kanton Aargau, wo er anlässlich eines Seminars für Führungskräfte vor Funktionären des Mercedes-Konzerns ein Referat hielt zum Thema »Der Trainer als Psychologe«.

Jene sieben Visionen, die Ottmar Hitzfeld einst beim SC Zug zu ersten Trainererfolgen führten und an denen er heute noch bei den Münchner Bayern festhält, verdichteten sich im Laufe der Zeit zu einem philosophischen Konzept. Einer der Grundsteine dieser Fußballphilosophie ist Hitzfelds positives Denken, wahrhaftig nichts Neues, aber im Zusammenspiel mit anderen Wesenszügen sehr wirksam. Als Trainer in Aarau realisierte er, dass sein Spieler Charly Herberth, den damals niemand für einen außergewöhnlich begabten Fußballer hielt, ein Jahressalär von 360 000 Franken bezog, im Vergleich zu den übrigen Spielern ein hohes Gehalt. Hitzfeld war klar, dass er Herberths Lohn nicht kürzen konnte, also drehte er den Spieß um, der Trainer verstand es, seinen hoch dotierten Spieler derart positiv zu motivieren, dass dieser seine Leistung spürbar steigern konnte und zur Begeisterung der Zuschauer den Part eines wertvollen Dirigenten im Mittelfeld spielte. Obendrein animierte ihn Hitzfeld zudem, eine Matchzeitung herauszugeben.

Ein anderes Beispiel belegt den positiven Umgang Hitzfelds mit seinen Spielern. Im Champions-League-Spiel des FC Bayern gegen Manchester United vom 20. November 2001 – die Partie endete 1 : 1 – kam es acht Meter vor dem ManU-Tor zu einem indirekten Freistoß, weil Torwart Fabien Barthez den Ball zu lange festhielt. Stefan Effenberg vergab die ausgezeichnete Bayern-Chance, er schoss den Freistoß über das Tor. Am Tag danach die Mannschaftssitzung, Rückblick auf das ManU-Spiel. »Wie sollte ich mich Stefan gegenüber verhalten?«, fragt Ottmar Hitzfeld. »Ihn zusammenstauchen, ihm die vergebene Chance wie eine klaffende Wunde vor Augen führen?« – Für Ottmar Hitzfeld keine Frage. »Stefan wusste doch ganz

Der Trainer als Psychologe

1. Sicherheit
2. Selbstvertrauen
3. Beziehungsebene
4. Klima schaffen
5. Anteilnahme
6. Gespräch

Voraussetzungen schaffen
Disziplin u. Ordnung

Der Trainer als Psychologe im Training

1. Trainingsprogramm (was, wie, warum)
2. Verhalten beeinflußen
3. Unterstützung / Hilfestellung
4. Loben u. Anspornen, d.h. motivieren
5. Vertrauen zeigen ⇒ Sicherheit u. Selbstvertrauen

Der Trainer als Psychologe vor dem Spiel

1. Spielersitzung 1/3 Gegner, 2/3 eigene Mannschaft
2. Mut oder Unterschätzung warnen
3. Anspornen, motivieren, Vertrauen zeigen,
4. Identifikation jedes Spielers mit Mannschaft
5. Schwierigkeiten vorbereiten

Der Trainer als Psychologe im Spiel

1. Beruhigung / Aufmunterung <u>während des Spiels</u>
2. <u>Halbzeit</u>: konstruktive Kritik, Lob,
3. Aufmunterung, Leichtsinn warnen

Der Trainer als Psychologe nach dem Spiel

1. Gratulation nach guten Leistungen
2. nach gewonnenem Spiel: Euphorie dämpfen / aber Lob u. Anerkennung
3. nach verlorenem Spiel: Ruhe u. Entkrampfung // Kritik u. Vorwürfe

genau um seine Unzulänglichkeit, also machte ich ihn auf etwas aufmerksam, das er nicht sah: links wäre Sergio frei gestanden, rechts Elber. Ich spürte, Stefan konnte meine Worte aufnehmen, weil ich ihm im Hinblick auf eine nächste ähnliche Situation Möglichkeiten aufzeigte und zugleich die Wahrnehmungskraft der gesamten Mannschaft aktivierte.«

Sich mit einem anderen Menschen positiv verbinden und ihm dadurch all seine wertvollsten Kräfte entlocken. Genau dies versucht Ottmar Hitzfeld: »Ich will alle Energien eines einzelnen Spielers zum Fließen bringen. Die Kraftfelder der einzelnen Spieler werden in der gesamten Mannschaft zu einem großen Interaktionsfluss führen, mit dem gemeinsamen Ziel, das Spiel zu gewinnen. Der alte Spruch von Sepp Herberger »Elf Freunde müsst ihr sein« findet in diesen Überlegungen seine moderne Fortsetzung. »Der Erfolg hängt von der Qualität der Beziehungen in der Truppe ab«, lehrt Hitzfeld, »deshalb steht für mich der Spieler mit seinen Fähigkeiten im Vordergrund, nicht das System. Ich hätte gerne – wie in Aarau – auch mit den Grasshoppers Pressing gespielt, aber ich hatte die entsprechenden Spieler nicht dazu.«

Wie sehr die positive Ausstrahlung von Ottmar Hitzfeld auch Journalisten gegenüber wirken kann, erklärt der Gründer der Westschweizer Sportinformation Jacques Ducret: »Hitzfeld verbreitet eine gewinnende Aura. Wenn man mit ihm ins Gespräch kommt, fühlt man sich stets gut, ernst genommen und – je länger das Gespräch dauert – zunehmend kompetenter.« Bayern-Arzt Dr. Hans-Wilhelm Müller-Wohlfahrt erklärt: »Ottmar Hitzfeld ist der ideale Coach für einen Teamarzt, er hinterfragt, redet mir aber nicht dazwischen, wie ich es von Trainerseite schon erlebt habe, er gibt mir das Gefühl, wichtige Arbeit zu leisten. Da er selber Fußballer war, betrachtet er die Verletzung eines Spielers aus dieser Warte. Er sieht den Menschen, der verletzt und nicht die Maschine, die defekt ist.« Es kann allerdings auch gefährlich sein, in jeder Situation nur immer positiv zu denken, weil damit unliebsame Tatsachen nicht analysiert, sondern vor lauter positiver Beschwörung unter den Teppich gekehrt werden können. Matthias Sammer hätte als Spieler bei Auseinandersetzungen mit Trainer Ottmar Hitzfeld sich seinen Chef ab und an offener gewünscht: »Mir wäre hilfreicher gewesen, er hätte bestimmte Themen direkter und deutlicher angesprochen. Oft kam kein Lernprozess zwischen uns in Gang. Hitzfeld ließ es nicht zum Vulkanausbruch kommen, er hat Konflikte um des Friedens willen nicht bis auf ihren Grund ausgelotet.«

Ein eigenes Zitat aus dem Jahre 1985 bringt eine weitere Facette der Fußballphilosophie von Trainer Hitzfeld zum Ausdruck: »Für mich ist nicht derjenige Spieler der schuldige, der einen Fehler macht, sondern sein Mitspieler, der diesen Fehler nicht kommentarlos ausbügelt.« Damit brachte Hitzfeld in Aarau die Fachjournalisten zum Nachdenken. In einem Spiel des FC Aarau gegen Xamax Neuenburg schlug Rolf Osterwalder unbedrängt einen Ball über die eigene verlängerte Torlinie. Allen war klar: Den anschließenden Eckball musste Verteidiger Markus Schärer abwehren, es gelang ihm nicht, Tor für die Neuenburger. Nach dem Spiel die kritische Frage an Trainer Hitzfeld zur angesprochenen Szene. Erstaunte Gesichter bei den Journalisten nach der Antwort von Hitzfeld: »Osterwalder hat die Ecke verursacht, er hätte den Ball anders spielen können, also ist er es, der letztlich verantwortlich war für das Tor.«

Zu Hitzfelds fußballphilosophischer Grundhaltung gehört es, selbständig zu denken und zu handeln. »Die Erwartungen an mich sind seit meiner Zeit als Trainer in Zug bis zum Cheftrainer bei Bayern München ins Unermessliche gestiegen«, bilanziert Ottmar Hitzfeld. »Als mein Vater noch lebte, rief er mich oft vor einem Bundesligaspiel an und erteilte mir voller Eifer und in seiner ihm eigenen Liebenswürdigkeit Ratschläge, wen ich aufstellen und wen ich doch lieber auf die Bank setzen solle. Ich spürte stets die Erwartungen, die er aber nie direkt aussprach. Dazu kommen Woche um Woche auch diejenigen der Spieler – jeder will doch in die Startaufstellung, die Klubleitung spricht ihre präzisen Vorstellungen genauso aus wie die Sponsoren, und in München spürst du den Druck von 8 Millionen Bayern-Fans im Nacken.«

Hitzfelds Erfolge basieren auch auf seiner Praxis der Selbstkritik. Normalerweise kam Thomas Tschuppert vom FC Aarau als Joker aufs Feld. Zu seinem 300. Einsatz nahm ihn Ottmar Hitzfeld in die Startformation und übertrug ihm gleich auch noch das Amt des Kapitäns. Nach zehn Minuten führte Gegner Lausanne bereits mit 2 : 0. Tschuppert war vollkommen von der Rolle, machte einen Fehler nach dem andern, ausgerechnet in seinem Jubiläumsspiel. Plötzlich stand Hitzfeld auf, winkte Tschuppert an die Seitenlinie, um das Spiel kümmerte sich der Trainer für die nächsten Augenblicke nicht mehr, Spannung auf der Tribüne, muss Jubilar Tschuppert schon wieder raus? Nach einer kurzen Erklärung schickte Hitzfeld den sichtlich neu motivierten Tschuppert wieder ins Spiel zurück. Aarau spielte nun wesentlich besser, verlor aber dennoch 2:3. Nach der Partie lüftete Aaraus Trainer das Geheimnis um das außergewöhnliche Gespräch an der Seitenlinie: »Nach der katastrophalen Leistung von Tschuppert schon in den ersten zehn Minuten musste ich reagieren. Thomas war völlig überfordert. Die Zuschauer dachten wohl, ich würde ihn aus dem Spiel nehmen, das wollte ich nicht, ich wollte ihm sein Fest nicht verderben. Die Leistung von Tschuppert ging auf meine Fehleinschätzung, ich habe ihm zu viel aufgebürdet. Ich sagte ihm: Thomas, das Ganze ist mein Fehler, du bist an den beiden Toren nicht schuld, du spielst weiter, auch wenn wir am Ende 0:5 verlieren.«

Der in Algerien geborene französische Schriftsteller Albert Camus bekannte: ›*Was ich über Moral und Verpflichtungen auf lange Sicht am sichersten weiß, verdanke ich dem Fußball.*‹ Er musste es wissen, stand er doch 1930 in Algier als Torhüter für Racing Universitaire zwischen den Pfosten, ehe er seine Laufbahn wegen einer Tuberkuloseerkrankung aufgeben musste. Ottmar Hitzfeld kann Camus nur beipflichten. »Der Fußball bietet eine ganze Palette von Möglichkeiten, bestimmte Werte einzuüben: Respekt dem Gegner gegenüber zu zeigen, sich Ziele zu setzen und Wege zu überdenken, sie zu erreichen, mit Niederlagen und Enttäuschungen umzugehen, einen Zugang zum eigenen Körper zu finden, Emotionen wie Neid,

Aggressionen oder Schadenfreude fruchtbringend zu bearbeiten – noch konkreter: Wenn ich grob gefoult werde, muss ich mich doch nicht zwingend bei nächster Gelegenheit mit einem noch übleren Foul revanchieren, auf diese Weise wird bloß die Spirale der Gewalt hoch gedreht, bis sie schließlich auf die Zuschauerränge überschwappt.«

In der Tat, Ottmar Hitzfeld ist in der Ausübung seines Berufes kein Handwerker. Die Art und Weise der Interpretation und der praktischen Umsetzung seines philosophischen Credos auf dem Rasen erhebt ihn zur Ehre, ein Künstler zu sein, denn wie Ottmar Hitzfeld in der Schweiz und in Deutschland als Trainer über Jahre hinweg immer wieder junge Menschen aus aller Welt zu einem erfolgreichen Team formt, ist nicht beliebig reproduzierbar. Das konnte er nicht lernen. Das ist er selber.

Vor allem Journalisten aus der französisch sprechenden Schweiz waren begeistert von der intelligenten Spielweise Hitzfelds. »Für uns Westschweizer war da ein Deutscher am Werk, der die Leichtigkeit und die spielerische Unbekümmertheit des lateinischen Fußballs spielen ließ«, schwärmt Edouard Stutz. »Hitzfeld galt in der Westschweiz als Hoffnungsträger, seine Spieler agierten wie in einem Symphoniekonzert.« Kommt hinzu, dass sich der Trainer aus der Deutschschweiz und die Journalisten aus dem westlichen Teil der Schweiz blendend verstanden. Hitzfeld: »Die Romands begriffen sehr viel von Taktik und forderten mich mit ihren Fragen oft zu einem spannenden Schlagabtausch heraus.« Stutz erzählt von einem Interview, das er als Dolmetscher für einen Lausanner Kollegen mit Ottmar Hitzfeld geführt hatte. »Hitzfeld konnte mit GC leider nicht mehr unbekümmert Pressing spielen, das hat meinen Westschweizer Journalistenkollegen zur kritischen Bemerkung verleitet: ›Mais dis lui que c'est de la merde, ce que lui a fait cette saison!‹ Ich genierte mich, die Aussage meines Kollegen auf Deutsch zu formulieren, Hitzfeld merkte, dass ich drauf und dran war, ihm eine Frage zu unterschlagen, also übersetzte ich, Hitzfeld lehnte sich zurück, schwieg für Sekunden und sagte dann: ›Ihr Kollege hat Recht! Ich konnte in diesem ersten Jahr mit den Grasshoppers nicht mehr jenen begeisternden Fußball spielen, der mich in der Schweiz bekannt gemacht hat. Hier in Zürich werde ich an Resultaten gemessen und die braucht nicht nur die GC-Führung, die brauche auch ich, wenn ich mich als Trainer für höhere Aufgaben qualifizieren will.‹«

Dass die Schweiz bei der Weltmeisterschaft von 1994 in den USA eine gute Figur machte – sie überstand die Gruppenspiele mit einem 1:1 gegen die USA, einem 4:1 gegen Rumänien, einem 0:2 gegen Kolumbien und schied im Achtelfinale gegen Spanien mit 0:3 aus –, führt Edouard Stutz unter anderem auch auf die Spuren zurück, die Ottmar Hitzfeld als Trainer bis 1991 in der Schweiz hinterlassen hat. »Er hat dem Schweizer Fußball einen spürbaren Schub an Selbstbewusstsein gegeben.«

Seine Arbeit als Grasshopper-Trainer schloss Ottmar Hitzfeld 1991 mit einem weiteren Meistertitel ab. Einen Spieltag vor Schluss lag sein Team mit einem Punkt Vorsprung gegenüber dem FC Sion auf dem ersten Platz. Die Dramaturgie des Spielplans wollte es, dass eben gerade die Walliser zum letzten Spiel nach Zürich reisen mussten. Nach einem spannenden und – wie meistens gegen den FC Sion – hektischen Spiel siegten die Zürcher 3:2, zweimal vermochten die Sittener eine Zürcher Führung auszugleichen. Der Argentinier Adrian De Vicente schoss das erlösende dritte Tor für die Grasshoppers. Über 20 000 Zuschauer kamen auf den Hardturm. Bei der Verabschiedungszeremonie klatschten sie Ottmar Hitzfeld Beifall, herzlich, aber nicht überschäumend.

Das vereinsinterne GC-Magazin verabschiedete Hitzfeld mit der Feststellung, er gehe als einer der erfolgreichsten GC-Trainer in die Annalen ein. Noch einmal nahm die Stadionzeitung jenes Thema auf, welches die Arbeit von Ottmar Hitzfeld auf dem Hardturm wie eine Hintergrundmusik begleitet hatte: *Sein vor drei Jahren vollzogener Wechsel zu GC war seitens der Klubverantwortlichen und Fans verbunden mit der Hoffnung, dass fortan auf dem Hardturm das Spektakel wieder Heimspiel für Heimspiel auf dem Programm stehen würde. Diese Erwartungen konnte Ottmar Hitzfeld aus verschiede-*

nen Gründen, die sicher nicht alle in seiner Person begründet waren, nicht erfüllen. Aber er war erfolgreich. Eigentlich ungerecht, dass man auf dem Hardturm nur Spektakel forderte und sich nicht am Erfolg der Mannschaft und des Trainers freuen konnte. Wie wär's denn, wenn die Zuschauer in Zukunft den Spieß umdrehen würden, d. h. in die Offensive gingen, indem sie Spiel für Spiel das Stadion füllen und die Akteure zu Spektakel animieren würden?

Viel Glück Ottmar und ein herzliches Dankeschön. Es war angenehm, mit dir zusammenzuarbeiten.

Kapitel 9

Dortmund

1991–1998

»Wat wollt ihr mit diesem ›Schweizer‹?«

Wenn ein Team erfolgreich ist, frage ich mich immer zuerst: Wer ist sein Trainer? Derart fiel meine Aufmerksamkeit erstmals auf Ottmar Hitzfeld, als er Borussia Dortmund betreute. Ich verfolgte ihn an der Seitenlinie, offensichtlich ein Mann voller Leidenschaft, aber mir fiel auch auf: Nicht gerade der glücklichste Mensch. Sogar wenn sein Team ein Tor schoss, hellte sich seine finstere Miene kaum auf. Blasiertheit war weit weg von ihm, ich stellte fest: Hier ist ein Mann, der Fußball 100 Prozent ernst nimmt – ich mochte das.

Als wir in der Saison 96/97 im Champions-League-Halbfinale aufeinander trafen, sprach ich mit Leuten von Dortmund, und alle sagten, welch guter Mann er sei und dass auch ich ihn mögen werde. So war es auch. Wir hatten enttäuschende Resultate gegen Dortmund, verloren beide Spiele 0 : 1, aber nach dem Spiel im Old Trafford kam Ottmar Hitzfeld zu mir und gab zu, dass sein Team Glück in Anspruch nehmen musste. Er bedankte sich gleichzeitig für das faire Auftreten meiner Mannschaft und für den Professionalismus und die Integrität, die wir während des Spiels an den Tag gelegt hatten, und fügte an, ein derartiges Spiel ohne Gehässigkeiten, darauf könnten wir stolz sein.

Im Finale trafen sie auf Juventus Turin. Wir hatten in dieser Saison auch gegen Juventus gespielt, und um ehrlich zu sein, ich dachte, die Italiener würden Dortmund im Finale schlagen. Aber man darf eben nie die Taktik und die Schachzüge eines deutschen Teams im Finale unterschätzen. Wie auch immer, sie gewannen verdient 3:1. Meine Bewunderung für Ottmar Hitzfeld wurde dadurch noch größer.

Ich sandte ihm ein Glückwunschtelegramm und betonte, dass das, was er erreichte, vor allem Wert bekommt, durch das Wie und das Gegen-wen.

Unsere Wege kreuzten sich zwei Jahre später erneut. Ottmar war bereits in Diensten des FC Bayern München. Wir trafen uns in den Gruppenspielen der Champions League. Zu diesem Zeitpunkt hatten wir bereits ein gutes Einvernehmen, und Manchester schnitt diesmal auch besser ab, wir trennten uns zweimal unentschieden. Zwei sehr gute Spiele von zwei Teams mit großer Tradition.

Das nächste Aufeinandertreffen war im unvergesslichen Finale in Barcelona, als wir in den letzten Minuten zwei Tore zu einem unglaublichen Sieg schossen. Ottmar – wie auch seine Spieler – mussten ausgebrannt sein, und wenn ich in seine Augen sah, hob ich nur meine Schultern und vermittelte ein wenig Sympathie für seine momentanen Gefühle. Doch seine Enttäuschung hinderte ihn nicht daran, uns zu gratulieren. Dies allein zeigt seine Größe.

In der darauf folgenden Saison besuchte ich in Glasgow das Spiel der Rangers gegen Bayern. Er sandte einen Wagen mit seinem Pressechef, Markus Hörwick, um mich zu treffen. Nach dem Spiel kamen einige der deutschen Spieler auf mich zu, um mir die Hand zu schütteln – unter ihnen auch der Kapitän Stefan Effenberg. Dies sagt viel über die Führungsstärke von Ottmar Hitzfeld.

Wir kennen uns nun sehr gut, das letzte Mal trafen wir uns bei einer Trainertagung in Genf. Er ist ein ruhiger, aber starker Mann. Ich kann mir vorstellen, dass er seinen Gleichmut kurz verliert, aber seine Fassung unmittelbar wiedergewinnt. Ein Knall, und dann ist alles vergessen – wohl ein bisschen wie ich. Dies ist wohl einer der Gründe, wieso wir die gleiche Wellenlänge haben!

Sir Alex Ferguson, Trainer Manchester United

Samstag, 16. Mai 1992, 17.11 Uhr, Wedaustadion in Duisburg: Der 38. und letzte Spieltag der Meisterschaft 1991/92 in der Bundesliga, 30175 Zuschauer, ausverkauft. Eintracht Frankfurt, der VfB Stuttgart und Borussia Dortmund mit je 50 Zählern punktgleich an der Tabellenspitze, so etwas hatte es bis dahin in der Geschichte der Bundesliga noch nicht gegeben. Der letzte Durchgang, die Ruhrpottelf führte im Auswärtsspiel gegen den MSV Duisburg seit der 9. Minute durch ein Tor von Stéphane Chapuisat mit 1:0. Noch vier Minuten bis zum Abpfiff. Eintracht Frankfurt – vor dieser Schlussrunde mit dem besten Torverhältnis aussichtsreichster Kandidat auf den Meistertitel – mit 1:1 in Rostock in Schwierigkeiten, 1:1 auch zwischen dem zweitplatzierten VfB Stuttgart und Leverkusen, die Borussia in der 86. Minute aktueller deutscher Meister, Ottmar Hitzfeld stand vor dem größten Triumph seiner Laufbahn, im nächsten Moment ein Aufschrei im Wedaustadion: In Leverkusen brachte Guido Buchwald mit einem Kopfballtor den VfB Stuttgart 2:1 in Führung, 20000 BVB-Fans in kollektiver Verzweiflung, lähmendes Entsetzen auf der Dortmunder Trainerbank, Schluss auf allen Plätzen. Aus der Traum. Das bessere Torverhältnis machte den VfB Stuttgart zum Meister, Borussia Dortmund bloß Zweiter. Trainer Hitzfeld deprimiert, am Boden zerstört, nur ein Gedanke schwirrte ihm ständig im Kopf herum: Wann willst du denn noch deutscher Meister werden, wenn du es jetzt nicht geschafft hast? So nahe kommst du nie mehr ran! Ganz Hitzfeld, ganz Gentleman, steckte er die Enttäuschung weg, eilte gefasst Richtung Kabine, nicht ohne auf dem Weg dorthin ein paar Autogramme zu geben.

Auf der Heimfahrt im Mannschaftsbus saß BVB-Präsident Dr. Gerd Niebaum neben seinem Trainer und tröstete ihn: »Herr Hitzfeld, wer weiß, wozu es gut ist, dass wir nicht Meister wurden.« Ottmar Hitzfeld hörte die Worte wohl: »Niebaum meinte es gut mit mir, er bewahrte Ruhe, versuchte, mich aufzurichten, aber ich war dennoch untröstlich.«

Auch im fernen Lörrach brachte die unerwartete Konstellation am Ende der ersten Saison viele Leute vor die Fernsehschirme, allen voran die Familie Hitzfeld. Während Vater Robert und die Geschwister Winfried und Vroni bei Bernd die Partie Eintracht Frankfurt gegen Hansa Rostock im Kabelfernsehen mitverfolgten und sich gleichzeitig via Radio über die anderen Spiele auf dem Laufenden hielten, hörte Mutter Erika das packende Meisterschaftsfinale zu Hause am Hörfunk mit. Vater Hitzfeld, natürlich stolz auf seinen Sohn, aber trotzdem ganz Experte mit klarem Durchblick: »Ottmar, die zwei verlorenen Punkte beim Startspiel in Karlsruhe haben dich die Meisterschaft gekostet!«

Ein Jahr zuvor hätten sie mit dem Finger an die Stirn getippt, hätte sich auch nur ein Einziger zur Behauptung verstiegen, der BVB würde nach dem ersten Jahr der Ära Hitzfeld den Meistertitel um lächerliche vier Minuten verfehlen. Zwar schöpften die Fans nach der Entlassung des glücklosen Horst Köppel und vielleicht auch aufgrund eines irrationalen Kredits für den Unbekannten aus der Schweiz leise Hoffnung – über 12 000 Dauerkarten wurden verkauft, Bundesligarekord. Die zarten Aufbruchgefühle zerschlugen sich aber schnell, drei Punkte aus zwei Partien, ein kurzes Strohfeuer zum Auftakt, schon war die Luft raus, Schwarz-Gelb stolperte von Niederlage zu Niederlage: 1:5 in Rostock, 2:5 beim ewigen Rivalen Schalke 04, 0:4 in Kaiserslautern, 0:3 in Frankfurt und als Zugabe auch noch die Pokal-Niederlage gegen den Zweitligisten Hannover 96. Wie in aller Welt konnte die BVB-Spitze einen Mann wie Ottmar Hitzfeld mit dem Trainerposten von Borussia Dortmund betrauen? Sollte es weitergehen wie zuletzt unter Horst Köppel?

1987 war Michael Meier noch Manager in Leverkusen, Ottmar Hitzfeld trainierte mit Erfolg den FC Aarau. Meier suchte einen neuen Trainer für Bayer Leverkusen. »Ich hatte Kontakte zu René C. Jäggi – Schweizer Geschäftsmann und heutiger Vorstandsvorsitzender des 1. FC Kaiserslautern –, der sagte mir: ›Schreib dir zwei Namen auf, der eine lautet Heinz Herrmann, das ist ein erstklassiger Mittelfeldspieler mit dem Rüstzeug, ein guter Trainer zu werden, und der andere ist Ottmar Hitzfeld, Trainer des FC Aarau.‹ Herrmann war in der Schweiz ein hoch bezahlter Spieler, wir konnten ihm sein Gehalt schlicht nicht bezahlen, also traf ich mich mit Hitzfeld am Flughafen in Zürich. Ich flog mit dem Gefühl nach Deutschland zurück, einen riesigen Fehler zu machen, Hitzfeld nicht gleich zu verpflichten. Der Entscheid fiel allerdings nicht leicht, im Rennen befand sich auch noch ein Schwergewicht namens Rinus Michels. Hitzfeld wusste, dass wir auch mit dem Holländer verhandelten. Im Vorstand checkten wir die beiden Kandidaten nochmals gründlich durch und setzten dann auf die Karte Michels, er hatte mehr Erfahrungen im Geschäft.« Ottmar Hitzfeld respektierte die Entscheidung aus Leverkusen. »Ich spürte, dass Michael Meier die Absage an mich bedauerte, am Telefon meinte er viel sagend, man sieht sich immer zweimal im Leben!«

Dann herrschte Funkstille zwischen Meier und Hitzfeld, bis Anfang Mai 1991. In gegenseitigem Einvernehmen trennte sich der BVB im Hinblick auf die neue Saison von seinem Trainer Horst Köppel. »Wir hatten richtig Zeit, in Ruhe einen neuen Trainer zu suchen«, erklärt Meier, »im Vorstand erstellten wir eine Liste mit 80 Namen, darunter bekannte Leute wie Rehhagel, Olson, Schäfer, Berger, Ivic und Daum. Bei der ersten Auswahl spielte Hitzfeld noch keine Rolle, außer mir war er allen Entscheidungsträgern unbekannt.« Der Vorstand lud in der Folge einige Trainerkandidaten zu Gesprächen ein. Die Schweizer Zeitung »Sport« wusste in ihrer Ausgabe vom 31. Mai 1991 von drei Top-Anwärtern auf den Trainerjob bei den Dortmundern zu berichten: Tomislav Ivic (Atletico Madrid), Winfried Schäfer und – als Geheimfavorit – Ottmar Hitzfeld. »Ich brachte dann im Vorstand ein, Hitzfeld vor vier Jahren schon einmal kontaktiert zu haben, und schlug vor, ihn zum Gespräch einzuladen«, erzählt Meier weiter, »ich selber habe von Anfang an auf Hitzfeld gesetzt.« Als der Anruf aus Dortmund kam, erinnerte Ottmar Hitzfeld Manager Meier an dessen Ankündigung von 1987: »Ich wusste, dass Sie anrufen!« Meier staunte: »Hitzfeld wirkte unterkühlt, jedenfalls zeigte er seine Freude nicht, erklärte mir vielmehr, er müsse die Grasshoppers-Verantwortlichen fragen, ob er verhandeln dürfe, da sein Vertrag noch bis ins nächste Jahr weiterlaufe. Das fand ich schon ungewöhnlich, dass ein Trainer noch diesen Anstand hatte.«

Das Problem einer vorzeitigen Vertragsauflösung stellte sich in Zürich nur theoretisch. Inzwischen hieß der neue Präsident von GC Benno Bernardi, ein Mann, der in Sachen Fußball nicht sehr kundig war. Er machte Manager Erich Vogel zum Geschäftsführer und engsten Berater. Vogels Position war jetzt stark wie nie zuvor. Würde Hitzfeld gehen, konnte sich Vogel praktisch im Alleingang einen neuen Trainer nach seinen Vorstellungen aussuchen. Vogel ließ generös verlauten, man wolle Hitzfeld nicht die Chance verbauen, im Lande des aktuellen Weltmeisters tätig werden zu können. Der GC-Manager war von Hitzfelds Bundesligatauglichkeit überzeugt. Großzügig wollte sich Vogel auch in Sachen Abfindung geben, keine Rede von einer Ablösesumme, aber zu einem Freundschaftsspiel zwischen GC und dem BVB mit Einnahmen für die Zürcher sollte es gelegentlich kommen. Ein Grund für die wohlwollende Zustimmung zum Wechsel ins Ausland könnte auch in der Einsparung des jährlichen Gehalts für Hitzfeld gelegen haben, die »Basler Zeitung« veröffentlichte einen Betrag von über 400 000 Franken und zitierte dazu den Betroffenen gleich selbst: ›*Der Dortmunder Vertrag wäre nicht schlechter als der bei GC.*‹

Als Letzter der in die engere Wahl gekommenen Kandidaten für den frei gewordenen Trainerposten bei Borussia Dortmund stellte sich Grasshoppers-Trainer Ottmar Hitzfeld dem BVB-Präsidium vor. Auf Seiten der Dortmunder Vereinsführung fanden sich zum Verhandlungsgespräch im Hotel »Lennhof« ein: Präsident Dr. Gerd Niebaum, Vizepräsident Ernst Breer, Manager Michael Meier und Schatzmeister Jürgen Freundlieb. »Ottmar Hitzfeld hat uns seine fußballerische Laufbahn geschildert«, erinnert sich Präsident Niebaum. »Eine blitzsaubere, intelligent angelegte Karriere! Hitzfeld trat sehr selbstbewusst auf, ich habe gemerkt, dass er von der Ratio gesteuert ist, das hat mir gefallen, denn zu einem temperamentvollen Verein wie dem BVB passte ein Kopfmensch ganz gut.« Ein bemerkenswertes Detail zur Wahl: Insgeheim zog Niebaum bald schon nach Bekanntwerden der Kandidatur Hitzfeld den scheidenden Trainer Horst Köppel zu Rate, mit dem er befreundet ist. Köppel plädierte dezidiert für Hitzfeld.

Nach dem Vorstellungsgespräch und einem Mittagsessen im »Lennhof« boten Niebaum und Meier ihrem Gast aus der Schweiz auf einer Autofahrt einen Eindruck von der Landschaft um Dortmund. »Natürlich fuhren wir auch durch die Industriegebiete«, sagt Niebaum, »wir wollten Ottmar Hitzfeld aber auch die wunderschöne Landschaft im Süden von Dortmund zeigen, um dem Vorurteil des schmutzigen Kohlenpotts etwas den Wind aus den Segeln zu nehmen.« Zum Abschluss folgte der Höhepunkt der nachmittäglichen Fahrt, ein Akt von beinahe religiöser Dimension. Niebaum und Meier führten ihren Gast auf den Borsigplatz, die Wiege des Fußballklubs Borussia Dortmund. Ottmar Hitzfeld hörte sich beinahe andächtig eine Kurzfassung der Gründungsgeschichte der Borussia an. Abwechselnd, als hätten sie es einstudiert, fingen Präsident und Manager an zu erzählen, von Pater Dewald, dem Geistlichen von der Dreifaltigkeitsgemeinde und Leiter der dortigen Jünglingssodalität, der von der Kanzel herunter predigte, der Fußballsport verrohe die Jungen und übe einen schlechten Einfluss auf sie aus, vom Weltenbummler Reinhold Richter, von den Brüdern Jacobi, von Heinrich Unger, die zusammen mit zwanzig Getreuen am 19. Dezember 1909 aus innigster Liebe zum Fußball wutentbrannt und aus Zorn über Pater Dewalds beleidigende Worte über ihren Lieblingssport den Mut aufbrachten, sich von der Dreifaltigkeitsgemeinde zu lösen und den BVB zu gründen.

Wenige Tage nach dem letzten Vorstellungsgespräch wählte das Präsidium Ottmar Hitzfeld einstimmig zum neuen Trainer des Ballspielvereins Borussia Dortmund und stattete ihn mit einem Vertrag für die nächsten zwei Jahre aus. Auch Vize Ernst Breer votierte schließlich für Hitzfeld, aber erst nachdem er mehr schmunzelnd als ernsthaft feststellte: »Hitzfeld wäre eher der Typ Wirtschaftsführer. So wie er auftritt, mit Krawatte und einer bestechenden Rhetorik, passt er gar nicht recht in die Landschaft hemdsärmliger und oft polternder Bundesligatrainer.«

Einer, den es mit besonderem Stolz erfüllte, dass sein Freund Ottmar eine Berufung nach Deutschland erhielt, war Miklos Szvircsev. Zusammen mit den Spielern des SC Zug, die unter Hitzfeld 1984 den Aufstieg in die Nationalliga A schafften, ließ sich Szvircsev eine Verabschiedung der ganz besonderen Art einfallen. Als die Verpflichtung Ottmars für den BVB beschlossene Sache war, rief er den designierten Borussen-Trainer an, schlug ihm vor, sich doch noch einmal zu treffen, bevor man sich vielleicht in den kommenden Jahren nicht mehr so oft sehen könne. Ottmar Hitzfeld sagte gerne zu. Die beiden Freunde trafen sich am 19. Juli 1991 in einem gediegenen Raum des Luzerner Restaurants »Klosterhof«. Szvircsev und Hitzfeld setzten sich an einen kleinen Tisch, bestellten ein Bier und wollten, die glückliche Zeit beim SC Zug hochleben lassen. Dazu kamen die beiden aber erst gar nicht, schon tauchte Markus Schärer auf, der im Aufstiegsjahr Kapitän der Zuger Mannschaft war, Hitzfeld freute sich und glaubte an Zufall, fünf Minuten später erschien der nächste Spieler des glorreichen 1984-er-Teams, ein Blick zu Szvircsev, Ottmar Hitzfeld ahnte richtig: Einzeln, im Abstand von einigen Minuten, traten Ottmar Hitzfelds einstige Spieler in den Saal, als zweitletzter erschien Paul Wolfisberg, Hitzfelds Trainer beim FC Luzern, ehe der glänzend eingefädelte Aufmarsch seinen Höhepunkt erreichte: Den Raum betrat feierlich der legendäre SC-Zug-Präsident Werner Hofstetter, an seinem rechten Arm Beatrix Hitzfeld, begeisterter Applaus. Unter dem Titel »Viel Glück Ottmar, Beatrix und Matthias für das Abenteuer Dortmund« bereiteten die Spieler des SC Zug ihrem ehemaligen Trainer ein liebenswürdiges Abschiedsfest.

Ottmar Hitzfeld wusste sehr wohl, worauf er sich mit seinem Engagement bei Borussia Dortmund einließ. 25 Trainer in ebenso viel Bundesligajahren versuchten vor ihm ihr Glück bei der Ruhrpottelf, darunter bekannte Fußballlehrer wie Lattek, Feldkamp, Zebec, Ribbeck oder Csernai. In der Saison 1990/91 wiesen nur die Absteiger Hertha BSC Berlin und Uerdingen eine noch schwächere Heimbilanz auf als die Dortmunder, die in 17 Heimspielen ganze vier Siege zu stande brachten. In Stuttgart saß Hitzfeld auf der Tribüne und musste mit ansehen, wie der Klub, bei dem er vor Jahren auf Torjagd war, seine zukünftige Mannschaft mit 7:0 abfertigte. Sein klarer, analytischer Blick führte ihm deutlich vor Augen: Die körperliche Verfassung der BVB-Profis war alles andere als bundesligatauglich, im taktischen Bereich herrschten enorme Defizite, und die Einsatzbereitschaft ließ schwer zu wünschen übrig.

Für viele der 650 000 Menschen, die 1991 am östlichen Rande des Ruhrgebietes lebten, bot die Arena des Westfalenstadions mit der berühmt-berüchtigten Südkurve Samstag für Samstag die einzige Freude in einem Leben ohne viel Abwechslung und – für 12 Prozent unter ihnen – auch ohne Arbeit. Dass der Fußball in einem solchen Umfeld zum Lebensinhalt werden kann, war auch Ottmar Hitzfeld klar. Er musste die Rolle des Hoffnungsträgers wohl oder übel annehmen, schreckte aber vor der Herausforderung nicht zurück. Er ist der Pokertyp mit dem Hang zum Risiko geblieben. Endgültig dürfte ihm ein Stein vom Herzen gefallen sein, als er die Borussia im Westfalenstadion im letzten Bundesligaspiel gegen St. Pauli siegen sah. Erst damit war das Gespenst des Abstiegs für den BVB definitiv verscheucht, der eingefahrene 4:0-Sieg bedeutete, dass Hitzfeld die Dortmunder tatsächlich in der 1. Bundesliga trainieren durfte. »Ich war überwältigt von der grandiosen Stimmung im Stadion«, schwärmt Ottmar Hitzfeld, »mein Blick ging oft hinüber zur Trainerbank, und ich dachte: Dort stehst du bald als kleine Figur in diesem brodelnden Hexenkessel und wirst Entscheidungen treffen, fast empfand ich einen größeren Druck, als wenn ich Wochen später als Trainer wirklich dort stand.«

Wenn Ottmar Hitzfelds Gedanken von Zürich nach Dortmund vorausflogen, musste ihm beileibe nicht nur mulmig werden. Er durfte sich auch auf die einmalige Atmosphäre im Westfalenstadion freuen, von der er bei seinem ersten Besuch einen Vorgeschmack präsentiert bekam. Wie oft verbrachte er doch im 30 000 Zuschauer fassenden Zürcher Hardturm-Stadion vor einer stimmungslosen Kulisse von 3 000 oder – wenn es hoch kam – 7 000 Zuschauern triste Abende. »Im spärlich besetzten Stadion drang von der Tribüne herunter sehr deutlich vernehmbar die eine oder andere giftige Stimme an mein Ohr«, erinnert sich der einstige GC-Trainer. Bald durfte er regelmäßig vor einer Kulisse von 40 000 begeistert mitgehenden Fans eine Symphonie in Gelb-Schwarz dirigieren. Jedenfalls traute Hitzfeld seinen Augen nicht, als zum ersten Training 6 000 Schaulustige aufmarschierten.

Als die Fans von der Verpflichtung eines Mannes namens Ottmar Hitzfeld als neuem Trainer des BVB hörten, war die Stimmung mehr als durchwachsen. Spielte vor sieben Jahren nicht der Schweizer Andy Egli in Dortmund? Der wusste nicht zu überzeugen. Jetzt wieder ein Schweizer! »Es gibt welche, die haben bis heute nicht bemerkt, dass Ottmar kein Schweizer ist!«, so Michael Meier. »Die Fans waren überzeugt, wir hätten schlecht eingekauft.« Der Journalist Freddie Röckenhaus spricht von einer »eingebauten Überheblichkeit dem Schweizer Fußball gegenüber. Die Schweiz verband man mit einem Altersheim für Fußballer, Rummenigge spielte in seinen alten Tagen noch ein bisschen mit Servette Genf, und der alternde Netzer kickte bei den Grasshoppers, es herrschte eine grundsätzliche Skepsis, Fußball-Dortmund nahm die Verpflichtung von Hitzfeld gar nicht ernst, die Leute fragten: Seit wann sind denn die Schweizer gut genug für die Bundesliga? Hitzfeld war auch als Spieler in Deutschland nicht sehr bekannt, er war nicht einer der Großen.«

Gerd Niebaum bestätigte diese große Skepsis: »Kaum stand die Wahl Hitzfelds in den Zeitungen, musste ich mir am Telefon den geharnischten Protest vom Vorsitzenden eines Fanklubs anhören: Was uns im Vorstand eigentlich einfalle, einen Trainer aus der Schweiz zu verpflichten, wir würden damit den Verein zugrunde richten, das habe noch ein Nachspiel!«Alle Bitten der Verantwortlichen, Hitzfeld doch erst einmal eine Chance zu geben und ihm nicht mit Vorurteilen zu begegnen, kamen bei den Fans nicht an. Dem Vorstand wurde klar: Wenn wir jetzt nicht sofort handeln, entsteht ein gefährliches Vakuum! Die Chefetage reagierte schnell und berief eine Pressekonferenz ein.

Die Sonne strahlte an jenem Sonntag, 2. Juni 1991, über dem Ruhrgebiet. Die Swissair-Maschine SR 510 war eben auf dem Düsseldorfer Airport gelandet. Dem Flugzeug entstieg unter anderen auch der neue Cheftrainer von Borussia Dortmund. Im Wagen von Präsident Niebaum ging es gleich zur Pressekonferenz. Da saßen sie einander nun gegenüber, die Vorstandsmitglieder des BVB mit ihrem neuen Trainer Ottmar Hitzfeld auf der einen Seite, die Schar der Journalisten auf der anderen. Natürlich kannten sich die deutschen Medienvertreter im Schweizer Sport besser aus als die Fans, klar wussten sie um die führende Skination oder – wenn es um Fußball gehen sollte –, dass die kleine Schweiz bei einer WM die damalige großdeutsche Mannschaft mit 4:2 aus dem Turnier gekippt hatte. Aber das war 1938 in Paris.

Hitzfeld parierte die Fragen der Journalisten glänzend. Er hütete sich davor, von den Journalisten in eine heikle Lage versetzt zu werden. Im Vorfeld seiner ersten Begegnung mit dem Medientross in Dortmund bereitete der BVB-Vorstand seinen designierten Trainer auf alle möglichen Reporterfragen vor, nur an eine hatten die Herren erstaunlicherweise nicht gedacht: Herr Hitzfeld, was sind Sie für ein Trainertyp? »Ich bin autoritär, aber ich lasse mit mir reden!«, antwortete Hitzfeld. Michael Meier denkt an diese kurze Sequenz der Pressekonferenz zurück und wundert sich noch heute: »Hitzfeld erzählte mir, wie er in Zug, Aarau und Zürich einen sehr kollegialen Umgang mit seinen Spielern pflegte, und dann diese Antwort bei uns in Dortmund! Für einen Moment glaubte ich, während dieser Aussage die einzige Unsicherheit bei Hitzfeld ausgemacht zu haben.«

Hitzfeld erinnert sich genau an die Szene. »Unsicherheit nicht«, erklärt er den angesprochenen Punkt, »aber ich spürte bei dieser Aussage schon eine besondere Spannung, für mich war es neu, einen autoritären Führungsstil ankündigen und dann auch gleich praktizieren zu müssen, in der Schweiz war ich als Trainer mit allen Spielern per Du, gegen viele habe ich ja noch gespielt, jetzt war ich 42 Jahre alt, stand mit niemandem aus meiner neuen Mannschaft als Spielerkollege auf dem Platz, ich wollte auch und gerade in der Frage des Umgangs mit den Spielern eine Zäsur.« Hitzfelds Wandel in dieser Frage steht wohl auch im Zusammenhang mit dem kollegialen Führungsstil seines Vorgängers Horst Köppel, der damit kein Glück hatte. Ottmar Hitzfeld wusste das.

Die Presse reagierte auf die Äußerungen Hitzfelds gerade zu diesem Thema mit Zufriedenheit und Zustimmung. Wilfried Wittke schrieb in der »Westfälischen Rundschau«: *Hitzfelds Konzeption weckt Interesse auf seine Arbeit. In Dortmund weht künftig ein anderer, ein weitaus schärferer Wind. Denn Hitzfeld, hoch intelligent und entscheidungsfreudig, hat klare Vorstellungen.* In den »Ruhr-Nachrichten« war Peter Schütze überzeugt: *Ein solcher Mann tut in Dortmund bitter Not; denn das zurzeit spielerisch völlig heruntergewirtschaftete, konzept-, orientierungs- und führungslose Borussiateam braucht eine harte Hand und einen strengen Kurs, zugleich aber einen, der ihr völlig verschüttetes Selbstvertrauen neu aktiviert.* Zuerst erinnerte Uwe Bornemeier in seinem Kommentar im »Revier Sport« noch einmal an Horst Köppel und schrieb dann im Hinblick auf die neue Aufgabe von Hitzfeld: *Bei seiner wahrlich nicht leichten Aufarbeit des Dortmunder Trümmerhaufens ist ihm mehr Glück zu wünschen, als es Horst Köppel in der letzten Phase seines wahrlich nicht wenig erfolgreichen Schaffens in Dortmund vergönnt war,* um dann seine Kolummne zu beschließen: *Ottmar Hitzfeld macht nicht den Eindruck, in Dortmund den Weg des geringsten Widerstandes gehen zu wollen. Mit viel Rückgrat und ein wenig Glück könnte der Deutsche zum ersten Schweizer Exportschlager in Sachen Lederball werden.* In seiner gewinnenden Art hatte es Ottmar Hitzfeld im Ver-

Mit Dr. Gerd Niebaum, erste Pressekonferenz beim BVB Dortmund, Juni 1991

lauf der einstündigen Pressekonferenz fertig gebracht, die anfängliche Skepsis der Medienschaffenden in eine zunehmende Akzeptanz umzuwandeln. »Genau das erhofften wir uns von dieser Pressekonferenz«, erklärt Gerd Niebaum, »wir mussten so schnell wie möglich den verunsicherten und enttäuschten Fans gegenüber ein Zeichen setzen, und ein solches bekamen sie, selten habe ich so genüsslich die Zeitungsberichte über unseren BVB gelesen, wie am Tag nach dem ersten offiziellen Auftritt unseres neuen Trainers. Die Medien verbreiteten in der Öffentlichkeit genau jenes positive Bild von Hitzfeld, das wir im Vorstand bereits bekommen haben.«

Aus dem Kreis der Mannschaft ertönten wohlwollende Stimmen zur Verpflichtung von Hitzfeld. In der »Westfälischen Rundschau« gab Michael Zorc zu verstehen: *In Dortmund wurden einige Kandidaten gehandelt, gegen die man vielleicht gewisse Vorurteile gehabt hätte, Hitzfeld dagegen kann hier völlig unbelastet ans Werk gehen.* Thomas Helmer drückte sich vorsichtig aus: *Man muss abwarten, wie er den Druck verkraftet.* Positiv sprach Michael Rummenigge: *Ich glaube, Borussia hat eine gute Entscheidung getroffen.* Wie ein unbeschriebenes Blatt kam der neue Trainer bei Flemming Povlsen an: *Ich kannte nicht einmal seinen Namen.*

Die Sprache ist ein bedeutsames Medium in der täglichen Arbeit eines Fußballlehrers mit seinen Spielern. Seines alemannischen Sprachschatzes wegen zauberte Hitzfeld im westfälischen Dortmund oft ein verstohlenes Schmunzeln auf die Gesichter seiner BVB-Spieler, etwa wenn er die Order ausgab, sie sollten zum »Nachtessen« den »Ausgangstrainer« anziehen – ein Schweizer sagt, er gehe »Z'Nacht essen«, Hitzfeld wollte sagen: Zum Abendessen sollten alle im Trainingsanzug erscheinen. Heiterkeit auch, wenn der »Schweizer Chef« wieder mal der Ansicht war: »Wir müssen seriöser arbeiten!« Auf dem Trainingsplatz motivierte der Südbadener im Ruhrgebiet die Zorcs, Rummenigges, Schulzes oder Poschners öfter mal in schneidigem Ton: »Geh drauf, geh doch drauf!!« Die schauten ganz schön komisch, wollte Hitzfeld doch bloß, dass sie engagierter zur Sache gingen. Hitzfeld realisierte seine Sprach-Helvetisierungen nicht: »Bevor ich nach Dortmund kam, sprach ich kaum je hochdeutsch, das war in den ersten Wochen ganz schön anstrengend, im Training wollte ich mich intuitiv ausdrücken, das musste sehr schnell gehen, ich konnte meine Gedanken nicht erst übersetzen, abends hatte ich einen dicken Kopf.« – »Die Spieler grinsten immer wieder, sie verstanden aber sehr wohl, was der Chef sagen wollte«, lacht Co-Trainer Michael Henke. Den Vogel sprachlicher Kuriositäten schoss der Alemanne Hitzfeld ab, als er die Spieler »stehende Bälle« trainieren hieß. Jetzt hatte er die Lacher endgültig auf seiner Seite. Übersetzer Henke musste gleich einschreiten und klären: »Ottmar, du willst Standardsituationen üben? Ruhende Bälle trainieren?« Der Chef: »Ach so!« – Gelöste Stimmung auf dem Rasen.

Nicht genug mit dem Risiko, einen Mann aus der Schweiz als Trainer engagiert zu haben – die Führungscrew des BVB lieh sich mit Stéphane Chapuisat für 400 000 Mark von Bayer Uerdingen auch noch einen wirklichen Schweizer nach Dortmund aus. Der Spruch vom »echten Schweizer Käse«, den die Bosse geholt hätten, machte in Dortmund die Runde, bis dieser Chapuisat – sein Name ein Zungenbrecher für deutsches Sprachvermögen – zum ersten Mal für Gelb-Schwarz einen Ball trat. Im Fuji-Cup, der damals eine willkommene Gelegenheit bot, sich auf die Meisterschaft vorzubereiten, spielte sich »Chappi« mit seinem unberechenbaren linken Fuß, seinem Torinstinkt und seinen unnachahmlichen Hackentricks gleich in die Herzen der Fans.

Seit die Verpflichtung Ottmar Hitzfelds beschlossene Sache war, lief auch die Suche nach einem Haus für die Familie auf Hochtouren. Kein leichtes Unterfangen. Es fand sich vorerst kein geeignetes Domizil. Einzig mit einem Koffer in der Hand trat Hitzfeld seine neue Trainerstelle an, ein Hotelzimmer war sein zu Hause, der Rest der Familie blieb in Zürich zurück. »Zum ersten Mal war ich getrennt von Beatrix und Matthias, keine Aussicht auf eine Wohnung, der BVB suchte schon seit Juni, diese Ungewissheit war für mich schlimm, keine Geborgenheit, bloß immer derselbe Tagesablauf:

Training, hie und da Besprechungen, Termine mit Journalisten und dann endlos lange Abende in der Anonymität eines Hotelzimmers, das kostete mich enorm viel Kraft, ich nahm innerhalb weniger Wochen vier Kilos ab, eine der schlimmsten Zeiten meines Lebens, und wieder plagte mich schmerzliches Heimweh.« Was für ein Spannungsfeld, in welchem Ottmar Hitzfeld die ersten Wochen im fremden Dortmund verbrachte: Auf dem Trainingsplatz trat er entschlossen vor die Mannschaft, kaum aber hatte er den Kampfplatz verlassen, lag er auf dem Hotelbett – leer, einsam, im Tagtraum nur noch bei Frau und Sohn, immer wieder denselben Gedanken nachhängend: »Ich verzichte auf all dies hier, bezahle den Dortmundern 100 000 Franken und fliege nach Zürich zurück, ich will nach Hause!« – Groß war die Erleichterung, als die Familie Hitzfeld Ende August in Dortmund-Buchholz ein Haus beziehen konnte.

Noch nie in seiner ganzen Laufbahn war Ottmar Hitzfeld derart nervös wie vor dem ersten Heimspiel mit seiner Borussia gegen Werder Bremen. Drei Fragen beschäftigten ihn Tag und Nacht: Kann die Mannschaft den Fluch des Heimkomplexes aus der vergangenen Saison abschütteln? Wie werde ich mit dem Druck fertig, gegen Bremens Coach Rehhagel antreten zu müssen, der wie ich selber noch vor kurzem als neuer Dortmund-Trainer im Gespräch war? Wer gewinnt das »Schweizer-Duell« Rufer gegen Chapuisat? Zu Wynton Rufer hatte Hitzfeld seit den Zeiten in Aarau und Zürich einen guten Draht, doch der Abgang des Neuseeländers nach Bremen stimmte ihn nachdenklich. GC-Präsident Fritz Peter hat Rufers Wechsel zu den Norddeutschen in schlechter Erinnerung: »Wynton machte mich glauben, er wolle mit dem Fußball aufhören und in seiner Heimat einer anderen Arbeit nachgehen. Im Nachhinein stellte sich heraus: Rufer wusste schon während unseres Gespräches, dass er mit Werder Bremen einig war, er wollte dem Grasshoppers Club mit seiner Geschichte von einem Neuanfang in Neuseeland bloß die Transferrechte aus der Hand schlagen.« Das war aber jetzt für Ottmar Hitzfeld Schnee von gestern. Fakt: Borussia Dortmund landete einen viel bejubelten 2 : 1-Sieg gegen die Hanseaten. Lange Zeit sah es nicht nach einem Erfolg für die Dortmunder aus, und einer bekam die autoritäre Hand des neuen Trainers hart zu spüren. Hitzfeld setzte Frank Mill auf die Ersatzbank und entschied sich, das Spiel gegen die Bremer mit Flemming Povlsen und Stéphane Chapuisat zu beginnen. Hitzfeld bewies Mut, den 33 Jahre alten Publikumsliebling und 17fachen Nationalspieler Mill nicht in die Startaufstellung zu nehmen, der Coach hatte damit zu rechnen, sich von den 20 000 »Trainern auf der Südtribüne« die Frage gefallen lassen zu müssen, warum er Mill nicht schon von Anfang gebracht habe. Prompt schoss »Frankie« beide Tore und erklärte unmittelbar nach Spielschluss jedem, der es hören, schreiben und senden wollte, in Zukunft die Reservistenrolle nicht mehr akzeptieren zu wollen. Mill, intelligent, mit Abitur, aber auch mit dem klaren Anspruch: Hier bin ich der Chef! Für mich gilt nicht, was für andere gilt! Trainer Hitzfeld erklärte am Tag nach dem Bremen-Spiel beim Pressetalk den Journalisten in aller Ruhe und unbeirrt: »Kondition und Kraft von Frank Mill reichen noch nicht für 90 Minuten.« Der Coach kannte dabei bereits die Schlagzeile von »Bild am Sonntag«: *Was für eine Genugtuung für Mill!* Hitzfeld wusste sehr wohl um die Hausmacht des blonden Altstars, der unter Horst Köppel schaltete und waltete, wie er wollte, und auch den Machtkampf mit dem früheren Trainer Reinhard Saftig zu seinen Gunsten entschieden hatte. Hitzfeld war fest entschlossen, unbeeindruckt seine Linie fortzuführen. Im nächsten Spiel sah sich Mill prompt wieder auf der Bank, die Borussia verlor 1:5 und lief in eine rabenschwarze Serie von Auswärtsniederlagen hinein. Der liebenswürdige und friedliebende Mensch Hitzfeld gegen den kompromisslosen, harten und nur am Erfolg interessierten Cheftrainer Hitzfeld – welche Zerreißprobe, der ein und dieselbe Person ausgesetzt war! Und die Nummer mit Mill bedeutete gar nicht einmal den Auftakt zur Beweisführung der angekündigten klaren Linie durch den neuen Boss. Schon rund um das Saisoneröffnungsspiel in Karlsruhe gab es Zoff. Günter Breitzke saß als Ersatzspieler auf der Bank. »Ich habe ihn dann in der 77. Minute für Bodo Schmidt eingewechselt«, schildert Hitzfeld, »drei Minuten später schoss Breitzke den Ausgleich.

Hinterher kritisierte er mich, weil ich ihn auf die Ersatzbank gesetzt hatte, von Journalisten erhielt er Rückendeckung, es sei ein Fehler von Hitzfeld gewesen, Breitzke nicht von Anfang an spielen zu lassen. Ich verpasste dem aufmüpfigen Spieler gleich eine Geldstrafe von 1000 Mark.« Auch Torwartlegende Wolfgang »Teddy« de Beer fiel den Überlegungen des neuen Trainers zum Opfer, an seiner Stelle hütete fortan der junge Stefan Klos das Tor der Borussia. Ottmar Hitzfeld zeigte in Dortmund von Beginn an Flagge und hielt gegenüber seinen Spielern strikt einen Kurs, den sein Mittelfeldstratege Martin Andermatt von den Grasshoppers im Stadion-Magazin einst so formulierte: *Ottmar verkürzt oder verlängert seine Distanz zu uns Spielern nicht aufgrund von Sympathie oder Antipathie, er hält zu jedem Spieler denselben Radius ein.* Eines wurde Ottmar sofort klar: »Mich rettet hier in Dortmund nur der Erfolg, nicht Sympathien.«

Hitzfeld hielt zu seinen Spielern zwar Distanz, aber es tat sich kein Graben auf, er wirkte trotzdem zugänglich – ein schwieriger Balanceakt. Die Waage wollte der Trainer auch gegenüber Frank Mill im Gleichgewicht halten. Im ersten Trainingslager in Süddeutschland sprach Mill seinen Chef an: »Trainer, ich habe heute meinen 33. Geburtstag, erlauben Sie mir, meine Mitspieler zu einem Fest bis Mitternacht einzuladen? – »Nein!«, beschied ihm Hitzfeld. Enttäuscht wandte sich Mill zum Gehen. Hitzfeld: »Moment Frank, lass mich ausreden. Du kannst doch deine Kumpels nicht bloß bis Mitternacht zur Party bitten, du sollst mit ihnen bis 3 Uhr feiern!« Auch Thomas Helmer brach vereinzelt aufkommenden Stimmen, die verbreiteten, Hitzfeld sei ein sturer Hund, die Spitze: »Es ist keinesfalls so, dass Herr Hitzfeld ein Kopfkissen über sich zieht, wenn er einmal lachen will.«

Zu Beginn seiner ersten Saison (1991/92) »rumorte es gewaltig in Borussia Dortmunds großem Magen«, wie Präsident Niebaum sich ausdrückt. Trainer Hitzfeld wurde von den Medien nur deswegen einigermaßen verschont, weil er als Mensch einfach ein guter Typ war und öffentlich nicht nur für die Journalisten, sondern auch für viele

Borussia-Anhänger nachvollziehbar machte, was er überlegte, wie und warum er so und nicht anders entschied. Die Kommunikationskompetenz Hitzfelds verhinderte in dieser Phase mit einer Reihe von Auswärtsniederlagen, dass die unselige Trainer-Abschuss-Maschine schon wieder in Gang gesetzt wurde. Der Vorstand jedenfalls dachte auch nicht im Geringsten an so etwas, denn was die Herren vom Präsidium zum Thema Trainer wahrnahmen, beeindruckte sie. Manager Meier kam zu Ohren, Hitzfeld habe stets einen Plan, wenn er morgens vor die Mannschaft trete, wobei Dr. Niebaum gleich kritisch anführt: »Einen Plan zu haben ist nicht außerordentlich, machte jedenfalls noch keinen Hitzfeld aus. Seinen Plan aber intuitiv und blitzschnell aufgrund neuer, unvorhergesehener Tatsachen zu ändern, das erst war Marke Hitzfeld.« – »Der Trainer sagte in der Öffentlichkeit immer, was er vorher auch schon der Mannschaft vortrug, nichts anderes, so kam nie auch nur der kleinste Zwiespalt auf«, bemerkt Meier, »und was mir besonders imponierte: Hitzfeld war es, der die Themenfelder besetzte, nicht die Medienleute. In ihm hatten wir einen blendenden Darsteller unseres Vereins. Ottmar Hitzfeld wurde erst Privatmann, wenn er zu Hause in Buchholz den Schlüssel von innen drehte, bis dahin war er immer im Dienst, deswegen fand ich es sehr schwierig und es dauerte entsprechend lange, eine persönliche Beziehung zu ihm aufzubauen.«

Samstag, 12. Oktober 1991, ein Datum, das Ottmar Hitzfeld jederzeit frei hersagen kann, wenn es um seine Trainerzeit in Dortmund geht, die Erleichterung ist ihm heute noch anzusehen: »Als Team mit den meisten Gegentreffern aller Bundesligaklubs mussten wir zu den Bayern, die Münchner brannten auf Wiedergutmachung, der Nobelklub von der Isar wurde eine Woche zuvor von den Stuttgarter Kickers mit 1:4 deklassiert, das war schlecht für uns. Mit unserem seit acht Wochen verletzten, schmerzlich vermissten und jetzt wieder genesenen Libero Thomas Helmer, der unserer Defensive wieder Selbstvertrauen und Stabilität verlieh, schlugen wir die Bayern mit 3:0.« Dieser Abend im Oktober kam einem Frühlingstag gleich, von da an ging es aufwärts mit der Borussia unter der Regie von Ottmar Hitzfeld, schon sangen die Fans das Lied vom »Deutschen Meister BVB«. Der vom verwöhnten Salontiger zum verlässlichen Leistungsträger mutierte Michael Rummenigge erklärte in der »Westfälischen Rundschau« rundweg: ›*Ich bin jetzt fast zehn Jahre Profi, aber ich kann ruhigen Gewissens sagen, dass Ottmar Hitzfeld der beste Trainer ist, unter dem ich jemals gespielt habe.*‹ Rebell Mill meldete sich in der »Bild«-Zeitung und gestand freimütig, Trainer Hitzfeld imponiere ihm mit seiner Disziplin, seiner absolut profihaften Arbeitseinstellung und vor allem mit seiner Glaubwürdigkeit. Dank »Chappi« sprach jetzt auch keiner mehr vom »Schweizer Käse«, Borussia Dortmund stand am 9. Dezember 1991 mit einem 1 : 0-Sieg in Bremen zum ersten Mal seit neun Jahren wieder an der Tabellenspitze und ließ sich bis zur Winterpause nicht mehr von dort verdrängen, der BVB vor Schalke, Duisburg, Bochum und Wattenscheid die Nummer 1 im Revier, ganz Fußballdeutschland staunte, selbst der notorische Stänkerer Max Merkel griff in die Komplimentenkiste und meinte in der Boulevardzeitung »Blick« – mit des Trainers Namen spielend –, Hitzfeld müsse ob seines kühlen Kopfes im westfälischen Hexenkessel ab sofort »Coolfeld« heißen. Ganz langsam begannen sie in Dortmund die hintergründigen Überlegungen des Fußballlehrers Ottmar Hitzfeld zu begreifen, sahen ein, dass der Chef ihre Helden wie Mill oder Rummenigge nicht aus reiner Lust am Strafen auf die Ersatzbank beorderte, verstanden, dass Hitzfeld mit seinem überraschenden Personalwechsel vom Rasen auf die Tribüne und zurück die nötige Spannung in der Mannschaft aufrechterhielt und auf diese Weise kein Spieler die Bäume in den Himmel wachsen sah.

Wertschätzungen, wie sie Ottmar Hitzfeld während der Winterpause 1991/92 in Dortmund und weit darüber hinaus entgegennehmen durfte, taten ihm sehr gut. Nach einem der letzten Spiele, bevor er mit dem BVB 1995 deutscher Meister wurde, saß ich bei ihm zu Hause bei einem Glas Wein und einer Zigarre, als er die Stimmung im Westfalenstadion in die Stube zauberte und unvermittelt zu singen begann: »Booorussia, Boorussia …« Ich stimmte ein und imitierte gleich, was ihn fast peinlich berührte, die Fans, die wie aus einer Kehle und mit Inbrunst sangen: ›Oooottmar Hitzfeld, Oottmar Hitzfeld, Oootmar Hitzfeld, du bist der beste Mann‹!« Aber dieser beste Mann würde es in der Öffentlichkeit nie und nimmer zeigen, dass ihm solcher Seelen-Balsam ab und an richtig gut tut. Dazu passt, dass Ottmar Hitzfeld sich in der Regel nicht selbst bei einem Klub anbot. Zweimal machte er eine Ausnahme, beide Male an Schnittstellen seiner Karriere: Als Greenhorn klopfte er an die Türe von Helmut Benthaus und am Ende seiner Zeit als Spieler bewarb er sich um den Trainerposten beim FC Luzern. Sonst brauchte Hitzfeld nirgends anzufragen, er war stets selbst ein gefragter Mann.

Nach seiner ersten Saison als Trainer in Deutschland hatte Ottmar Hitzfeld die beiden gesteckten Ziele erreicht: Borussia Dortmund war die Nummer 1 im Westen und spielte im Herbst 1992 im UEFA-Cup. In einer eigens verfassten Kolummne in der »Sport-Bild« gab Trainer Hitzfeld der Öffentlichkeit eine Antwort auf die vieltausendmal gestellte Frage, wie denn der schier unheimliche gelb-schwarze Erfolg unter seiner Führung überhaupt möglich wurde: *Hier will ich einmal ein Erfolgsgeheimnis verraten. Es hat zwei Namen: Ajax Amsterdam und Rinus Michels. 1970 spielte Ajax Amsterdam im Europacup beim FC Basel. Ich war damals 21 Jahre jung, spielte noch für den FV Lörrach in der Amateurliga. Als Fan bin ich nach Basel gefahren, um die große Ajax-Mannschaft zu sehen: Cruyff, Neeskens, Rep, Krol, Haan und Hülshoff. Es war die Ajax-Mannschaft, die Monate später den Europacup der Landesmeister gewann. Was mich viel mehr begeisterte, war das perfekte Spielsystem von Rinus Michels: Pressing und Abseitsfalle.*

Mit Dortmund spielen wir 1992 so wie Ajax 1970. Allerdings ohne die Abseitsfalle. Das ist heute zu riskant, weil die Regel geändert wurde (gleiche Höhe ist nicht mehr Abseits). Aber von Ajax haben wir das Pressing übernommen.

Den Startschuss für das Forechecking gibt der Gegner. Wenn der Libero den Ball nach rechts zu seinem Verteidiger spielt, geht es los:

Chapuisat greift den ballführenden Spieler an. Gleichzeitig rücken Povlsen und Rummenigge vor und decken die anderen Abwehrspieler zu. So hat der Verteidiger keine Anspielstation und wird zu Abspielfehlern provoziert. Das System funktioniert nur, wenn alle Mitspieler hellwach sind. Ist nur ein Gegenspieler frei, findet der Verteidiger eine Anspielstation und wir laufen Gefahr, einen Konter zu kassieren.

Wir haben die Spieler, die das können. Denn so paradox es auch klingt – die Abwehrarbeit beginnt bei den Stürmern. Damals bei Cruyff in Amsterdam, jetzt bei Povlsen und Chapuisat in Dortmund. Das erfordert Disziplin und einen kühlen Kopf. Und das erfordert ständige Rhythmus-Wechsel. Dafür ist vor allem Libero Helmer zuständig, auch Rummenigge als mein Chef im Mittelfeld.

Auch ein Trainer ist nicht gefeit vor Verletzungen. Diese Erfahrung musste Ottmar Hitzfeld am Mittwoch, 16. September 1992, machen. Die Dortmunder absolvierten wegen der Bundes-Jugendspiele in der »Roten Erde« ihr Training auf einem ungepflegten Rasenplatz. Prompt trat der Chef in ein Erdloch. Diagnose von Mannschaftsarzt Dr. Achim Büscher: Kreuzbandabriss. Entscheidung der medizinischen Abteilung: Operation. Prognose: 14 Tage Klinikaufenthalt. Konsequenz für den BVB: Die Spiele gegen den 1. FC Köln und gegen Bayern München ohne Cheftrainer Hitzfeld. Co-Trainer Michael Henke musste ran.

Der damals 34-jährige Gütersloher Henke, ein ruhiger Ostwestfale, unter anderem Spieler bei der SG Wattenscheid, bei TuS Paderborn und beim FC Gütersloh, war schon zweieinhalb Jahre Assistenzcoach unter Horst Köppel, ehe Michael Meier ihn im Frühsommer 1991 beauftragte, Ottmar Hitzfeld, seinen vermutlich neuen Chef, am Flughafen in Düsseldorf abzuholen. »Das war klug eingefädelt von Meier«, anerkennt Henke, »unsere erste Begegnung fand nicht im Stil einer protokollarisch strukturierten Sitzung statt, Hitzfeld kam nach Dortmund, um sich unsere Schicksalspartie gegen St. Pauli anzuschauen, schon während der 45-minütigen Autofahrt nach Dortmund unterhielten wir uns sehr ungezwungen über den Fußball in der Schweiz und die Situation beim BVB, ich spürte sehr bald: Wir würden gut harmonieren! Vom ersten Moment an stellten wir eine gemeinsame Linie fest.« Nie konnte sich über die nun schon bald zwölf Jahre dauernde Zusammenarbeit des Trainerduos Hitzfeld/Henke auch nur eine einzige bedrohliche Wolke schieben. »Das Gefühl, das ich beim ersten Gespräch mit Michael Henke entwickelte, hat mich bis auf den heutigen Tag nicht getäuscht«, freut sich Hitzfeld. »Als Co-Trainer hält mir Michael den Rücken frei, er intrigiert nicht, hegt keine Ambitionen auf den Cheftrainersessel und stellt sich nirgends in den Mittelpunkt, er kennt meine Gedanken und weiß genau, wann er mich in Ruhe lassen soll und wann Gespräche möglich sind.« Henke schätzt die menschliche Seite seines Chefs: »Ottmar kennt auch die kleinen Leute, er zeigt kein Promi-Verhalten. Er ließ auch mich noch keine Sekunde lang spüren, dass ich nur sein Assistent bin.« Trotzdem betont Henke: »Auf dem Platz verliert Ottmar zwar nicht seine Menschlichkeit, aber da ist er der Chef, er ist ein menschlicher Diktator, die Mannschaft muss nach seiner Pfeife tanzen, und trotzdem läuft die Kommunikation zwischen Trainer und Team bestens, er hört sich Argumente von Spielern an, hat keine Angst vor kurzen Diskussionen in der Mannschaftssitzung, aber am Schluss entscheidet er allein.« Henke illustriert die akribische Disziplin, die seinen Boss Hitzfeld bei der Nachbesprechung eines Spiels unangreifbar macht anhand eines Beispiels aus München: »Wir kamen samstags spät in der Nacht nach einem Auswärtsspiel in Rostock nach Hause. Am andern Morgen begann wie immer um 10 Uhr die Teamsitzung. Ottmar kritisierte einen unserer Spieler wegen mangelnden Abwehrverhaltens. Trainer, da hätte auch ein Mitspieler rangehen können, wollte sich der Betroffene aus der Verantwortung ziehen. Hast du dir die Spielsituation schon auf Video angeschaut, konterte der Chef, legte die Kassette ein, fuhr das Videoband auf die betreffende Szene, schaute sie mit der Mannschaft an – keine Widerrede mehr, es konnte gar keine mehr geben, auch der angesprochene Spieler war überzeugt, einen Fehler gemacht zu haben, aber beeindruckend war: Ottmar sprach kein einziges Wort. Die Begebenheit hat eine hintergründige Seite: Während vergangene Nacht wohl der ganze Bayern-Kader auf dem schnellsten Weg schlafen ging, studierte der Trainer zu Hause die entscheidenden Sequenzen des Rostockspiels, das ihm seine Frau auf Video aufgenommen hatte, die wichtige, kleine Nachtarbeit mit der großen, durchschlagenden Wirkung am andern Tag bei der Spielanalyse.«

Co-Trainer Michael Henke gewann im Müngersdorfer Stadion das Spiel mit der Borussia gegen den 1. FC Köln 1:0. Hitzfeld nahm es im Krankenbett mit Genugtuung zur Kenntnis. Aber nicht weil er seinem Co-Trainer nicht zugetraut hätte, die Mannschaft auch noch in einem nächsten Spiel zu coachen – Hitzfeld wollte halt doch persönlich dirigieren – wenn es sein musste mit den Krücken. Und so kam es auch. Eine Woche nach seiner Kreuzbandoperation verließ der Rekonvaleszente die Sportheilstätte Hellersen in Lüdenscheid, ließ sich aufs Trainingsgelände chauffieren, sprach eine Viertelstunde zur Mannschaft und verfolgte anschließend, das operierte Bein auf einen zweiten Stuhl gelagert, das Abschlusstraining. Ob er wirklich für jedes andere Heimspiel das Krankenhaus auch verlassen hätte? Hitzfeld: »Es ging doch gegen die Bayern, den aktuellen Tabellenführer! Konnte ich während dieses Schlagerspiels in einem Spitalbett liegen?« Borussia Dortmund verlor den Spitzenkampf mit 1:2 Toren. In halb Europa sahen fußballinteressierte Fernsehzuschauer, wie der BVB-Trainer während der Partie in einem Anflug von Verärgerung die Krücken weit von sich warf und an die Seitenlinie eilte.

Der kurze Zornesausbruch ihres Angestellten Hitzfeld dürfte dem Führungsduo Niebaum/Meier ein zufriedenes Lächeln entlockt haben, ließ das Zeichen des Trainers doch auf einen engagierten Mann an der Seitenlinie schließen. Kaum je herrschte jedenfalls während der Ära Hitzfeld in Dortmunds Vereinsspitze mehr Harmonie, als im Herbst 1992. Präsident, Manager, der gesamte Vorstand und Trainer Hitzfeld übertrafen einander in gegenseitigen Lobesäußerungen. Vertrauensbeteuerungen gingen hin und her. Kein Dortmundfan, der nicht rundum zufrieden und voller Erwartungen gewesen wäre. In Dortmund war jedem, der sich dem BVB auch nur ein bisschen verbunden fühlte, klar: Die Zukunft leuchtete hier in Gelb-Schwarz. Der Zeitpunkt schien den Verantwortlichen zudem äußerst günstig, den im Sommer 1993 auslaufenden Vertrag mit Trainer Hitzfeld bis zum 30. Juni 1996 zu verlängern.

Der erste Einsatz des BVB unter Ottmar Hitzfeld im UEFA-Cup. 1 : 0-Heimsieg über Celtic Glasgow. Rückspiel am 4. November 1992. Erstmals seit 18 Jahren, als er im Dress des FC Basel hier zu Gast war, betrat Hitzfeld wieder den Rasen des Celtic-Parks. Und auch für den Verein aus Westfalen ging es um Emotionen. Fünf Jahre zuvor überstanden die Dortmunder zum ersten Mal nach dem Wiederaufstieg die erste Runde im Europapokal. *Meilenstein Glasgow: BVB Richtung Europas Spitze* jubelte »RevierSport« am Tag nach dem 2 : 1-Sieg in Schottland. Chapuisat bekam die Note 1 – Weltklasse. Der Stürmer schoss zuerst einen Ball an den Pfosten – darin getreu seinem Chef Hitzfeld folgend, der die Kugel vor Jahren auf demselben Rasen womöglich auch noch an denselben Pfosten knallte –, dann aber besann sich »Chappi« eines Besseren: Nach 53 Minuten traf er zum 0:1 und fünf Minuten später legte er seinem Kapitän Zorc zum 2:1 auf.

Der Traum von Ehre und Geld durfte nach der Qualifikation im UEFA-Cup Achtelfinale gegen den spanischen Klub Real Saragossa weitergehen. Nachdem zu Beginn der Saison Stefan Reuter von Juventus Turin zu den Borussen stieß, verstärkte nun auch noch der für 8,5 Millionen Mark von Inter Mailand transferierte Matthias Sammer die Reihen des BVB und sorgte zugleich für einen erhöhten Konkurrenzkampf in der Abwehr und im Mittelfeld. Die AS Roma stand als nächster Gegner auf der Dortmunder »Speisekarte«. Erneut ein Wiedersehen für Ottmar Hitzfeld, diesmal auf Trainerebene. Als Grasshoppers-Coach hatte er schon mit Vujadin Boskov die Klingen gekreuzt, jetzt traf er wieder auf ihn, der unterdessen von Sampdoria Genua zur Roma gewechselt war. Wieder schien es, dass er sich beugen musste, die Borussia verlor im Stadio Olimpico mit 0:1.

Doch noch war nichts verloren. Hitzfeld durfte im Hinblick auf das Rückspiel im Westfalenstadion wahrlich auf eine Armada von Helfern und Tippgebern setzen, aber er wäre nicht Hitzfeld gewesen, hätte er nicht selber einen Plan ausgeheckt, den »Sport-Bild« im Vorfeld der alles entscheidenden Partie in Dortmund veröffentlichte: *Video-Cassetten kamen aus Istanbul nach Dortmund – Absender Kalli Feldkamp. Er hatte mit Galatasaray im UEFA-Cup gegen AS Roma gespielt. Michael Henke, Hitzfelds Assistent, schrieb sechs DIN-A4-Bogen voll. Steckbriefe der Spieler mit ihren Eckball- und Freistoßsvarianten. Als Cheftrainer Hitzfeld alle Informationen studiert hatte, atmete er durch: So, jetzt weiß ich, wie wir das 0 : 1 aus dem Hinspiel noch umdrehen können. Sein Plan: Drei Tore für Dortmund […].*

›Rom‹, sagt Hitzfeld, ›hat mit Rizitelli, Carnevale, Mihajlovic, Häßler und Giannini fünf Spieler, die ein Spiel entscheiden können. Fünf offensive Spieler.‹ Das bedeutet: Auch auswärts sind die Römer für ein Tor gut, aber in der Abwehr sind sie verwundbar. Darum will Hitzfeld seine Taktik nicht auf ein 1 : 0 und die Verlängerung stellen, sondern auf einen 3 : 1-Sieg.

Die Startruppe aus Rom kam und wird wohl diesen regnerischen Fußballabend, die Farben Gelb-Schwarz und vor allem die 41. und die 46. Minute im Westfalenstadion nicht mehr so schnell vergessen, erst bezwang Michael Schulz Torhüter Cervone, dann legte Lothar Sippel – ausgerechnet er, der zwei Tage zuvor aus lauter Unzufriedenheit noch Wechselgelüste hegte – zum 2:0-Sieg der Borussia nach. 20 Millionen Mark brachte das UEFA-Cup-Märchen bis dahin in die Kasse des BVB, und noch war kein Ende in Sicht, sportlich nicht und auch finanziell nicht. Die Auslosung bescherte Borussia Dortmund im Halbfinale den französischen Klub AJ Auxerre. Allein das Fernsehen bezahlte für die beiden Spiele 3,2 Millionen Mark. Eher beiläufig absolvierten Dortmunds in der Zwischenzeit auch international wahrgenommene Kicker noch gewöhnliche Bundesligaspiele. Vier Tage nach dem Roma-Sieg gewannen sie das Duell der Bayern-Verfolger gegen Eintracht Frankfurt mit 3 : 0. Kaum war der

Schlusspfiff verklungen, die Pressekonferenz vorbei und ein oder zwei Pils getrunken, saß der unermüdliche Borussen-Trainer wieder zu Hause vor dem Videogerät und analysierte die Spielweise von Auxerre, denn mit zunehmendem Engagement im Europacup musste er seine Vorbereitungsplanung gezielt ausbauen, neben Videostudien über den kommenden Gegner, die er sich von Informanten aus halb Europa zukommen ließ, baute er auf vertraute Fachleute, die sich als Spione vom zukünftigen Gegner ein Bild machten. Im Fall von Auxerre vertraute Hitzfeld auf Daniel Jeandupeux, den Schweizer Trainer beim französischen Erstligisten Caen. Und die dem Zusammensetzen eines Puzzles gleichende Vorbereitung lohnte sich. Hitzfelds Truppe reiste mit einem 2 : 0-Vorsprung nach Auxerre. Nach 90 Minuten hatten die Franzosen ihren Rückstand wettgemacht. Verlängerung im Stade de l'Abbé Deschamps. Kein weiteres Tor. Elfmeterschießen. Stand 5 : 5, der Franzose Stéphane Mahe schoss, Stefan Klos hielt und wurde zum Helden von Auxerre, Borussia Dortmund stand im Finale des UEFA-Cups.

Juventus Turin aber stoppte den Höhenflug der Borussia. Der 1 : 3-Heimniederlage folgte vierzehn Tage später im Turiner Stadio delle Alpi ein klares 3 : 0 für die Norditaliener. Zweimal Dino Baggio und Andy Möller schossen die wackeren Gelb-Schwarzen ab. So oder so – für 30 000 Fans war das UEFA-Cup-Abenteuer ihrer Lieblinge Grund genug, auf dem Dortmunder Friedensplatz vor einer Riesenleinwand ihren BVB gebührend zu feiern.

Obwohl Borussia Dortmund die Meisterschaft 1992/93 nur auf Platz 4 beendete, lag Gelb-Schwarz nach einer Beurteilung der Saison durch über hundert Sportredakteure der »Bild am Sonntag« überall vorne; bester Trainer: Ottmar Hitzfeld, (38 Punkte) vor Erich Ribbeck (33 Punkte) und Bernd Krauss (29 Punkte); bester Bundesligaspieler: Stéphane Chapuisat; bester Präsident: Dr. Gerd Niebaum; bester Manager: Michael Meier; beste Fans: Dortmund vor Schalke und Bayern. Die leicht enttäuschende Platzierung am Ende der Saison, die aber immer noch die erneute Qualifikation für den UEFA-Cup bedeutete, wurde überstrahlt von den grandiosen Erfolgen auf europäischen Plätzen, die in wirtschaftlicher Hinsicht ein Schwungrad in Bewegung setzten, wie es das Unternehmen Borussia noch nicht erlebt hatte. Die Verpflichtungen von Hitzfeld und Chapuisat sowie der ›Italiener‹ Reuter (4 Millionen) und Sammer (8,5 Millionen), der im Europacup allerdings noch nicht einsatzberechtigt war, gaben den Anstoß. Die allein aus dem UEFA-Cup erwirtschafteten 25 Millionen Mark wurden folgerichtig investiert, statt dem Finanzamt überwiesen: In Steffen Freund (3,25 Millionen), der vom Intimfeind Schalke 04 nach Dortmund wechselte, und vor allem in den von Lazio Rom engagierten kopfballstarken Karlheinz Riedle (9,5 Millionen). BVB-Boss Niebaum hegte zudem Pläne, das Westfalenstadion zur Fußballarena Nummer eins auszubauen.

Geld spielte in der Folge beim Ballspielverein Borussia Dortmund eine immer zentralere Rolle. 40 Millionen Mark hatte der Klub in den letzten Jahren investiert. Diese Summe entfaltete bald eine gefährliche Eigendynamik, sie schaffte eine Zweiklassengesellschaft: die Arbeiter-Spieler auf der einen, die Millionäre auf der andern Seite, wobei Trainer Hitzfeld nicht zu den BVB-Angestellten mit einem siebenstelligen Jahresgehalt zählte. Solange der BVB erfolgreich war, hieß es: *Wir* haben investiert, gemeint waren mit *wir* nicht nur die Vereinsbosse, sondern auch die Fans. Aber kaum sah die Saison 1993/94 ein paar verlorene Spiele, wankte die Identifikation der Fans mit Gelb-Schwarz schon bedenklich. Erst das Aus im DFB-Pokal auf eigenem Platz gegen Carl Zeiss Jena, dann die demütigende 0:1-Niederlage gegen den ewigen Revier-Rivalen Schalke 04. Fans und Medien ließen mächtig Dampf ab. »Lauft endlich, ihr Geldsäcke!«, soll ein erzürnter BVB-Anhänger nach der Pokal-Niederlage in Jena der Hitzfeld-Truppe hinterhergeschrien haben. Bei der Sportredaktion der »Westfälischen Rundschau« riefen empörte Fans an, immer wieder stellten sie nach der Schalke-Schmach dieselbe Frage: ›*Was hat sich Ottmar Hitzfeld nur bei seiner Angsthasen-Taktik gedacht?*‹ Kritik an Ottmar Hitzfeld! Das war neu in Dortmund.

Aus einer Distanz von mehreren hundert Kilometern dachte der Journalist Martin Hägele in »Die Weltwoche« Nr. 38/93 über die neuesten Ereignisse in Dortmund nach: *Dass der BVB-Berichterstatter der überregionalen ›WAZ‹ schon nach dem zweiten Spieltag und der unerwarteten 0:1-Niederlage bei Schalke 04 der Mannschaft ausrichten ließ, ›ich kann eure Gesichter nicht mehr sehen‹, war das erste Alarmzeichen, dass auch im Umfeld Borussias nicht mehr alles so läuft wie in den zwei Runden zuvor. Auch die Balken-Überschrift ›Ottmar Hasenfuß‹ am Tag danach in ›Bild‹ stammte aus einer solchen Schublade. Dies sei, so Ottmar Hitzfeld, die einzige beleidigende Attacke in deutschen Zeitungen gewesen, seit er bei Borussia Dortmund im Dienst stehe.*

›Müssen Sie nun das Verlieren lernen, Herr Hitzfeld?‹ – ›Nein,‹ sagt er, er gerate nur manchmal in Erklärungsnotstand, drehe sich dann beinahe im Kreis: Mir fällt einfach nichts mehr ein, wenn ich an unsere Torchancen denke. Wir spielen ja nicht schlechter als im Vorjahr, nur wir treffen das Tor nicht mehr.

»Ein schwieriges Jahr, diese Saison 1993/94«, gesteht Ottmar Hitzfeld, »aber zur Art und Weise der Kritik von Seiten der Spieler muss ich festhalten: Michael Schulz, einer aus der ›Arbeiterfraktion‹ innerhalb des Kaders, ist immerhin offen zu seiner kritischen Einschätzung der Lage gestanden, er sprach bestimmt auch für einige seiner Mannschaftskollegen, als er zu bedenken gab: ›Wir sägen den Ast ab, auf dem wir sitzen, wir haben im UEFA-Cup Millionen eingespielt, kauften damit teure Spieler, die uns ›alte und verdiente Haudegen‹ jetzt auf die Ersatzbank drücken!‹ Arbeitssiege im UEFA-Cup-Wettbewerb über Wladikawkas, Maribor und Bröndby Kopenhagen, allesamt keine Teams der europäischen Spitzenklasse, konnten die Enttäuschung nicht wettmachen, die kurz vor Weihnachten über der BVB-Familie lag, da passte eine weitere schmähliche Niederlage beim Aufsteiger SC Freiburg durchaus ins düstere Bild, 1:4 hieß es am Schluss im Dreisamstadion. Der Hinweis der Verantwortlichen auf die lange Verletztenliste wirkte hilflos.

Menschen, die Ottmar Hitzfeld nahe stehen, bemerkten eine Veränderung an ihm. Mehr und mehr widerspiegelte sich der Erwartungsdruck der Fans, die unstabile Berg-und-Tal-Fahrt der Borussia und die Spannung zwischen einzelnen Spielern und dem Trainer in seinem Gesicht. Den glänzenden Einstand in der Bundesliga bezahlte der Borussen-Trainer mit einer sich abzeichnenden Sauerstoffschuld, er verbrauchte mehr Energie, als er zur Verfügung hatte. Hitzfeld legte großen Wert auf die Außenwirkung seiner Arbeit, ihm war wichtig, wie er bei den Medien und der Mannschaft ankam, diese Arbeit an der Außenwirkung gelang ihm beinahe perfekt, machte ihn unantastbar, forderte aber ihren Tribut. Das zeichnete sich im Januar 1994 allmählich ab. Hitzfeld versuchte, seine gesundheitlichen Probleme in der Öffentlichkeit herunterzuspielen. »Der Trainer kam hie und da richtig in die Kabine angeschlichen«, erinnert sich Matthias Sammer, »er erklärte uns Spielern, er leide unter starken Rückenproblemen, ich habe das nicht so an mich herankommen lassen, dachte einfach: Unangenehm für ihn.«

Es ist nicht die Art von Ottmar Hitzfeld, geduldig über Jahre hinweg durch allmähliche Integration junger Spieler zwar kontinuierliche Aufbauarbeit zu leisten, gleichzeitig aber mit seiner Mannschaft im gigantischen Zirkus Bundesliga bloß mitzumischen. Es genügte ihm nicht, den Sprung in die Bundesliga geschafft zu haben, er wollte in Dortmund beweisen, dass er nicht nur in der Schweiz zu den Spitzentrainern gehörte. Hitzfeld muss immer der Beste sein.

Mittwoch, 12. Januar 1994, der 45. Geburtstag von Ottmar Hitzfeld, 7.20 Uhr, auf dem Düsseldorfer Flughafen startete die Maschine mit der Mannschaft der Dortmunder Borussia an Bord und hob wenige Sekunden später mit Kurs Richtung Costa Rica von der Piste ab. Einer fehlte. Zwei Tage vor Abreise ins Trainingslager nach Mittelamerika klagte Ottmar Hitzfeld über Bauchschmerzen, die nicht nachlassen wollten, ein Besuch beim Arzt ergab den Besorgnis erregenden Befund: Darmdurchbruch. Sofort wurde Hitzfeld in der Dortmunder Städtischen Klinik einer Notoperation unterzogen. Nicht auszudenken, was gewesen wäre, hätte er den Flieger bestiegen und der Darmdurchbruch wäre hoch oben auf 10 000 Meter erfolgt, fernab vom nächsten Krankenhaus. Hitzfeld weiß: »Ich hatte großes Glück! Der Tod stand nahe bei mir. Das war ein Warnschuss.

Mir wurde klar: Fußball ist nicht alles im Leben, es ging in diesen Tagen ums nackte Überleben, erstmals in meinem ganzen Leben ist der Fußball in den Hintergrund gerückt. In der Öffentlichkeit hieß es, Hitzfeld sei magenkrank. Das stimmte nicht, ich litt an einem Hexenschuss, bekam dafür Cortisonspritzen, deren Nebenwirkungen bei mir zum Darmdurchbruch führten.«

Erstaunlich ist der astrologische Befund zu Ottmar Hitzfelds Wahrnehmung des eigenen Körpers: Dieser Mensch verfügt über ein gutes Gespür, die Grenzen seiner Leistungsfähigkeit zu erkennen. Sollte ihn dieses Sensorium verlassen, würde sich der Körper melden, wie bei jedem Menschen. Der seelische Überdruck würde über den Körper nach Befreiung verlangen. Jeder Mensch hat aber ein anderes Körperorgan, das psychische Belastungen zum Ausdruck bringen kann. Beim Menschen mit den vorliegenden Daten ist es der Darm.

Psychosomatische Mechanismen weisen auf einen ständigen Austausch zwischen Seele und Körper hin. Es erstaunt nicht, dass Ottmar Hitzfeld genau in dieser Phase seiner Amtszeit in Dortmund auf der Intensivstation landete, der Dauerstress in seiner dritten Saison beim BVB war für den Darmdurchbruch zumindest mitverantwortlich. Ottmar versicherte stets glaubwürdig: »Wenn der Beruf als Trainer meine Gesundheit gefährdet, höre ich auf.« Er tut gut daran, diesen Vorsatz auch wirklich in die Tat umzusetzen, sollte der Stress seine Lebensqualität nachhaltig gefährden, ansonsten gäbe er dem französischen Philosophen Voltaire Recht, der vor dreihundert Jahren feststellte: *In der ersten Hälfte unseres Lebens opfern wir unsere Gesundheit, um Geld zu verdienen. In der zweiten Hälfte unseres Lebens opfern wir das Geld, um unsere Gesundheit wiederzuerlangen.*

Dr. Hans-Wilhelm Müller-Wohlfahrt, Mannschaftsarzt des FC Bayern München, befürchtet, Ottmar Hitzfeld gönne sich die notwendige Entspannung nicht: »Er wirkt sehr angespannt, äußerlich sehr ruhig, aber ich bin sicher, innerlich ist er ständig aktiv, er setzt sich den ganzen Tag mit Fußball auseinander, das kommt seiner Mannschaft zugute, aber er riskiert dabei, nicht genügend Zeit aufzubringen, um Stress abzubauen. Messungen haben ergeben, dass sein Puls wie bei einem Spieler hochgeht, Spitzenwerte bei 160, das Problem ist, dass er sich dabei nicht bewegt, ein Spieler braucht 48 Stunden, bis er wieder da angelangt ist, wo seine körperliche Höchstleistung begann.«

In den Augen von Freddie Röckenhaus, einem in Dortmund lebenden Journalisten und Filmemacher, der selber fünf Jahre lang für Jugend- und Amateurmannschaften der Borussia spielte und die Szene kennt, empfand Ottmar Hitzfeld seine Krankheit als Existenzbedrohung: »Erstaunlich oft brachte er den Ausdruck: ›Es geht um die Existenz!‹ Dabei hat Hitzfeld so viel erreicht, trotzdem sprach er, als ob es ihm noch an die Existenz gehen, als ob er noch abstürzen könnte, wahrscheinlich kann man nur mit einer solchen Mentalität überhaupt so erfolgreich sein, wenn man sich diese Angst um die Existenz mental erhält. In der Dortmunder Presselandschaft herrschte der Grundton: Kommt der Hitzfeld überhaupt wieder? Er ist bestimmt ein toller Trainer, aber der hält diesen ungeheuren Stress der Bundesliga körperlich nicht durch! Aber genau dieses Bild wollte Hitzfeld unter allen Umständen vermeiden, er war richtig ärgerlich, wenn man ihn auf seinen Gesundheitszustand ansprach.«

Wann kann Ottmar Hitzfeld ein Spiel seiner Mannschaft eigentlich so richtig genießen? »Das ist kaum je möglich«, gesteht der Fußballlehrer, »mein Trainerjob ist harte Arbeit, ich verrichte sie, damit andere sich an den Früchten dieser Arbeit erfreuen können.« Hitzfelds Dauerstress ist nicht einmal ein Garant für die Freude der Fans, verliert die Hitzfeld-Elf scheint sich auch der Einsatz des Trainers gar nicht gelohnt zu haben. In der Münchner Zeit entdeckte Hitzfeld seine Vorliebe für den Golfsport. Für kurze Zeit vermag er, abzuschalten, den wohltuenden Eindruck der Landschaft zu genießen, sich mit dem Spielpartner zu unterhalten, eine kleine Zeitspanne nur, schon reißt ihn ein Handyanruf aus seiner Seelenruhe, der Golf spielende Fußballtrainer ist wieder in seiner angestammten Wirklichkeit. Mit den Jahren entwickelte er ein eigenes, kleines Regenerations- und Gesundheitsprogramm: Atemübungen, mentales Training, gesunde

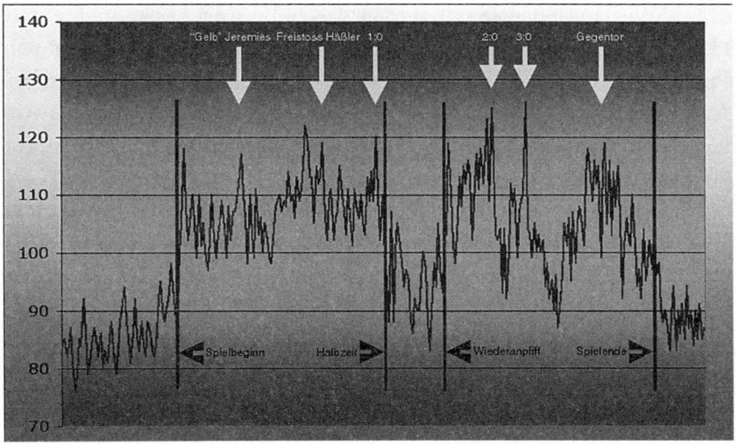

EKG Ottmar Hitzfelds beim Spiel
FC Bayern München – TSV 1860 München, 21. Oktober 2000

Ernährung, auf das Minimum beschränkte Auftritte in der noblen Gesellschaft, die ihn sehr viel Kraft und Energie kosten. Ganz Fußball-Europa kennt das von leidenschaftlichem Mitgehen während eines Spiels zerfurchte Gesicht von Ottmar Hitzfeld. »Jede außergewöhnliche Aufregung eines Menschen kann eine Gefahr für das Herz darstellen und mag bei einem vorgeschädigten Herzen sogar einen Infarkt auslösen«, erklärt der Münchner Kardiologe Dr. Peter Bosiljanoff. »Diese Gefahr kann dadurch ungewöhnlich verstärkt werden, wenn extreme psychische Stresssituationen ein- bis zweimal pro Woche unter dem Eindruck eines Spitzenfußballspiels provoziert werden.« Ottmar Hitzfeld hat Dr. Bosiljanoff ermächtigt, den Computerausdruck eines Elektrokardiogrammes zu kommentieren, welches anlässlich des Derbys zwischen dem FC Bayern München und dem TSV 1860 München am 21. Oktober 2000 erstellt wurde. Die »Roten« gewannen das Spiel mit 3 : 1. »Schon vor dem Spiel traten bei Herrn Hitzfeld leicht erhöhte Pulswerte auf, diese schnellten mit dem Anpfiff immerhin auf 118 Schläge pro Minute. Die Momente im Spiel, in denen Jens Jeremies die gelbe Karte bekam, Thomas Häßler einen Freistoß trat oder das einzige Gegentor fiel, werden von Pulsschlägen bis zu 125/min begleitet, dennoch zeigt die Rhythmus-Analyse keinerlei ›Stolperer‹ oder andere Anomalien, das Herz von Herrn Hitzfeld scheint gut gerüstet, den Adrenalin-Dauerstress gut zu überstehen.«

Nach Hitzfelds Einlieferung ins Krankenhaus übernahm ab sofort Vize Michael Henke die Verantwortung für den BVB. Erster Auftrag: Durchführung des Trainingslagers in Costa Rica, ausgerechnet jetzt ohne den Chef, stand doch zuoberst auf dem Programm eine Aussprache. Die Spannungen in der Mannschaft mussten im Hinblick auf eine bessere Rückrunde unter allen Umständen abgebaut werden. Ottmar Hitzfeld erholte sich erstaunlich schnell. Prof. Dr. Dietrich Löhlein, der ihn operierte, zerstreute alle Bedenken, hinter der Krankheit Hitzfelds könnten noch weit schlimmere Dinge lauern: »Da ist nichts, wovor man Angst haben muss.« Nach zehn Tagen konnte der Trainer das Krankenhaus wieder verlassen. Kaum zwei Tage zu Hause, hielt er eine Pressekonferenz. Am 12. Februar 1994 startete seine Borussia-Elf in die Rückrunde gegen Leverkusen, auf der Bank: Ottmar Hitzfeld. »Verantwortung heißt für mich, einen Auftrag erfüllen«, erklärt er, »zunächst ging es um die Verantwortung mir selber und meiner Familie gegenüber, dann aber sofort auch darum, den Verein nicht im Stich zu lassen, sondern mich zu stellen, für mich kam nie in Frage, die ersten drei Spiele etwa nicht auf der Bank zu sitzen.«

Der Druck war inzwischen nicht kleiner geworden, einen UEFA-Cup-Platz musste Hitzfeld mit seiner Truppe mindestens erreichen. Am 8. März 1994 belegte der BVB nach der 1:2-Niederlage gegen den VfB Stuttgart den ungewohnten 13. Tabellenrang, im laufenden Europacupwettbewerb war Inter Mailand Endstation. »Die halbe Schweiz wollte mich damals zurückholen: Der FC Zürich rief an, Basel und Luzern meldeten sich, als ob der Stress bei diesen Klubs nicht existiere«, wunderte sich Hitzfeld und freute sich gleichzeitig über seine Beliebtheit, die in der Schweiz nicht nachgelassen hatte. Fast

Borussia Dortmund, 1994

ging bei diesen Gedanken ein Ereignis unter, das in Dortmund sehr wohl Beachtung fand. Mit dem Spiel am 17. April in Mönchengladbach betreute Ottmar Hitzfeld den BVB zum 103. Mal als Cheftrainer in einem Bundesligaspiel. Damit stieg er bei den Borussen zum Rekordtrainer auf. »Für diese Ehre konnte ich mir nichts kaufen, mir stand im Frühling 1994 das Wasser bis zum Hals, da erinnerte ich mich an meine Jugendzeit, wie ich mich gegen Widrigkeiten durchsetzen musste, nur mit dieser Rückbesinnung auf meine Kämpferqualitäten kann ich meinen Anteil erklären, mit Borussia Dortmund am Saisonende doch noch den UEFA-Cup-berechtigten 4. Platz erreicht zu haben. Ich war der Vereinsführung gegenüber dankbar, woanders wäre ich wohl schon im Herbst entlassen worden.«

Für die Saison 1994/95 holte die weiterhin investitionsfreudige BVB-Führungscrew Andy Möller von Juventus Turin. Wieder ein alter Neuer. Wieder aus Italien. »Dr. Niebaum bewies Mut, Möller zu verpflichten, weil er schon einmal in Dortmund spielte, den Fans versicherte: ›Es ist nichts mit Frankfurt!‹ und dann doch zur Eintracht wechselte«, erklärt Ottmar. »Das war ein Politikum, ihn zu Gelb-Schwarz zurückzuholen. Aber wir waren uns in der Vereinsführung einig: Jetzt greifen wir an! Der Titel muss her! Ich war überzeugt, wenn ich auf sechs oder sieben Positionen besser bin als der Gegner, gewinne ich das Spiel.« Mit Andreas Möller kam auch der Brasilianer Julio César von Turin nach Dortmund.

Herbst 1994, 8. Spieltag der neuen Saison, der BVB lag mit 13:3 Punkten an der Tabellenspitze, im UEFA-Cup übersprang er eine Hürde nach der andern: Der FC Motherwell wurde mit dem Gesamtergebnis von 3:0, Slovan Bratislava mit 4:2 aus dem Wettbewerb geworfen. Deportivo La Coruña musste sich im Westfalenstadion nach einem denkwürdigen Rückspiel in der Verlängerung mit 2:3 dem BVB beugen. Im Frühjahr 1995 schlug das Team von Hitzfeld im Viertelfinale Lazio Roma mit 2:1, erst im Halbfinale war Endstation: Juventus Turin besiegte die Borussen mit 4:3. Aber das »Wir-Gefühl« innerhalb der Mannschaft, das sie im ersten Hitzfeld-Jahr so stark machte, war wieder da. Wenn beim Training das Tor herumgeschoben werden musste, packten die so genannten Stars genauso an wie die Wasserträger. Trainer Hitzfeld wählte drei Spieler, mit denen er einen besonders intensiven Austausch pflegte: Kapitän Michael Zorc, der als Ur-Dortmunder die Entwicklung des Vereins hautnah miterlebte, Matthias Sammer als Chef in der Defensive und Andy Möller in der Rolle des Dirigenten im Angriff. »Nicht ein Einziger, der gegen diese speziellen Kontakte opponierte«, bemerkt Hitzfeld, dem durch die Wahl des Fachmagazins »Libero« die Ehre zuteil wurde, zum »Deutschen Fußballtrainer des Jahres 1994« gewählt worden zu sein.

Der Donnerstag, 16. März 1995, wurde zum rabenschwarzen Tag für Trainer Hitzfeld und die ganze Borussenfamilie. Bestens gelaunt nach dem 2:0-Sieg des BVB im UEFA-Cup-Viertelfinale gegen Lazio Roma, trat die Mannschaft zum Training an. Um 10.45 Uhr schockte ein markerschütternder Schrei alle, die sich auf dem Trainingsgelände aufhielten. Stéphane Chapuisat hielt mit schmerzverzerrtem Gesicht sein Knie, kreidebleich stand Assistenztrainer Michael Henke neben ihm, die beiden waren derart unglücklich zusammengeprallt, dass der Schweizer Stürmerstar sich schwer verletzte und mit einem Kreuzbandriss für Monate ausfiel. Cheftrainer Hitzfeld und Stürmerstar »Chappi« verband nicht nur, das Abenteuer BVB 1991 gemeinsam gewagt zu haben, sondern nun auch die Erfahrung, schweres, körperliches Leiden im Spitzenfußball ertragen und bewältigen zu müssen.

Nicht genug für Borussias Truppe, das Schicksal schlug wenig später nochmals zu. Diesmal traf es Karlheinz Riedle, auch er erlitt einen Kreuzbandriss. »Der komplette Sturm kampfunfähig«, erzählt Hitzfeld, »ich hatte nur noch unsere beiden ›Küken‹, den 18 Jahre alten Ibrahim Tanko und seinen gleichaltrigen Kollegen Lars Ricken, dennoch forderte der ganze Kohlenpott die deutsche Meisterschaft.«

Gegen Ende der Meisterschaft spitzte sich das erbitterte Duell zwischen dem SV Werder Bremen und Borussia Dortmund dramatisch zu. Nach der 1:3-Niederlage des BVB im Bundesliga-Gipfel zwischen diesen beiden Vereinen spuckte der sonst nur innerlich tätige Vulkan Hitzfeld plötzlich Feuer. Die Bremer seien in der zweiten Halbzeit Amok gelaufen und hätten Jagd auf die Gesundheit seiner Spieler gemacht, ließ er verlauten. Tatsächlich hatte der Dortmund-Trainer am Tag nach der »Schlacht an der Weser« bloß noch acht trainingsfähige Akteure zur Verfügung. Die verbale Attacke des BVB-Coach deutete keinesfalls auf blanke Nerven, sie hatte Methode, Hitzfeld blies fünf Runden vor Schluss der laufenden Meisterschaft zum Angriff auf die Schale. Sein Ausflug in die Abteilung »markige Sprüche« kam in der Malocherstadt Dortmund gut an.

Noch 90 Minuten blieben bis zum Ende der Bundesligasaison 1994/95. Am 9. Juni 1963 waren die gelb-schwarzen Fußballer mit einem 3:1-Sieg gegen den 1. FC Köln zuletzt deutscher Meister geworden. Damals war Ottmar Hitzfeld gerade 14 Jahre alt und stürmte für den TuS Stetten. 32 lange Jahre warteten die Fans in Dortmund nun schon geduldig auf eine erneute Meisterschaft ihres BVB. In einem dramatischen Finish überholte die Elf von Trainer Hitzfeld in der letzten Runde der Saison 1994/95 Tabellenführer SV Werder Bremen und holte die Meisterschale ins Westfalenstadion zurück. 1:3 verlor Rivale Otto Rehhagel in München, 2 : 0 siegte Ottmar in Dortmund. Unbeschreiblicher Jubel im Stadion, als DFB-Präsident Egidius Braun Kapitän Michael Zorc die Schale überreichte.

Der Schweizer Sportjournalist Franz Baur durfte nach Spielschluss als einer der wenigen aus dem Medientross zur Übergabe der Meisterschale auf den Rasen des Westfalenstadions, »für mich ein unvergessliches Erlebnis! Inmitten tausender jubelnder Fans kämpfte ich mich zu Ottmar vor, der umringt war von Funktionären, die ihn abzuschirmen suchten, ich rief ihm laut zu: ›Du weißt, bloß genau drei Fragen!‹ Ottmar bat mich, in seiner Nähe zu bleiben. Nach geraumer Zeit erst schafften wir es, die Katakomben des Stadions zu erreichen, unvermittelt sagte Ottmar zum Begleittross: ›Moment bitte!‹ und zog mich in einen Materialraum, den ich gar nicht beachtet hatte. Für einen kurzen Augenblick von drei Reporterfragen hielten wir uns mutterseelenallein in diesem Raum auf, während draußen die Hütte brannte, dann eilte der Meistertrainer zur Pressekonferenz, ich musste erst gar nicht dorthin, überspielte mein Interview ins Radiostudio Zürich, ein paar Minuten später lief es schon über den Sender, wohl als erster direkter Stimmungsbericht aus der neuen Fußballhauptstadt Deutschlands, wo die offizielle Pressekonferenz mit Live-Berichten erst begann.« Franz Baur stellte genau die vereinbarten drei Fragen, keine einzige mehr. Ein Detail? Keineswegs. Das sind die kleinen Bausteine, auf denen eine verlässliche Beziehung zu Ottmar Hitzfeld aufgebaut werden kann.

»Später«, bemerkt Freddie Röckenhaus, »machte er allen Beteiligten zuliebe die unselige Szene mit der Pickelhaube und der Zigarre mit, viele glaubten, der Hitzfeld kann doch noch richtig feiern, in Wirklichkeit war das bloß eine Maskerade, ein Ersatz für die echten Emotionen, die er nicht zeigen wollte. In der Öffentlichkeit wird Ottmar Hitzfeld auch weiterhin mit angezogener Handbremse mehr innerlich jubeln, wenn er sich über ein Tor freute, auch in Zukunft kurz die Faust ballen, dann muss in seinem Kopf irgendwo ein Chip eingebaut sein, der ihm automatisch den Impuls gibt: Nicht übertreiben! Keinen Veitstanz aufführen! Dann wird er sich die Krawatte wieder gerade ziehen, und damit muss gut sein.«

Mitten im größten gelb-schwarzen Festtrubel entdeckte Präsident Dr. Gerd Niebaum zwei Gestalten, »die auf den ersten Blick gar nicht so recht zur ausgelassenen Festgemeinde zu gehören schienen – an einem sonst leeren Tisch saßen Ottmar Hitzfeld und Matthias Sammer, tief ins Gespräch versunken, wie zwei Wanderer, die zwar darum wussten, ein Zwischenziel erreicht zu haben, aber noch nicht den Gipfel.«

In der damals gerade abgelaufenen Saison drückte auch Petra für Borussia Dortmund die Daumen, sie schaute sich die Spiele im Fernsehen an, aber vom Virus Fußball war sie nicht infiziert, bis ihr Cousin sie im Frühling 1995 auf die siebenhundert Kilometer lange Reise ins Dortmunder Westfalenstadion mitnahm. Total irre sei es gewesen, schwärmt die heute 23-Jährige: »Eine einzige Woge in Gelb-Schwarz, ein Aufschrei beim 1:0 für den BVB, wie ich ihn nie mehr vergessen werde, ich glaubte, die Südtribüne würde einbrechen.« Am Tag darauf verfolgte Petra das Training des BVB. »Ich traute meinen Augen nicht«, gesteht sie, »gegen tausend Fans beobachteten fast jede Regung ihrer Lieblinge, da herrschte ein Betrieb fast wie bei einem Jahrmarkt, strenge Ordnungshüter sorgten für einen reibungslosen Trainingsablauf, überall lauernde Medienleute. Mich faszinierte, wie die Spieler zwar voll bei der Sache waren, trotzdem aber fröhlich miteinander umgingen, lachten und scherzten, und von leicht abseits beobachtete Herr Hitzfeld aufmerksam seine Spieler, bisher hatte ich ihn nur am Bildschirm gesehen, jetzt stand er ganz in meiner Nähe. Als Borussia Dortmund dann am Ende der Saison mit Hitzfeld die deutsche Meisterschaft gewann, habe ich dem Trainer einen Brief geschrieben. Ein halbes Jahr später reiste ich wieder ins Westfalenstadion. Der Busfahrer kannte Herrn Hitzfeld persönlich, am Sonntagmorgen nahm er mich mit zum Training, ich schaffte es bis ins Büro von Hitzfeld, der sich an meinen Namen erinnern konnte. Ich spürte, er behandelte mich nicht wie eine Nummer.«

Deutscher Fußballmeister mit Borussia Dortmund, 1995

Ein Jahr später erkrankte Petra an Magersucht. Sie wurde ins Krankenhaus eingeliefert. Ganze 28 Kilo zeigte die Waage noch an, ein furchtbarer Kampf für ihren Körper, sie wurde künstlich ernährt, legte wieder etwas an Gewicht zu, aber das wollte sie doch gar nicht. Petra war drauf und dran zu sterben. »Meine Eltern versuchten alles Mögliche, mir wieder ins Leben zurückzuhelfen, alle erdenklichen Register zogen sie, um mich zum Kampf zu motivieren, mein junges Leben nicht wegzuwerfen.« Voller Verzweiflung setzte sich ihr Vater hin, schrieb ohne Wissen seiner Tochter einen Brief an Ottmar Hitzfeld, den Petra so verehrte, und schilderte ihm ihr Schicksal. Seine Frau habe den Kopf geschüttelt und ihm zu bedenken gegeben, Hitzfeld bekomme doch bestimmt täglich alle möglichen Bittschriften, da würde er doch nicht ausgerechnet seinen Brief beantworten. Eines Tages brachte die Krankenschwester ein Paket an Petras Bett. Absender: Ottmar Hitzfeld. Petra war sprachlos, rieb sich die Augen, glaubte zu träumen; wie von Fieber gepackt, war ihr heiß und gleich wieder kalt, sie öffnete das Paket und stieß auf Fanartikel von

Borussia Dortmund mit Unterschriften von Trainer Hitzfeld und verschiedenen Spielern. Unter all den Artikeln entdeckte sie einen Briefumschlag, drin lag eine Tonbandkassette, die sie gleich einlegte, und dann erklang die Stimme von Ottmar Hitzfeld:

Hallo, Petra!

Hier spricht Ottmar Hitzfeld. Ich habe von deinem Vater einen sehr netten Brief bekommen und erfahren, dass es dir gesundheitlich nicht so gut geht, und darum habe ich mich auch entschlossen, dir hier einige Worte auf das Band zu sprechen. Ich und wir alle bei Borussia Dortmund wissen, dass es dir gesundheitlich nicht so gut geht, und darum wünschen wir dir alles Gute, vor allem viel, viel Kraft, um dein Leben wieder neu zu gestalten, um in deinem Leben wieder einen festen Glauben zu finden, nicht nur für die Zukunft, sondern auch für sich selbst, dass du die nötige Kraft hast, die Talsohle zu durchschreiten, das Leben besteht nicht nur aus Höhen, sondern auch aus Tiefen, die man überwinden muss, und da ist es sehr wichtig, dass man einen festen Glauben hat, fester Glaube, es zu schaffen, fester Glaube an sich, an die Geschwister, die Eltern, dass man gemeinsam auch solche Probleme lösen kann. Ich hoffe, dass du Freude hast an den Sachen, die ich dir geschickt habe. Wir bei Borussia Dortmund wissen um deine Situation, und wir wünschen dir für die Zukunft alles, alles Gute, viel Optimismus, festen Glauben und viel Kraft, die Situation mit deiner Familie zu meistern und dann nachher auch wieder irgendwann ein Borussia-Spiel live erleben zu können, und da kannst du mich jederzeit ansprechen, ich werde mich mit dir gerne unterhalten oder auch ein paar Spieler. Wir werden uns dann irgendwann mal sehen. Alles Gute wünscht dir

Borussia Dortmund und Ottmar Hitzfeld

»Ich habe mir die Worte von Herrn Hitzfeld angehört«, erzählt Petra, »tief drinnen berührten sie meine Seele, die Tränen liefen mir runter, nie hätte ich gedacht, dass so ein Mensch das für mich macht, ich spürte einen gewaltigen Stromstoß, eine unglaubliche Kraft, einen riesigen Hoffnungsschub, mit einem Mal katapultierten mich diese Worte aus dem fernen Dortmund wieder ins Leben zurück, die Zeiten der Resignation wurden immer kürzer, wenn mich noch ab und an Hoffnungslosigkeit in die Tiefe zu zerren drohte, lauschte ich den Worten von Herrn Hitzfeld. Da sprach nicht einfach ein prominenter Fußballtrainer zu einem armen Fan irgendwo in Europa, da sprach ein besorgter Mensch herzliche Gedanken. Für mich hatte das, was er mir sagte, etwas mit Gott zu tun, die Worte von Herrn Hitzfeld haben dazu geführt, dass ich wieder leben wollte.« Petra ließ dem Impuls der Worte des Borussia-Trainers eine vierjährige Therapie folgen. Heute hat sie ihre schwere Krankheit überwunden. Sechs Jahre nach dieser schlimmen Zeit sitze ich Petra gegenüber, eine zierliche Frau, hübsch, mit strahlenden Augen, sie freut sich am Leben. »Ihnen kann ich schon zeigen, wie ich vor sechs Jahren ausgesehen habe«, sagt Petra und holt ein Fotoalbum aus dem Regal. Ich bin erschüttert, mag gar nicht so richtig hinschauen, kann kaum glauben, heute dieselbe Frau vor mir zu haben. Auf einem Foto im Bücherregal blickt Ottmar Hitzfeld freundlich ins Zimmer. Auf dem Sofa liegt ein Kissen in Gelb-Schwarz mit den Buchstaben BVB. »Ich bin noch immer ein treuer Borussia-Fan, aber ich fiebere auch stets mit dem Verein, den Herr Hitzfeld gerade trainiert.«

Im Sommer 1996 konnte Ottmar Hitzfeld auf fünf intensive Jahre bei Borussia Dortmund zurückblicken. Der Leistungsnachweis war beeindruckend: Nach der Meisterschaft 1994/95 wurde Hitzfeld auch 1995/96 mit Borussia Dortmund deutscher Meister, er war einmal Vizemeister, einmal im UEFA-Cup-Endspiel, einmal im Halbfinale. Aus den Fängen einer unter bedrohlichen Umständen ausgebrochenen Krankheit erholte er sich in Rekordzeit. Hitzfeld führte Dortmund sportlich an die europäische Spitze heran, der BVB avancierte zu einem beachtlichen wirtschaftlichen Unternehmen. Seit einem Jahr verstärkte Jürgen Kohler, der letzte in die Heimat zurückgekehrte Italien-Söldner, die Reihen des BVB. Neu zur Truppe stießen der Österreicher Wolfgang Feiersinger, der Portugiese Paulo Sousa und der Schotte Paul Lambert.

Der Druck auf Spieler und Trainer wuchs von Jahr zu Jahr. Titel drohten selbstverständlich zu werden, erbarmungslos und immer schneller drehte sich das Karussell aus Punkten, Prämien, Umsatzzahlen und Einschaltquoten und drohte, aus den Fugen zu geraten. »Vizepräsident Ernst Breer rief mich an und machte mir klar, es gäbe nichts anderes, als erneut Meister zu werden, wirtschaftliche Gründe würden dieses Ziel unerbittlich diktieren«, schildert Ottmar Hitzfeld die Erwartung seines Arbeitgebers, die zu Beginn der Saison 1996/97 schon wieder Druck erzeugte. Obwohl in der Führungsetage ein gutes Einvernehmen herrschte, Vorstand und Trainer am selben Strick zogen, schwebte über dem Westfalenstadion der schwer wiegende Spruch: »Wir sind zum Siegen verdammt.« Die kapitalistische Grundmaxime vom »Nullwachstum gleich Rückschritt« begann ihre gefährliche Logik zu entfalten. Für zeitweilige Einbrüche, die in der Weltanschauung von Ottmar Hitzfeld menschlich sind und selbst im harten Fußballgeschäft noch Platz finden müssen, hatte zusehends niemand mehr Verständnis. Präsident Niebaum – ein überaus erfolgreicher und ehrgeiziger Mann – war nur noch das Maximum gut genug. Eine Rolle spielte dabei die Angst vor dem Konkurrenten Bayern München. Borussia begann in zwei Teile auseinander zu driften, in der Meisterschaft reichte es am Schluss bloß zu Rang 3, in der Champions League aber marschierte die gelbschwarze Truppe bis ins Finale durch, nachdem sie die AJ Auxerre, eine alte Bekannte, und selbst das renommierte Manchester United ausgeschaltet hatte.

Die Vorbereitung auf das Finalspiel der Champions League in München konnte selbst öffentlich nicht vertuschen, dass die Mannschaft des BVB kein verschworenes Team mehr war. Abnützungserscheinungen lähmten den Teamgeist früherer Jahre. Trainer Hitzfeld konnte nicht mehr auf eine bedingungslose Zustimmung all seiner Spieler zählen. Mit dieser gruppendynamischen Konstellation im Hintergrund fuhr Borussia Dortmund zum europäischen Gipfeltreffen nach München. *Hitzfeld hat seine Autorität im Starensemble stets mit einer dezidierten Distanz aufrechterhalten wollen. Diese Distanz ist derzeit freilich so groß, dass man kein Prophet sein muss, um nach dem Mittwoch einen gewaltigen Knall zu erwarten,* schrieb Freddie Röckenhaus in der »Süddeutschen Zeitung« einen Tag vor dem Finale.

Matthias Sammer, von Deutschlands und Europas Sportjournalisten zum »Fußballer des Jahres 1996« erkoren, erlebte in der Saison 1996/97 schwere Zeiten. Langwierige Verletzungen stellten ihn über Monate auf eine harte Geduldsprobe. Er hegte Rücktrittsgedanken. Trainer Hitzfeld stand vor einer schwierigen Aufgabe, denn Wolfgang Feiersinger lieferte im Champions-League-Wettbewerb ausgezeichnete Spiele. Er hätte es verdient, im Finale spielen zu dürfen. Hitzfeld pokerte hoch. Er entschied sich, Weltklasselibero Sammer für München in die Startformation aufzunehmen, obwohl dieser keine Spielpraxis hatte. Hitzfeld setzte auf die Wirkung der Symbolkraft seines Leitwolfs. Das hatte direkte Konsequenzen für Feiersinger. Er fand keine Berücksichtigung mehr. Auch nicht als Joker auf der Bank. Denn: »Mit Feiersinger ergaben sich für mich in dieser Frage kaum taktische Varianten. Die Nomination René Tretschoks eröffnete mir aber vielfältige Alternativen, Tretschok war laufstark, einsetzbar als Verteidiger, im Mittelfeld oder im Sturm. Einige Tage und Nächte war ich hin und her gerissen, das Problem war ungleich größer als die Aufstellung selber. Menschlich wäre es gerecht gewesen, Feiersinger zu berücksichtigen, dem Verein gegenüber hatte ich keine Wahl, nur Tretschok kam als Joker in Frage. Schweren Herzens teilte ich Wolfgang Feiersinger meinen Entscheid mit und bot ihm Einblick in meine Überlegungen, ein schwacher Trost für den enttäuschten Spieler.«

Am Mittwoch, 28. Mai 1997, rief das Münchner Olympiastadion Borussia Dortmund und Juventus Turin zum Kampf der Champions-League-Giganten. Unter Führung von Trainer Marcello Lippi reisten die Italiener mit einer wahren Startruppe in die bayrische Metropole. Zidane, Vieri, Di Livio, Deschamps hießen die Halbgötter, aber die begehrteste Fußballtrophäe Europas holten sich die Helden aus Westfalen, 3:1 für den BVB lautete das Schlussresultat. Als

Champions-League-Sieger mit Borussia Dortmund, 1997

erste deutsche Mannschaft schaffte Borussia Dortmund die Krone in der Champions League. In Erinnerung bleibt die 71. Spielminute: Keine 60 Sekunden auf dem Platz, schnappte sich Lars Ricken den Ball und schlenzte ihn aus rund 28 Metern über Keeper Angelo Peruzzi hinweg ins Tor – wie einst »Stan« Libuda beim ersten BVB-Europacupsieg 1966 über den FC Liverpool, schwärmen sie heute noch in Dortmund. »Borussia Dortmund ist die Nummer 1 in Europa, Kalle Riedle und Lars Ricken haben drei Tore für die Unsterblichkeit geschossen«, rief BVB-Präsident Gerd Niebaum in den Festsaal des Sheraton-Hotels in Bogenhausen nach dem Sieg seiner Borussia, und es erklang die Hymne »Wir halten fest und treu zusammen. Borussia wird niemals untergehen«. Die unvermeidliche Pickelhaube tauchte wieder auf, die Zigarre auch, und Ottmar Hitzfeld dirigierte den Marsch von den »Alten Kameraden«. Aber das wollte alles nicht zusammenpassen. Hitzfeld war entkräftet, Journalisten, die ihn seit Jahren kannten, hatte ihn noch nie so ausgebrannt erlebt, zählbare Rückendeckung kam nur noch von Manager Meier. Beim Festakt warteten alle auf ein Lob des Präsidenten an seinen Trainer, sie warteten vergeblich. Zur Makulatur verkam in diesem Augenblick auch Niebaums Vision, die er am 5. Mai 1993 in einem BVB-Magazin äußerte. Der Präsident wurde damals gefragt, wie lange er Trainer Hitzfeld beim BV Borussia zu halten gedenke. *›Ottmar Hitzfeld soll so lange in Dortmund arbeiten wie Guy Roux bei AJ Auxerre‹*, wünschte sich der Boss. Noch genau 30 Jahre wären es damals gewesen, Guy Roux trainierte Auxerre seit 1961 und tut dies nach kurzer Verschnaufpause in der Saison 2000/01 heute noch.

In all diesen turbulenten Tagen dachte auch Hitzfeld daran, in Dortmund aufzuhören. Da holte der erfolgreichste deutsche Trainer der letzten Jahre zusätzlich zu den bereits ins Trockene gebrachten Titeln für Dortmund auch noch die höchste europäische Auszeichnung – und dachte gleichzeitig an Rücktritt, nicht etwa, weil es clever gewesen wäre, auf dem Höhepunkt aufzuhören, um sich noch ehrgeizigeren Zielen zuzuwenden, sondern ganz einfach, weil er enttäuscht war: »Im Vorfeld des Finales brachten die Medien überwiegend negative Geschichten, bei uns wurde nur noch über Niederlagen gegen Duisburg und Bielefeld lamentiert und zu wenig über Siege gegen Auxerre oder Manchester gesprochen.« Ausgerechnet Steffen Freund, der in der abgelaufenen Saison wegen Verletzungen kaum je punktemäßig gegen einen Ball getreten hatte, schlug als Einstimmung auf das Finale in München scharfe Töne an gegen Hitzfeld. Er habe noch nie dieselbe Wellenlänge gehabt wie der Trainer, ließ Freund verlauten, jedenfalls habe er von Matthias Sammer mehr gelernt als von Hitzfeld. Freund durfte in aller Öffentlichkeit solcherlei reden, ohne vom Verein mit einer Geldbuße bestraft worden zu sein. Matthias Sammer, als Trainer inzwischen längst genau in derselben Rolle wie einst sein Vorgänger Hitzfeld, erklärt im Jahre 2002 anlässlich eines Trainingslagers der Borussia am Vierwaldstätter See: »Die Rolle von Dr. Niebaum wäre falsch wiedergegeben, wollte man sagen, es hätten Spieler zu ihm gehen können, um Ottmar Hitzfeld zu belasten oder gar seine Entlassung zu beantragen. Wir waren damals schon über Jahre mit ihm zusammen, wir nützten uns ab, es gab keine Auffrischung, viele Spieler wurden erwachsen, entwickelten eigene Vorstellungen, wie der BVB zum Erfolg kommen konnte, ich habe Ottmar das Leben nicht immer leicht gemacht, dachte selber mit der Zeit schon wie ein Trainer, vor allem in jenen hektischen Wochen im Frühling 1997 vermisste ich bei Ottmar die natürliche Autorität, die ihn sonst stets auszeichnete.« Bezeichnend für die getrübte Beziehung zwischen dem Trainer und seinem eigenwilligen Abwehrchef war auch die Tatsache, dass Sammer sich nach dem Champions-League-Sieg öffentlich bei Präsident Niebaum bedankte, Hitzfeld aber nicht erwähnte.

Ottmar Hitzfeld versichert, mit Matthias Sammer viele Gespräche geführt zu haben. »Ich habe ihn oft gefragt: ›Gibt es irgendwas auszusetzen?‹ Er sagte immer: ›Nein!‹ Ich habe mit Sammer stets ein ordentliches Verhältnis gehabt, er fiel mir nie offensichtlich in den Rücken.« Vielmehr zu schaffen gab dem Trainer die latent schwelende Stimmung in der Öffentlichkeit: »Die negative Berichterstattung über die Spannungen bei Borussia Dortmund haben mich sehr viel Kraft gekostet, vor allem, dass auch Dr. Niebaum geäußert hat, er sei nicht zufrieden mit der Mannschaft, obwohl wir in der Champions League durchmarschiert sind. Es war doch klar: Eine Mannschaft lässt in der Meisterschaft nach, wenn sie sieht, dass sie an Europas Spitze fliegen kann. Wir hatten nicht die Substanz im Kader, auf beiden Hochzeiten hundertprozentig zu tanzen. Wir hatten auch Verletzte zu beklagen, Sammer ging sogar halb verletzt ins Finale.

Eine andere Quelle für die schon vor dem Münchner Finale herumschleichende Giftwolke über Fußball-Dortmund lag laut Freddie Röckenhaus im unglücklichen Umgang zwischen Kapitän Zorc und Trainer Hitzfeld. Der verdienstvolle Spieler verdaute die Tatsache, bloß noch sporadisch zu Einsätzen zu kommen, nur ganz schlecht, wobei Hitzfeld sicherlich im Umgang mit Zorc auch nicht mehr jenen unwiderstehlich-positiven Ton fand, der ihn im Angehen und Lösen von Problemen sonst so auszeichnete. Hitzfelds Gereiztheit war nachvollziehbar. Der Trainer war mit dem Vorstand übereingekommen, den Vertrag mit Michael Zorc nicht mehr zu verlängern, sah sich aber kurz darauf vor die Tatsache gestellt, dass Zorcs Vertrag nun doch verlängert wurde – um ganze zwei Jahre.

Nach dem Champions-League-Sieg von München waren Hitzfelds Batterien leer. »Ich war zermürbt, hatte das Gefühl: So, das war's! In Dortmund bist du erledigt! Ich hatte ein Angebot von Real Madrid, die hätten mich sofort genommen, ein unterschriftsreifer Vertrag lag vor, eine Paradoxie: Einer der weltbesten Vereine wollte mich unbedingt als Trainer verpflichten, und Borussia Dortmund war nicht mehr zufrieden mit mir! Meine Frau und mein Sohn wären sofort nach Madrid mitgekommen.«

Hitzfeld durchlitt zwei schlaflose Nächte, wälzte das Für und Wider des Angebots der Königlichen aus Madrid: »Der Reiz war groß, nach Spanien zu gehen, dann sah ich aber das sprachliche Hindernis, das sich wie ein Ungetüm vor mir aufbaute, ich musste mir eingestehen: Du bist körperlich und seelisch nicht fit genug, etwas Neues zu beginnen und erst noch als Trainer von Real Madrid.« Nach der zweiten schweren Nacht traf Ottmar die Entscheidung: »Beim Rasieren fand ich plötzlich Klarheit, ich rief Michael Meier an und sagte ihm: Ich höre auf!« Manager Meier bat Trainer Hitzfeld zu sich und eröffnete ihm: »Es gibt für dich doch die Möglichkeit, eine Pause einzulegen, du könntest bei uns den Posten eines Sportdirektors übernehmen, ich selber decke nach wie vor die wirtschaftliche Seite des Vereins ab, du künftig die sportliche, du kannst Spieler beobachten, kannst dich weiterbilden.«

Die Öffentlichkeit wusste noch nichts von diesen Überlegungen in der BVB-Chefetage. In Dortmund geisterte überall das Gerücht herum, Hitzfeld wolle dem Kader einen Radikalschnitt verpassen, um mit veränderten Perspektiven in eine neue Zukunft schreiten zu können. »Die Frage eines notwendigen Umbaus der Mannschaft hätten wir im Vorstand erst nach Ende der Saison ansprechen müssen«, betont Ottmar Hitzfeld, »aber das war schon bald nicht mehr mein vordringliches Problem.« Borussia Dortmund verpflichtete den Italiener Nevio Scala als neuen Cheftrainer, während der erfolgreichste

Mit Matthias Sammer, 1997

Mann, der je eine Borussen-Elf trainierte, die Trainerbank im Westfalenstadion räumte und fortan versuchte, Sportdirektor zu sein. Die Aufgaben eines Fußballtrainers sind Ottmar Hitzfeld auf den Leib geschnitten, jene des Sportdirektors kamen von der ersten Sekunde an bloß einer Rolle gleich, die der Lörracher überstreifte, mehr der Not gehorchend, als der eigenen Überzeugung. Ottmar Hitzfeld, der in seinem Beruf erst so richtig auflebt, wenn er einen Ball spürt, wenn der Uhrzeiger am Samstagnachmittag unerbittlich gegen 15.30 Uhr rückt, fuhr ab Sommer 1998 Tag für Tag in sein Büro in der BVB-

Ottmar und Beatrix Hitzfeld, Mai 1997

Zentrale. »Ich setzte mich an den Schreibtisch«, lässt Hitzfeld jene eigenartige Phase in seinem Berufsleben Revue passieren, »schaute hinaus in Richtung Stadion ›Rote Erde‹, hörte meine ehemaligen Spieler schreien, konnte fast jeden am Tonfall ausmachen und dachte mir schon bald: Hier bin ich fehl am Platz!« Kein Zweifel, die Menschen im Umfeld seines neuen Arbeitsplatzes waren alle sehr zuvorkommend gegenüber dem einstigen Trainer, man kannte sich, aber erstmals in Ottmar Hitzfelds Leben als Fußballer lag der Ball nicht mehr täglich im Zentrum, auch nicht mehr die Arbeit mit der Mannschaft, es ging nicht mehr Woche um Woche um Sieg oder Niederlage, die Spannung fehlte. »Ich empfand diese Zeit als Sportdirektor sehr ambivalent«, bilanziert Hitzfeld, »erst brauchte ich lange Zeit, bis ich fähig war, richtig abzuschalten, ehe ich es genoss, besser schlafen zu können und innere Ruhe zu finden. Natürlich nahm ich die Chance gerne wahr, mich weiterzubilden, aber das alles brachte mir letztlich keine Befriedigung.« Ähnlich einer Schlange, die sich von Zeit zu Zeit in eine geschützte Nische zurückzieht, um sich Zeit zu nehmen, ihre alte Haut abzustreifen und sich in neuem Kleid dem Leben zu stellen, gönnte sich auch Ottmar Hitzfeld eine Auszeit, um sich zu häuten und mit neuer Lebenskraft anzugreifen.

Binnen kürzester Zeit hatte sich Ottmar Hitzfeld glänzend erholt von den sechs Jahren Dauerstress auf der Trainerbank von Borussia Dortmund. Golf spielen am Sempacher See in der Schweiz, Freunde besuchen, ruhig schlafen, Skiferien in Engelberg, Abstand gewinnen. Blendend sah er aus. Einen schönen Herbst lang. Dann begann sich der Rest der Welt um die berufliche Zukunft von Ottmar Hitzfeld Gedanken zu machen. Die Schweizer Boulevardzeitung »Blick« verkündete, Ottmar Hitzfeld sei genau der richtige Mann, dem ramponierten Nationalteam der Eidgenossen endlich wieder Glanz und Ruhm zu verleihen. Für Hitzfeld war es tatsächlich eine Überlegung wert, Schweizer Nationalcoach zu werden: »Ich traf mich im Dezember 1997 in Basel mit Eugen Mätzler, dem Delegierten der Nationalmannschaft, und bat um Bedenkzeit, ich wollte mich erst im März 1998 entscheiden.« Weil Rolf Fringer mit der Nationalelf glücklos agierte, machten die Verantwortlichen aber Druck. Hitzfeld ließ sich aber nicht drängen. »Blick«, der Hitzfeld eben noch begeistert portierte, drehte den Spieß um und warf ihm vor, die Schweiz zappeln zu lassen und mit ihr bloß ein Spielchen zu treiben. Darauf schlug Ottmar Hitzfeld das Schweizer Angebot aus, weil die Entscheidung über die weitere Zukunft noch nicht ausgereift war. Förmlich mit der Türe ins Haus fiel Franz Beckenbauer. Er traf Ottmar Hitzfeld im Januar 1998 bei einer Party von »Sport-Bild« und prophezeite dem damaligen Chef-Angestellten des BVB rundweg: »Ottmar, du bist der nächste Bayern-Trainer!« Von allem Anfang an war Ottmar Hitzfeld Beckenbauers Mann. »Mein Gott, dieser Job als Sportdirektor, das war doch nichts für Ottmar«, schildert der »Kaiser« seine Beobachtungen. »Ich habe gesehen: Der Ottmar leidet, er braucht seine tägliche Arbeit, er gehört auf den Trainingsplatz und muss mit seinen

Spielern leben, leiden, sich freuen und arbeiten. ›Den Sportdirektor kannst du mit 65 noch machen‹, habe ich zu ihm gesagt, ›das ist ein Job für Rentner.‹ Ich habe gespürt, die Arbeit am Schreibtisch füllt ihn nicht aus, das war unsere Chance.« Beckenbauer und Hitzfeld spielten in den siebziger Jahren gegeneinander, der eine im Bayerndress, der andere in den Farben des VfB Stuttgart. Das Wort vom »nächsten Bayern-Trainer« aus dem Munde Beckenbauers freute Ottmar Hitzfeld, doch der im Bundesligageschäft mittlerweile erfahrene Trainer dachte nicht im Entferntesten daran, bei einer zufälligen Begegnung einen derart wichtigen Entscheid zu fällen: »Die Aufgabe beim FC Bayern reizte mich sehr wohl, aber ich ging nicht davon aus, schon 1998 in München zu landen, zudem stand Giovanni Trapattoni beim Rekordmeister nach wie vor unter Vertrag.« Hitzfeld beschied Beckenbauer, ein Engagement bei den Bayern könne schon mal ein Thema sein, solange »Trap« aber noch einen Vertrag habe, suche er sich einen andern Verein. RTL-Kommentator Beckenbauer und Sportdirektor Hitzfeld trafen sich in der Folge immer wieder während der Übertragungen aus der Champions League. Damit hatte Ottmar Hitzfeld eine viel versprechende Verbindung nach München in der Hand. Eine weitere Möglichkeit ergab sich mit Hertha BSC Berlin. Robert Schwan wollte den Lörracher an die Spree verpflichten. Obwohl die Perspektiven mit Berlin als neuer Hauptstadt und den Visionen im Führungsstab, die Hertha nach jahrelanger Zweitklassigkeit wieder zu einer gesuchten Adresse im deutschen Fußball zu machen, respektabel waren, räumte Ottmar Hitzfeld der Anfrage aus Berlin keine großen Chancen ein. Er hatte keinerlei Bezug zu Berlin. In dem Pokerspiel um die entscheidende Karte, die stechen und damit zu einer Verpflichtung von Deutschlands umworbenstem Trainer führen sollte, mischte auch Rolf Rüssmann, der Manager von Borussia Mönchengladbach, engagiert mit. Er verfügte zumindest über zwei sehr starke Argumente. Das eine hatte mit Fußball gar nichts zu tun, packte Ottmar Hitzfeld aber bei seinen Vaterpflichten: Im Sommer 1999 machte Matthias Hitzfeld Abitur, da bot sich das nahe Mönchengladbach geradezu an, die Familie Hitzfeld hätte weiterhin in Dortmund wohnen können. Das andere Argument setzte bei der Tradition von Mönchengladbach selber an: Die Mannschaft vom Bökelberg stieg vor über dreißig Jahren gemeinsam mit dem FC Bayern in die Bundesliga auf, über einen längeren Zeitraum hinweg kämpften die beiden Teams um die Vorherrschaft, ehe die Bayern sich zum erfolgreichen Nobelklub entwickelten, die »Fohlen« aber eine volkstümliche Mannschaft blieben, Borussia Mönchengladbach, der heimliche Lieblingsverein der deutschen Fußballgemeinde. Bayern-Boss Beckenbauer empfahl dem Dortmunder Sportdirektor, in einen Vertrag mit Mönchengladbach eine Ausstiegsklausel einzubauen. Kannte der »Kaiser« die ethischen Grundsätze dessen nicht, den er unbedingt auf der Cheftrainerbank bei Bayern München sehen wollte? Zwar spielte Ottmar Hitzfeld für einen kurzen Moment mit dem Gedanken einer Ausstiegsklausel, besann sich aber auf seine Haltung, die er bei Verträgen stets einnahm, die ihm in all den Jahren im harten Fußballgeschäft viel Respekt eintrug, und verwarf die Idee eines Ausstiegspassus umgehend, zumal ihm zwei vertrauenswürdige Journalisten versicherten, das jeweilige Interesse zweier renommierter Bundesligaklubs würde in den nächsten Tagen an ihn herangetragen. Ludger Schulze wusste, die Bayern kommen todsicher mit einer offiziellen Anfrage, Martin Hägele hatte über Ulrich Schäfer, den Geschäftsführer des VfB Stuttgart, vertraulich Kenntnis vom entschlossenen Willen der Schwaben, Hitzfeld an den Neckar zu holen. Nicht ganz so direkt wie sein Präsident Beckenbauer baute Manager Uli Hoeneß den Namen Hitzfeld in seine Planung ein. »Als Ottmar und ich bei den Olympischen Spielen von 1972 den letzten Ball gespielt hatten, verlor ich ihn aus den Augen«, erzählt Uli Hoeneß, »seine Laufbahn als Fußballer und die Arbeit, die er als Trainer in der Schweiz verrichtete, habe ich nur ganz am Rande mitbekommen. Für mich wurde Ottmar erst wieder ein Thema, als ich mit wachsendem Erstaunen seine Leistungen in Dortmund verfolgte, ein Trainer, der eine krisengeschüttelte Mannschaft wie den BVB zu Beginn der neunziger Jahre in derart beeindruckender Weise zu einem Spitzenteam formte, musste etwas können.«

Ironie des Schicksals – für das Champions-League-Viertelfinale im März 1998 führte das Los den FC Bayern München und Borussia Dortmund zusammen, oder anders formuliert: der noch unter dem Mantel der Verschwiegenheit gehandelte neue Trainer der Bayern Ottmar Hitzfeld gegen den noch Sportdirektor von Borussia Dortmund Ottmar Hitzfeld. Das Hinspiel im Münchner Olympiastadion konnte der BVB unentschieden gestalten. 60 000 Zuschauer sahen ein 0:0. Die Partie im Westfalenstadion entschied Stéphane Chapuisat mit seinem Tor in der 19. Minute der Verlängerung zum 1:0 für Titelverteidiger Borussia Dortmund. Im offiziellen Jahrbuch des FC Bayern von 1998/99 steht im Zusammenhang mit dem Ausscheiden der Bayern aus der Champions League der lapidare Satz: *Am Tag darauf geht Trainer Giovanni Trapattoni ins Büro von Manager Uli Hoeneß und gibt seinen Vertrag zurück, der noch zwei Jahre gelaufen wäre.* Die Uhr des liebenswürdigen Giovanni Trapattoni war in München abgelaufen, der von ihm geführte »FC Hollywood« hatte ausgetanzt. Der elegante »Maestro« hätte für sein Leben gerne mit den Bayern die Champions League gewonnen. Der Weg für einen neuen Trainer bei Bayern München war frei. »Unser neuer Bayern-Coach«, so Uli Hoeneß, »muss seriös, glaubwürdig und ehrgeizig sein, er muss menschlich einen guten Ruf haben und hat nur die allerbesten fachlichen Kompetenzen mitzubringen.« Für den Manager erfüllten nur zwei diese Anforderungen: Jupp Heynckes und Ottmar Hitzfeld. »Ich favorisierte eher meinen Freund Jupp«, gesteht Uli Hoeneß, »zwar sah ich Ottmars Erfolge bei unserem schärfsten Konkurrenten aus Dortmund, aber ich wusste nicht recht, wie er arbeitet.« Uli Hoeneß wollte einen seriösen Trainer. Das konnte ihm Ottmar Hitzfeld zweifellos bieten.

Borussia Dortmund – Hamburger SV 2 : 0 (2 : 0)
Samstag, 17. Juni 1995
Westfalenstadion: 42 800 Zuschauer (ausverkauft)

Die Mannschaften

Borussia Dortmund: Klos, Sammer, Schmidt, César, Reuter, Zorc, Möller, Freund, Tretschok, Tanko (52. Reinhardt), Ricken

Hamburger SV: Golz, Schnoor, Kober, Kovacevic, Spörl, Fischer, Hartmann, Ivanauskas, Albertz, Breitenreiter, Ordenewitz (43. Kindvall)

Tore: 1 : 0 (8. Möller), 2 : 0 (28. Ricken)
Schiedsrichter: Eugen Strigel (Horb)

Kommentar Ottmar Hitzfeld:

»Eine Runde vor Schluss bot sich dem BVB die einmalige Gelegenheit, erstmals seit 32 Jahren wieder deutscher Meister zu werden. Otto Rehhagel lag mit Werder Bremen ein Punkt vor uns. Die Bremer mussten auswärts gegen die Bayern antreten. Für mich war klar: Die Bayern-Spieler werden alles geben und Rehhagel, ihrem zukünftigen Trainer, zeigen wollen, zu was sie fähig sind. Deswegen baute ich darauf, dass Werder Bremen in München verliert. Die Rechnung war dann schnell gemacht. Wenn meine Annahme stimmte und selbst wenn die Norddeutschen gegen Bayern unentschieden spielten, mussten wir gegen den Hamburger SV mit mindestens zwei Toren Differenz gewinnnen.

Als Andy Möller das 1:0 schoss, fiel eine schwere Last von mir ab. Schon zwanzig Minuten später legte Lars Ricken nach. Gleich darauf – der Krimi hätte keinen besseren Verlauf nehmen können – leuchtete auf der Anzeigetafel ein 1:0 auf. Bayern führte. Die Stimmung im Westfalenstadion schlug Purzelbäume, ich spürte wahrlich eine Gänsehaut, kalt lief es mir den Rücken herunter. 2:0 in München, dann nur noch 2:1. Fünf Minuten vor Spielschluss – die Bayern führten 3:1, wir lagen noch immer mit 2:0 vorne – gab ich die Parole heraus: Ball kontrollieren! Vorsprung halten! Ich stand vor der Bank, da kämpfte ich schon mit den ersten Tränen, noch konnte ich sie kontrollieren, die Stimmung auf den Rängen eskalierte, es war wie im Tollhaus, beim Schlusspfiff explodierte das ganze Stadion, die Fans stiegen über die Zäune, stürmten aufs Feld und ich mittendrin, da konnte ich meine Tränen nicht mehr unterdrücken, die Kraft, sie zu verbergen, war aufgebraucht, ich weinte, viele heulten mit, ich erinnere mich an unzählige glückliche Gesichter, die mir entgegenlachten.

Mehrere Reihen dicht standen die Zuschauer später bei unserem fünfstündigen Triumphzug durch Dortmund. Ich habe dann so richtig begriffen, wie viel Verantwortung ich trage, wie viele Menschen ich glücklich machen kann und welch beinahe religiöse Bedeutung der Fußball in Dortmund hat.«

Das Sportmagazin »Kicker« schrieb am 19. Juni 1995: *Er weinte. Die Tränen des Ottmar Hitzfeld – keine Gefühlsregung, sondern Gefühlsausbruch. Auf dem Gipfel angekommen, wollte oder konnte der Dortmunder Coach die Mauer, die in den vergangenen Jahren sein Innerstes verborgen hatte, nicht mehr aufrechterhalten. Sie brach. Er hat es geschafft – Meister mit Borussia Dortmund. Der Titel gehört ihm. [...] Hitzfeld hat ihn verdient. ›Otto Rehhagel hätte ihn auch verdient‹, sagte Hitzfeld. Das zeugt von Größe, ebenso wie seine Entschuldigung bei Otto Rehhagel für seine Attacken nach dem verlorenen Spiel in Bremen, als er die Bremer Spieler als Amokläufer beschimpfte. ›Einmal durfte ich mir das erlauben‹, reklamierte Hitzfeld diese Ausnahme für sich. Es bleibt eine der wenigen Situationen, in denen sich der 46-Jährige nicht beherrschen wollte.*

Für Borussia Dortmund zahlen sich mit dem Titel die großen Investitionen der vergangenen Jahre aus. Und auch in Hitzfeld hat der Vorstand investiert. Vor allem eins: Geduld. Hitzfeld, der zudem vor anderthalb Jahren große gesundheitliche Probleme hatte, zahlte alles zurück und hatte letztlich Erfolg als Trainer, der wie kaum ein Zweiter Optimismus verbreitet, der in der Lage ist, anderen das positive Denken zu vermitteln. Nicht erst seit dem Titelgewinn plant man mit dem auch von anderen Vereinen umworbenen Coach langfristig.

Neue Ziele werden ihn reizen. Gerade ihn, dem einige schon den Stempel des ›Ewigen Zweiten‹ aufdrücken wollten. Kraft für die neuen Aufgaben schöpft Hitzfeld vor allem in der Familie. Bei seiner Frau Beatrix, bei seinem Sohn Matthias. Oder auch daheim in Lörrach, wo seine Eltern wohnen. Ihnen widmete Hitzfeld diese Meisterschaft. Sie konnten seine Tränen am Fernsehschirm sehen.

Kapitel 10

München
seit 1998
Der Hohepriester der Weltreligion Fußball

Seit nunmehr über drei Jahren kann ich von meinem Platz im Olympiastadion aus Ottmar Hitzfeld gut beobachten, seine Bewegungen, seine Gesten, seine wenigen, aber bestimmten Anweisungen und seine Zurufe ins Spielfeld hinein. Hitzfeld ist kein Gestikulierer, keiner, der unruhig auf und ab läuft. Er verfolgt, oftmals etwas vor der Trainerbank stehend, gespannt, auch angespannt, mit zusammengekniffenen Augen das Spiel. Dabei ist für mich eines sichtbar geworden: Ottmar Hitzfeld strahlt eine natürliche Autorität und Souveränität aus.

Ottmar Hitzfeld gilt ja als ein Kopfmensch, als der kühle, durch sein Studium der Mathematik geprägte Analytiker des Fußballgeschehens. Doch dieses Bild stimmt meines Erachtens nicht. Natürlich ist Ottmar Hitzfeld ein akribischer Mensch. Er überlässt nichts dem Zufall, seziert geradezu Spiele und den Gegner, arbeitet minutiös. Aber ebenso entscheidet er aus dem Instinkt heraus, schöpft aus einer reichen Erfahrung und kann zugleich sein großes pädagogisches Gewicht in die Waagschale werfen.

Was macht Ottmar Hitzfeld so erfolgreich und zugleich bei den Fans so beliebt? Aus seiner ganzen Person spricht Kompetenz und Konsequenz. Zusammen genommen ergibt dies einen glaubwürdigen Fußballlehrer, der seine Spieler motiviert, sie anspornt, ihnen Leistung abfordert.

Und ich meine, Ottmar Hitzfeld hat auch ein großartiges pädagogisches Geschick. Er kann mit großen Spielern, den Stars, umgehen, er kann die jungen Menschen anleiten, ja führen, er kann sie zu einer Mannschaft formen und ihnen trotz seiner Rotation eine Gewinner-Mentalität einimpfen.

Und zum Dritten: Ottmar Hitzfeld ist konsequent erfolgsorientiert. Er setzt sich selbst ungeheuer unter Druck. In einem ›Spiegel‹-

Interview sagte er: Er führe ›einen täglichen Überlebenskampf‹. So ein Wort des erfolgreichsten Trainers des letzten Jahrzehnts in Deutschland sagt ungeheuer viel aus über den Erfolgsdruck, dem er sich selbst dauernd unterwirft, auch dadurch, dass er zu Bayern München ging. Denn er wusste von vornherein: Hier übernimmt er eine Mannschaft, die in Deutschland und Europa ständig ganz vorne mitspielen möchte. Seit dem 1. Juli 1998 hält er diesem Erfolgsdruck in beeindruckender Weise stand. Erst jüngst krönte er seine Karriere mit dem erneuten Gewinn der Champions League und des Weltpokals 2001 in Tokio.

Ottmar Hitzfeld steht sicher im Moment auf dem Gipfel seiner Karriere. Es hängt von dem Fußballfeuer, das in ihm brennt, ab, wie lange er sich diesem ›täglichen Überlebenskampf‹ noch aussetzen möchte. Ich hoffe sehr, dass dieses Feuer in ihm noch lange lodert und dass ich ihn noch lange von meinem Platz im Olympiastadion aus beobachten kann.

Edmund Stoiber, Bayrischer Ministerpräsident

Ende März 1998 flog Ottmar Hitzfeld nach München. Er hatte sich entschieden, das Abenteuer FC Bayern zu wagen, die Aufgabe beim noblen Klub an der Säbener Straße 51 forderte ihn mehr heraus als alle anderen Angebote, gerade auch, weil er wusste, dass das durchschnittliche Verfallsdatum eines Bayern-Trainers seit der Entlassung von Jupp Heynckes im Jahre 1991 nur knappe 15 Monate betrug. Die Bayern-Führung hatte in den letzten Jahren der Öffentlichkeit jeden neuen Trainer voller Enthusiasmus und in stets wechselnden Superlativen angepriesen: Erich Ribbeck 1992 mit dem Prädikat »erfahrenster Trainer Deutschlands«, Otto Rehhagel 1995 mit dem Attribut »bester deutscher Trainer« und Giovanni Trapattoni mit dem Gütesiegel »weltbester Trainer«. Für Ottmar Hitzfeld fanden die Bayernbosse den Willkommensslogan »ideal zum FC Bayern passende Trainerpersönlichkeit«. Ottmar Hitzfeld reizte die Selbsteinschätzung des Bayern-Triumvirats, die offiziell nirgends ausgesprochen wurde und trotzdem von den großen Drei verkörpert daherkam: Eigentlich bräuchten wir gar niemanden! Getreu seiner Lebenseinstellung hätte Vater Robert Hitzfeld seinen Sohn bestimmt dringend gebeten, das Bayern-Abenteuer gründlich zu überdenken, gerade weil er Ottmar Hitzfelds Lust an hohen Einsätzen kannte.

Eine Herausforderung stellte sich Ottmar Hitzfeld auch in der Person von Beckenbauer selbst. Würden sich die bajuwarische Leichtigkeit der Lebensführung des Bayern-Präsidenten mit dem stets zurückhaltenden Humor des Südbadeners aus Lörrach vertragen? »Manchmal ist mir der Ottmar zu ernst«, fand Beckenbauer schon nach wenigen Monaten der Zusammenarbeit. »Wir haben unter uns halt oft auch geflachst, da hat Ottmar ganz am Anfang nicht recht gewusst, ist denen jetzt ernst oder nicht? Bis er drauf kam, die in München sind humorige Menschen.«

Eines hatte Ottmar Hitzfeld den erfolggewöhnten Baumeistern beim FC Bayern München voraus, er war schon Champions-League-Sieger, sie nicht. Trotzdem betrat Hitzfeld in München ganz neuen Boden, er ging in eine andere Dimension fußballerischer Existenz ein, traf auf die »Lichtgestalt« Franz Beckenbauer und wurde mehr noch als in Dortmund selber zum Objekt von Bewunderung und Verehrung. Am 9. Februar 2002 schrieb der Bayern-Fan Thomas Eberhard aus Dudenhofen dem Bayern-Trainer einen Brief in einer Zeit, in welcher der Fußball-Himmel über München wolkenverhangen war und selbst der mit Macht und Autorität versehene Ottmar Hitzfeld sich nicht ungeteilter Zustimmung erfreuen konnte: *[...] Daher möchte ich gerade jetzt die Gelegenheit nutzen, um Ihnen, lieber Herr Hitzfeld, zu sagen, dass ich neben Ihrer großen sportlichen Fachkompetenz insbesondere den herzlichen Umgang mit den Fans sehr schätze. Oft war ich schon auf dem Trainingsgelände an der Säbener Straße und Sie haben immer Autogramme gegeben; haben auch Fragen von den Fans beantwortet. Nicht nur, weil ich ein Bayern-Fan bin, sind Sie für mich der freundlichste Trainer überhaupt. Ihre Menschlichkeit ist auch für jeden Bayern-Spieler vorbildlich. Oft stehe ich bei den Heimspielen am Marathontor, wo der Bayern-Bus reinfährt, und Sie winken mir immer! [...] Auch im Umgang mit den Medien bewundere ich Sie sehr. Nach Niederlagen (z. B. wie in St. Pauli) stellen Sie sich schon eine Minute später vor die Kameras und beantworten sämtliche, teilweise auch unverschämte Fragen immer sehr sachlich und suchen den Grund für die Niederlage weder beim Gegner noch beim Schiedsrichter. Mir ist kein Trainer auf der Welt bekannt, der auch in der Niederlage eine solche Größe hat wie Sie, Herr Hitzfeld.*

In seiner gesamten Laufbahn trat Hitzfeld nie zu Vertragsverhandlungen an, um mit seinen Gesprächspartnern bloß einen unverbindlichen Gedankenaustausch zu pflegen. »Wenn ich nach Lugano reiste, nach Aarau oder Dortmund, tat ich das, um zu unterschreiben, nicht um über belanglose Dinge zu plaudern«, erklärt Ottmar Hitzfeld, »so ging es auch in München, das gesamte Präsidium des

Mit Uli Hoeneß, Juli 1999

FC Bayern war anwesend: Franz Beckenbauer, Karl-Heinz Rummenigge, Uli Hoeneß, Prof. Dr. Fritz Scherer und Karl Hopfner. Nach einer Stunde waren wir uns einig.« Manager Hoeneß freut sich, zum Wohl des Vereins die richtige Entscheidung getroffen zu haben: »Nach kürzester Zeit war uns allen in der Führungsetage klar, dass genau das eingetroffen ist, was wir erhofft haben, Ottmar entsprach in allen Belangen unserer Idealvorstellung eines Bayern-Trainers, sein Ehrgeiz ging mir fast zu weit, ich selber kann jederzeit ein Kartenspiel verlieren, Ottmar kann das nicht, er will auch solche Nebensächlichkeiten als Gewinner bestehen.«

Gestählt durch unzählige Erfahrungen im Fußballgeschäft erstieg Ottmar Hitzfeld im Sommer 1998 die nächste Stufe seiner Karriereleiter. Die als schwierig und mitunter auch gefährlich geltende Zeitungslandschaft in Dortmund hatte Hitzfeld souverän durchschritten, ihm brauchte nicht bange zu werden um die Arbeit mit den Medien in München. Ludger Schulze begleitet seit 1976 die Geschichte des FC Bayern München: »In dieser Zeit habe ich schon über 20 Bayern-Trainer erlebt, jeder hat sich irgendwann missverstanden gefühlt und mit den Medien Schwierigkeiten bekommen. Hitzfeld ist der Einzige, der mit der Presse in München noch nie einen ernsthaften Konflikt hatte, weil er vieles, das ihm gewiss auch wehtut, an sich abprallen lässt. In einer Stadt mit fünf Tageszeitungen kommt eine solche Fähigkeit einer Lebensversicherung gleich. Hitzfeld schaffte es, bei allen Medienschaffenden, wenn nicht in gleichem Maße beliebt, so doch anerkannt zu sein, zeigt er sich eben auch auf diesem Parkett als großer Taktiker, der die Motive der Journalisten kennt und weiß, wie die Mechanismen funktionieren.«

23 Profis und sechs Vertragsamateure, darunter 16 Nationalspieler, starteten mit ihrem neuen Trainer Ottmar Hitzfeld am 1. Juli 1998 zur Jagd auf nationale und internationale Titel. Ebenfalls im Bayerntrikot präsentierten sich die Neuzugänge: Ali Daei (Arminia Bielefeld), Stefan Effenberg (Mönchengladbach), Jens Jeremies (TSV 1860 München), Thomas Linke (FC Schalke 04) und Hasan Salihamidzic (Hamburger SV). Trainer und Vereinsführung waren sich einig: Ziel ist die deutsche Meisterschaft und das Erreichen des Halbfinals in der Champions League. Hitzfeld stand gleich zu Beginn vor einer heiklen Aufgabe, über zwanzig Spieler wollten stets in die Startaufstellung, 11 konnte er pro Spiel berücksichtigen, zudem galten einige Akteure aus dem Top-Kader als spezielle Spielerpersönlichkeiten: Lothar Matthäus, Mario Basler, Thomas Helmer und Stefan Effenberg. Die Vereinsführung gab ihrem neuen Trainer grünes Licht, ohne Rücksicht auf irgendwelche Verdienste auch Stars auf die Bank zu beordern, wenn die Leistung nicht stimmte. Hitzfeld blieb seinem Grundsatz treu, alles dem Gesamterfolg des Vereins unterzuordnen. Ein harter Konkurrenzkampf begann.

Im Trainingslager in Rottach-Egern ertönten aus Spielerkreisen die ersten Lobeshymnen auf den neuen Trainer: *Hitzfeld nimmt sich viel Zeit, mit jedem von uns zu reden.* Ottmar warf eine seiner Fähigkeiten in die Waagschale: Er kommunizierte mit seinen Spielern vor allem auf der menschlichen Ebene, richtete die enttäuschten

WM-Heimkehrer Matthäus, Tarnat und Jeremies, die in Frankreich im Viertelfinale gegen Kroatien mit 0:3 verloren, wieder auf, holte den siegreichen Weltmeister Bixente Lizarazu sachte auf den Boden des fußballerischen Alltags herunter. Ein paar Wochen nur hatte der neue Bayern-Coach Zeit, eine schlagkräftige Elf zusammenzustellen. Im DFB-Ligapokalendspiel schlugen die Bayern am 8. August 1998 in Leverkusen den VfB Stuttgart mit 4:0. Der erste Titel mit Hitzfeld war im Trockenen. Vier Tage später der nächste Schlag. Als Vizemeister hatte sich der FC Bayern für die Champions League zu qualifizieren. Im Olympiastadion fertigten die Münchner den jugoslawischen Meister FC Obilic mit 4:0 ab, das 1:1 im Rückspiel reichte, sich mit der Crème de la Crème Europas zu messen. Als die Gruppenauslosung die Bayern in einer Hammer-Vorrunde mit Manchester United, dem FC Barcelona und Bröndby Kopenhagen versammelte, war die Lust auf große Taten erst so richtig wachgerüttelt. 40000 Fans erlebte Hitzfeld am »Tag der offenen Tür« an der Säbener Straße. Am Tag zuvor hatte er im ausverkauften Olympiastadion das Startspiel zur neuen Meisterschaft mit 3:1 gegen den MSV Duisburg gewonnen. Ende August warfen die Bayern den LR Ahlen mit 5:0 aus dem Pokalwettbewerb. Alles richtig gemacht. Der FC Bayern München bereits auf dem 1. Platz der jungen Meisterschaft. Wirklich ein Auftakt nach Maß für den noch immer leicht staunenden Ottmar Hitzfeld. »Dass ich sofort Erfolg hatte und mich auf höchstem Niveau bestätigen konnte, war für mich als Trainer eine große Genugtuung«, stellt Hitzfeld fest, »die Leute waren begeistert, wir zeigten modernen Offensiv-Fußball, der Libero spielte vor der Abwehr, ich habe drei Sturmspitzen in der Bundesliga hoffähig gemacht, vor allem aber gelang es mir, dass beim FC Bayern Ruhe einkehrte.« Dazu bedurfte es zweier Mittel. Auf der einen Seite konnte Ottmar Hitzfeld mit Franz Beckenbauer, Uli Hoeneß und Karl-Heinz Rummenigge auf eine Führungscrew bauen, die in allen Belangen des Fußballs ein riesiges Erfahrungspotenzial auf sich vereinigte, auf der anderen Seite verfügte er über eine glaubwürdige Autorität. Die Spieler spürten, Hitzfeld beginnt radikal bei null. Keiner konnte irgendwelche Privilegien aus der Zeit mit Trapattoni geltend machen. Der Cheftrainer ahndete alles und begegnete jedem in gleicher Weise, ob vermeintlicher Star oder angeblicher Wasserträger. Mit Überzeugung praktizierte Fußballlehrer Hitzfeld ein System der Gerechtigkeit, flankierend untermauert von Seriosität, die er überall ausstrahlte, wo er auftrat. Die nicht bloß dozierte, sondern gelebte Gerechtigkeit führte zu einer starken Konsolidierung innerhalb der Mannschaft. Selbstdarstellungen einzelner Spieler, wie sie unter dem heiteren und beliebten »Maestro« aus Italien möglich waren, wanderten in die Mottenkiste, genauso wie das Bild vom untrainierbaren »FC Hollywood«. Hitzfeld flogen die Herzen nicht zu wie seinem südländischen Vorgänger. Dem neuen Bayern-Trainer begegneten Fans, Medien und alle, die mit ihm zu tun hatten, ganz anders – mit Respekt.

Von Achtung geprägt, ging Hitzfeld auch mit speziellen Charakteren unter seinen Spielern um. Als Mario Basler 1999 seinen Vertrag verlängern wollte, fand er bei Uli Hoeneß zwar offene Ohren, nicht aber ein Angebot, das den Exzentriker zufrieden stellte. Basler ging an die Öffentlichkeit und provozierte damit etliche Unruhe, die sich verstärkte, als sich »Super-Mario« bei einer Geburtstagsfeier von Dietmar Hamann bis spät in die Nacht hinein in einer Disco amüsierte, dabei verpfiffen wurde und gleich wenige Tage später noch einen draufsetzte, indem er in einer Pizzeria in Regensburg zu mitternächtlicher Stunde einen Streit anzettelte. Der Klub verhängte Basler eine Geldstrafe von 30000 Mark und suspendierte ihn. Ottmar Hitzfeld blieb die Aufgabe, die Maßnahmen des Vereins nach außen zu erklären, was er auf eine sehr menschliche Art tat. Mario sei ein feiner Mensch, oft aber zu leichtsinnig, die jüngsten Vorfälle erlaubten es nicht mehr, ihn beim FC Bayern weiterzubeschäftigen, erklärte Trainer Hitzfeld. »Diese Art, eine brisante Angelegenheit zu managen, führte dazu, dass Basler und Hitzfeld sich in Frieden voneinander trennen konnten«, schildert der Journalist Philipp Selldorf. »Das ist ein Wesenszug von Hitzfeld: Er stellt sich in der Öffentlichkeit vor seine Spieler und vermittelt gleichzeitig den Eindruck, nach

Beatrix und Ottmar Hitzfeld, Sommer 1999

innen sehr hart sein zu können. Es gab schon andere Trainer, die in einer solchen Situation wie derjenigen mit Mario Basler den Druck an den Spieler weitergaben. Das machte Hitzfeld mit Basler nicht, auch später nicht mit Effenberg, den er sogar derart lange vom andauernden Druck befreite, der auf dem alternden Star lastete, bis es Hitzfeld selber zum Schaden gereichte, und auch Lothar Matthäus redete der Bayern-Coach nach außen konsequent stark.«

Die überheblichen Stars aus München samt Begleittross mochte man in Freiburg noch nie sonderlich. Mit Ottmar Hitzfeld gastierte in der vierten Runde der noch jungen Meisterschaft allerdings beinahe ein Einheimischer im Dreisamstadion. Die verachteten Bayern spielten zwar blendend und gewannen ihr Spiel mit 2:0, der herzliche Applaus von den Rängen galt aber Ottmar Hitzfeld, dem beliebten Mann aus dem nahen Lörrach. Der dänische Meister Bröndby JF fügte den Bayern im ersten Gruppenspiel der Champions League gleich eine empfindliche 1:2-Niederlage zu. In der Bundesliga aber dauerte es bis zum 31. Oktober 1998, ehe Ottmar Hitzfeld mit seiner Bayern-Elf ein erstes Meisterschaftsspiel verlor. Eintracht Frankfurt schickte die Münchner mit einer 0:1-Niederlage im Gepäck wieder nach Hause. Eine Woche später folgte postwendend die Reaktion, ausgerechnet im Derby. Der FC Bayern schlug den Stadtrivalen 1860 München mit 3:1. Zwischen Frankfurt und dem Derby reiste die Hitzfeld-Truppe zum Champions-League-Rückspiel nach Spanien und schlug im Camp Nou den FC Barcelona mit 2:1. Am Abend des 9. Dezember 1998 erreichten die Münchner im Old Trafford gegen Manchester United ein 1:1 und errangen damit in der Champions League den ersten Platz einer wahren »Horrorgruppe«. So wie die Dinge liefen, war die Tabellenführung nach Beendigung der Vorrunde für die Bayern schon fast eine Selbstverständlichkeit. Hitzfelds Arbeit nach sechs Monaten beim Münchner-Starensemble entlockte der schreibenden Zunft überschwängliche Lobeshymnen. Werner-J. Müller in der »Münchner Abendzeitung« schrieb: *Diese drei Monate in München kriegt er auch noch rum! Hat Kabarettist Ottfried Fischer anfangs über den neuen Bayern-Cheftrainer Ottmar Hitzfeld gespöttelt. Dann werde dessen Gesicht nahtlos in den Trenchcoat übergehen – rein faltenmäßig betrachtet. Guter Witz, leider ohne aktuelle Pointe. Wer hat da gelacht? Die Bayern-Profis jedenfalls nicht. Fest steht jetzt schon: Hitzfeld ist ein Hit, ein absoluter Glücksgriff für Kaiser & Co.* In »Die Welt« bestätigt Vize Karl-Heinz Rummenigge diese Beurteilung ohne jeden Abstrich: ›*Was den Trainer betrifft, kann ich nur sagen: Ottmar Hitzfeld war ein Glücksgriff für uns.*‹ Kein Trainer konnte in München seinen Job vor dem gestrengen Richterauge des bayrischen Übervaters Beckenbauer zu dessen Zufriedenheit verrichten, immer hatte dieser irgendetwas auszusetzen. »Hitzfeld war der erste Trainer, der bei Beckenbauer uneingeschränkt Gnade gefunden hat«, versichert Ludger Schulze.

Dem ehrlichen Loblied, das Manager Uli Hoeneß nach einer bloß sechsmonatigen Zusammenarbeit im Januar 1999 anlässlich des 50. Geburtstages auf Ottmar Hitzfeld anstimmte, ließ die Bayern-Führung im März konkrete Taten folgen. Sie offerierte ihrem Cheftrainer einen Vertrag bis zum 30. Juni 2003. Die berühmte Chemie zwischen den vier Fußballfachleuten an der Spitze des FC Bayern München stimmte. Ottmar Hitzfeld fasste einen bemerkenswerten Entschluss: Er stimmte einer Vertragsverlängerung über eine Dauer von vier Jahren zu. Nie zuvor hatte er über solch einen langen Zeitraum einen Vertrag abgeschlossen. Hitzfelds geballte Trainererfahrung erlaubte es der Führungstroika, sich ruhigen Gewissens ihren prioritären Aufgabenbereichen zuzuwenden: Beckenbauer der deutschen WM-Bewerbung für 2006, Rummenigge der Außendarstellung des FC Bayern in ganz Europa und über den Kontinent hinaus und Hoeneß der wirtschaftlichen Prosperität des Vereins, vorbei die Zeiten, da einer der drei als Feuerwehrmann zur Stützung eines überforderten Trainers einspringen musste. Ottmar Hitzfeld traf in München auf eine professionelle, allein auf den Erfolg des Vereins fokussierte Führungscrew, die jeden Transfer auf Konsensbasis beschließt. Da waren keine Patriarchen am Werk, schon gar nicht irgendwelche Mäzene, die über ihr Geld unqualifizierte Fußballpolitik betrieben. Unmöglich für interessierte Spieler, die verantwortlichen vier durch Intrigen gegeneinander auszuspielen. Der letzte »Zar« bei den Bayern war wohl Wilhelm Neudecker, er dankte 1979 nach einer von Paul Breitner angeführten Spieler-Rebellion ab.

Im Bewusstsein, beim FC Bayern über zwei komplette Mannschaften mit lauter hoch dotierten Spielern zu verfügen, von denen in Meisterschaft, Pokalwettbewerb, in der Champions League und in der Nationalmannschaft nichts anderes als nur immer Spitzenleistungen erwartet werden, griff Ottmar Hitzfeld verstärkt auf das Rotationsprinzip zurück. Hitzfeld ahnte, dass die Spieler bei einem Einsatz der immer gleichen Elf die physische Dauerbelastung nicht aushalten würden und die restlichen Fußballer in psychischen Stress geraten könnten, weil sie nicht spielten. Unter Trapattoni hatten die Bayern genauso viele Spiele zu bestreiten wie unter Hitzfeld. Von »Trap« aber nicht aufgestellt zu werden kam in den Augen der eitlen Diven einer persönlichen Beleidigung nahe. Wenn ein Mario Basler nicht spielen durfte, gab's Terror. Ottmar Hitzfeld verstand es, seinen Spielern den Vorteil von Erholungspausen beizubringen. Gestandene Profis begannen, ihre Eitelkeiten zurückzunehmen und die Versuchung der egoistischen Selbstdarstellung in Mannschaftsdienlichkeit umzuwandeln.

Selbst eine konsequente Rotationspraxis konnte gravierende Verletzungen im Kader nicht gänzlich verhindern. Im Frühling 1999 verletzte sich Giovane Elber schwer: Kreuzbandriss. Aus für die laufende Saison. Seine Teamgefährten qualifizierten sich in der Champions League ausgerechnet gegen den amtierenden Meister, den 1. FC Kaiserslautern, mit 6:0 für das Halbfinale. Dann kam eine Hiobsbotschaft aus Frankreich: In einem Länderspiel gegen die Ukraine erlitt Bixente Lizarazu einen Riss der hinteren Kreuzbänder im linken Knie. Eine weitere wichtige Stütze fiel aus. Der Mai 1999 brach an, der FC Bayern München stand mit seinem Trainer Ottmar Hitzfeld vor der Möglichkeit, dem Gewinn des Ligapokals drei zusätzliche Titel hinzuzufügen. Am 9. Mai sicherte sich die Mannschaft von Ottmar Hitzfeld mit einem souveränen Vorsprung von 15 Punkten auf Bayer Leverkusen die 15. deutsche Meisterschaft für den FC Bayern. Natürlich ließen sich Kahn, Elber und Co. auf dem Marienplatz hoch leben, Zehntausende feierten, aber so richtig loslegen wollten sie erst im Champions-League-Finale vom 26. Mai im Camp Nou zu Barcelona. Mario Basler hatte den Bayern im heimischen Olympiastadion gegen Dynamo Kiew mit einem 20-Meter-Schuss das Tor zum Endspiel aufgestoßen.

30 000 Bayern-Fans reisten nach Barcelona und gerieten bereits in der 6. Minute völlig aus dem Häuschen, als Mario Basler mit einem Freistoßtor Peter Schmeichel überwand, ein Auftakt nach Maß. Nach einer eher durchwachsenen ersten Hälfte steigerten sich die Bayern und kamen zu ausgezeichneten Chancen, das Ergebnis zu erhöhen und die Partie zu entscheiden: Scholl traf nur den Pfosten, Jancker die Latte. Die 90 000 Zuschauer im Stadion teilten wohl die Meinung des bayrischen Ministerpräsidenten Edmund Stoiber, der seinem Tribünennachbarn, dem katalanischen Amtskollegen, zuraunte: »Jetzt

Deutscher Meister mit dem FC Bayern München, 1999

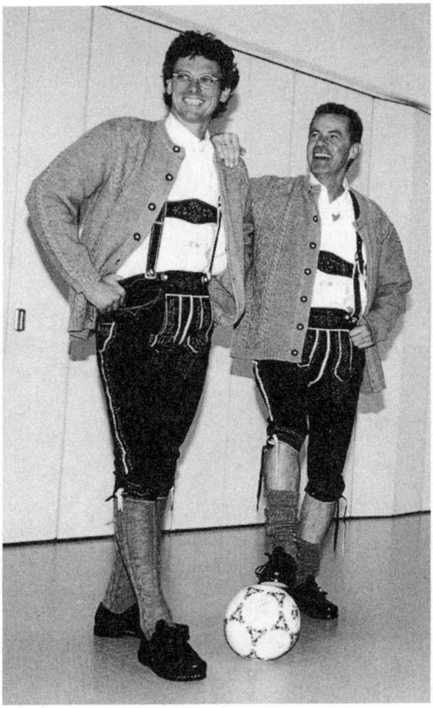

Mit Michael Henke, 1999

kann nichts mehr anbrennen.« In der 67. Minute ersetzte Alex Ferguson Blomqvist durch Sheringham und in der 81. Cole durch Solskjaer, Ottmar Hitzfeld reagierte und brachte Thorsten Fink für den angeschlagenen Lothar Matthäus, der um seine Auswechslung gebeten hatte. Die 90. Minute war angebrochen, die deutschen Fans im Siegestaumel, Schiedsrichter Pier-Luigi Collina zeigte an, drei Minuten nachspielen zu lassen, die Nerven lagen blank, der vermeintlich letzte Eckball der Engländer. Viele Fans bekamen im vermeintlichen Siegesrausch gar nicht mehr mit, wie Fink in der Hektik ein Befreiungsschlag misslang, der bei Giggs landete, dessen Schuss Sheringham im Fünfmeterraum zum 1 : 1 ins Bayern-Tor ablenkte, Entsetzen auf der einen, Euphorie auf der anderen Seite, alle glaubten an die Verlängerung, Bayern-Anstoß, die 93. Minute brach an, und noch einmal Eckball für die Engländer, Beckham zirkelte den Ball auf den kurzen Pfosten, Sheringham verlängerte Richtung Tor, wo Solskjaer zum 2:1 für ManU einschob, 25 Sekunden später der Abpfiff, grenzenloser Jubel neben abgrundtiefer Enttäuschung, Kuffour heulte unentwegt, Effenberg erstarrte zur Salzsäule, Strunz warf die Verlierermedaille auf den verfluchten Rasen des Camp Nou, Kahns Blick war leer, nur einer verlor in diesem Tollhaus die Fassung nicht, Ottmar Hitzfeld schritt über den Platz, ging von Spieler zu Spieler, gratulierte ihnen und tröstete sie, einem Seelsorger gleich, keinen einzigen ließ er aus. Die Fußballwelt sah einen souveränen Bayern-Trainer. Trotzdem zählt Christian Eichler die fatale Einwechslung in der 81. Minute in seinem Buch »Lexikon der Fußballmythen« zu den zwei schlechtesten Einwechslungen der Fußballgeschichte, während er die beiden Joker von Alex Ferguson in die sechs besten einreiht.

Manch ein Trainer – mag er auch sonst sehr angesehen sein – verliert an einem solch dramatischen Abend und nach einer derart folgenschweren Einwechslung die Contenance, beschuldigt vielleicht die Spieler, wie dumm sie seien, in den letzten Sekunden noch zwei Tore zu kassieren. »Das hat mich enorm für Ottmar Hitzfeld eingenommen, wie er diese unglaubliche Niederlage mit Stil entgegengenommen hat«, erzählt Ludger Schulze, »jeder andere hätte gejammert, geschimpft, den Schiedsrichter attackiert, weil er zu lange hat spielen lassen, hätte tausend Gründe gefunden – Hitzfeld hat es verstanden, nicht beleidigt zu wirken, er hat die Niederlage in einer Weise getragen, die ich für vorbildlich halte, jedermann im Stadion hat die Gratulationsgeste des Bayern-Coachs gegenüber seinem Kollegen Alex Ferguson als echt und ehrlich empfunden.« Sachte und sehr behutsam sammelte Trainer Hitzfeld seine Spieler überall auf dem Rasen zusammen und führte sie zur nächsten Demütigung, zur Siegerehrung. »Entscheidend war, wie wir uns nach dieser bitteren Niederlage verhalten haben«, sagt Ottmar Hitzfeld, »wir haben ManU applaudiert, haben Camp Nou als faire Verlierer verlassen.«

Ein Wermutstropfen blieb zurück. Der Enttäuschung, in diesem Champions-League-Finale von Hitzfeld nicht aufgestellt und auch nicht eingewechselt worden zu sein, machte Kapitän Thomas Helmer vor der Siegerehrung mit einer abschätzigen Geste in Richtung Trainer Luft. Hitzfeld reagierte: »Ich habe Helmer für die restlichen zwei Spiele der Saison sofort suspendiert, einer, der gegen mich agiert, hat keine Chance!«

Fußballkenner wissen um das legendäre Wembley-Tor anlässlich des WM-Finales zwischen England und Deutschland im Jahre 1966. Der doppelte K.-o.-Schlag in 102 Sekunden, den die Spieler von Manchester United den Bayern zugefügt haben, wird dieselbe geheimnisvolle Aura bekommen. *›Solange ich Fußball sehe, habe ich so etwas Grausames noch nicht erlebt‹*, wird Günter Netzer in der »Süddeutschen Zeitung« zum Spiel in Barcelona zitiert. *›Das wird noch ewig in den Köpfen der Spieler bleiben. Die Schäden sind zu beheben. Als Profi hat man die Verpflichtung, an die nächste Aufgabe zu denken.‹* Genau das tat Hitzfeld. Zwei Tage nach Barcelona sprach er eine knappe halbe Stunde zur Mannschaft, »so lange wie nie zuvor seit ich Trainer bin, ich habe den Spielern gesagt: ›Es gibt zwei Möglichkeiten, entweder versinken wir jetzt in Selbstmitleid, oder wir zeigen Reaktion.‹« Der Trainer brachte es fertig, seine Spieler so weit wieder zu motivieren, dass sie 72 Stunden nach der schmerzlichen Niederlage gegen ManU im letzten Meisterschaftsspiel in Leverkusen 2:1 gewannen, obwohl die Meisterschaft längst entschieden war. In der Einschätzung von Ottmar Hitzfeld ein überaus wichtiger Sieg, »weil die Mannschaft dadurch aus einem gefährlichen Loch herausfand«.

Ein letztes Mal in der zu Ende gehenden Saison 1998/99 winkte dem FC Bayern ein Titel. Aber die Luft war draußen. Die »Roten« aus München verloren das Pokal-Endspiel gegen den SV Werder Bremen im Elfmeterschießen mit 4 : 5. Einerlei, Ottmar Hitzfeld gelang es, in weniger als einem Jahr aus einem Haufen selbstbezogener Fußballmillionäre ein europäisches Spitzenteam zu formen und im ersten Jahr seiner Tätigkeit immerhin Deutscher Meister zu werden.

So wie Ottmar Hitzfeld mit einer schier unglaublichen Souveränität mit der Niederlage in Barcelona umging, steckte er nach einem ersten Einbruch in sein Haus in Dortmund auch den zweiten in München erstaunlich gelassen weg. Professionelle Einbrecher räumten eines Nachts Wertsachen aus dem Haus, während die Familie seelenruhig schlief. »Warum hätte ich mich ärgern sollen?«, fragt Hitzfeld, »ich konnte es ja nicht ändern, ich empfand den Einbruch wie eine Niederlage im Fußball, die trifft mich auch jedes Mal mitten ins Herz, schmerzt mich nicht bloß seelisch, sondern auch körperlich, aber ich muss sie zur Kenntnis nehmen und dann wegstecken, die Niederlage genauso wie den Einbruch, ich darf beides nicht persönlich nehmen, sonst könnte ich nicht mehr geordnet durchs Leben gehen, klar unterscheide ich, ob nur Sachschaden entstanden ist oder ob ich bedroht werde, beim Einbruch in München habe ich noch zwei Stunden weitergeschlafen, Beatrix wickelte die Arbeiten mit den Versicherungen und der Polizei ab, der materielle Schaden war zu ersetzen, die zwei Stunden Schlaf aber nicht.«

Die Besonnenheit, ein Markenzeichen von Ottmar Hitzfeld, ist nicht nur bewundernswert, sie hat ihm vielleicht schon einmal das Leben gerettet. Im Januar 1990 flogen die Zürcher Grasshoppers ins Trainingslager an die Elfenbeinküste. An einem freien Nachmittag zog es Cheftrainer Hitzfeld mit seinem Assistenten Oldrich Svab ans Meer. Die beiden genossen das Spiel mit den Wellen und achteten den gefährlichen Unterstrom nicht, der sie immer weiter vom Strand wegtrieb. »Plötzlich merkten wir, dass wir im Wasser nicht mehr stehen konnten«, erzählt Ottmar Hitzfeld, »die Küste war auf einmal bedrohlich weit weg.« Er und Svab wussten, dass die unerbittliche See genau auf diese Weise immer wieder Menschen in die Tiefe riss, um sie nie mehr herzugeben. Unvergessen bleibt für Oldrich Svab, wie Hitzfeld auch diese heikle Situation meisterte: kontrolliert, frei von Panik und ohne jede Hektik, in keiner Phase den Überblick verlierend – genau wie auf der Trainerbank. Mit Respekt, aber ohne Angst den meerwärts treibenden Sog ertragend und umso aktiver die Wellen ausnützend, die zur Küste donnerten, arbeiteten sich die beiden Schwimmer ans rettende Ufer zurück. Selbst in diesem Moment, nach Rettung aus höchster Gefahr, ganz Hitzfeld, wie nach jedem Tor: kurz die Faust geballt, Erfolg registriert.

Zweimal »Welt-Club-Trainer des Jahres« (1997 und 2001), fünfmal »Deutschlands Trainer des Jahres« (1994, 1995, 1996, 1999 und 2000), reich dotiert mit Eigenschaften wie »besonnen«, »kompetent«, »glaubwürdig«, »stilvoll«, »sympathisch«, »erfolgreich« und in einer Umfrage von 60 % als modebewusst eingestuft – kein Wunder, wurde Ottmar Hitzfeld immer wieder von der Werbebranche angesprochen. Stets lehnte er persönliche Werbeverträge ab. Doch als der deutsche Lizenznehmer des Pariser Herrenmode-Unternehmens Daniel Hechter den Bayern-Trainer anfragte, sagte er zu. Hitzfeld trat damit in die Nachfolge der Film-Weltstars Curd Jürgens und O. W. Fischer. Armani, Cerruti oder Versace sind für Ottmar Hitzfeld keine Begriffe von einem anderen Stern. »Ich trug schon früher gerne schöne Anzüge, mich soll man nicht im Trainingsanzug und mit Fußballschuhen auf der Trainerbank sehen, das überlasse ich meinen Spielern, in diesem Outfit trat ich nicht einmal als Trainerneuling beim SC Zug auf, zwar trug ich damals eine Sportjacke, aber Jeans dazu und Trainingsschuhe, schon in Zürich erschien ich im Sakko mit Krawatte zum Spiel, seit Dortmund nur noch im Anzug.« Hitzfeld kann sich mit dem Produkt, das er in der Öffentlichkeit präsentiert, identifizieren: »In der Rolle des Trainers sehe ich mich als Vorbild, ich bin der Repräsentant meines Vereins, ein Botschafter des Fußballs, denkbar, dass ich auch Menschen erreiche, die sich nicht in erster Linie für Fußball interessieren, wenn die Leute einen gut gekleideten Hitzfeld sehen.« Auch diese Tätigkeit bleibt bei Ottmar Hitzfeld somit nicht ohne reflexiven Hintergrund, selbst wenn die Freude an guter Kleidung Ausdruck seiner Persönlichkeit ist. Getreu seinem Lebensstil würde er sich nie zu modischen Extravaganzen verleiten lassen, nicht über den Laufsteg gehen.

Ottmar Hitzfeld: „Nichts ist motivierender als zu gewinnen.“
Der Gentleman von der Trainerbank des FC Bayern München setzt auf starke Partner und Produkte.

Mit Lothar Matthäus, 2000

Zu Beginn seiner zweiten Saison in München setzte Hitzfeld das Rotationsprinzip noch konsequenter um. Bis zum Ende der Hinrunde wechselte er pro Partie durchschnittlich fünf Spieler, aber der Meister schwächelte trotzdem, erst am 10. Spieltag zog er mit einem 5 : 0-Heimsieg über den VfL Wolfsburg an die Spitze der Tabelle und gab diese nicht mehr ab bis zum Spiel in der Rückrunde gegen denselben Gegner, Bayer Leverkusen zog mit einem 2 : 1-Sieg gegen 1860 München an den Bayern vorbei, hatte aber schon zwei Wochen zuvor mit einem 9 : 1-Kantersieg gegen den SSV Ulm 1846 zum Sturm auf die Bayern-Festung geblasen. Das Rennen um die Meisterschaft 1999/2000 wurde diesmal zu einem spannenden Zweikampf.

Der gleichzeitig laufendeWettbewerb in der Champions-League-Zwischenrunde war geprägt von zwei außerordentlichen Partien der Bayern gegen Real Madrid. Nach einer Weltklasseleistung im ehrwürdigen Estadio Santiago Bernabéu siegten die Münchner mit 4:2. Zuhause überfuhren sie die Madrilenen mit 4:1 und zogen problemlos ins Viertelfinale ein. Anfang Mai hielt sich der Rekordmeister

Mit Franz Beckenbauer, 2000

noch drei Titeloptionen offen. Die Hoffnungen, alle drei einzulösen, dämpfte die Startruppe von Real Madrid. Am zweiten Maitag schickten sie das Team von Ottmar Hitzfeld mit einer 0:2-Niederlage nach München zurück, vier Tage später das Pokalfinale in Berlin, wie ein Jahr zuvor erneut gegen den SV Werder Bremen, 3:0-Sieg, Finaltrauma vom letzten Jahr aufgelöst, erster DFB-Pokal-Gewinn für Trainer Hitzfeld, der sich durch Giovane Elber mit einer ordentlichen Maß Bier taufen ließ und vor 76 000 Augenpaaren gar den Pott küsste, ein lockerer Trainer, weiterer Titel geholt, zufrieden, vier Stunden gefeiert, Ereignis abgehakt, nächstes Ziel. Der Terminkalender drängte unerbittlich, noch drei Tage bis zum alles entscheidenden Heimspiel gegen die Königlichen aus Madrid. Angesichts des bevorstehenden Schicksalsspiels griff Kapitän Stefan Effenberg zu einem ungewohnten Mittel, er verfasste einen offenen Brief an die Bayern-Fans: *Im Namen der Mannschaft des FC Bayern bitte ich Sie, mit uns alles zu geben. Uns von der ersten bis zur letzten Minute zu unterstützen. Und vielleicht darüber hinaus. Lassen Sie uns vom An-*

pfiff an eine Stimmung ins Olympiastadion zaubern, wie wir sie noch nie erlebt haben – den Rest erledigen wir! Doch die Spanier hatten etwas dagegen. Real Madrid, das die Bayern vor Wochen noch zweimal souverän vom Platz fegten, warf die Elf von Hitzfeld im Halbfinale raus. Das Champions-League-Finale in Paris fand ohne den FC Bayern statt.

Blieb noch der Entscheid um die deutsche Meisterschaft. Am 29. Spieltag eroberte der amtierende Meister die Tabellenspitze zurück, um sie nach der 1:2-Niederlage im darauf folgenden Derby gegen 1860 München gleich wieder an Leverkusen abzugeben. Eine Runde vor Schluss führte Christoph Daum mit seiner Mannschaft mit drei Punkten Vorsprung vor seinem Antipoden Ottmar Hitzfeld. Bayer 04 Leverkusen stand vor einem vermeintlich leichten Gang zur SpVgg Unterhaching, die sich ihr Verbleiben in der 1. Bundesliga bereits gesichert hatte. Die Meisterschaft schien entschieden. Wenige Kilometer vom Sportpark entfernt empfingen die Bayern den SV Werder Bremen, und 63 000 Zuschauer im ausverkauften Olympiastadion klammerten sich an diesem 20. Mai 2000 an die rein rechnerische Möglichkeit, doch noch die Meisterschaft zu verteidigen. 1:0 schon in der 2. Minute durch Jancker, 3:1 hieß es zum Schluss, Pflicht erfüllt, Hitzfeld blieb konzentriert, aber auch auffällig gelassen, »die ganze Woche über habe ich in meiner Vorstellungswelt immer wieder ein Bild provoziert und mir vor Augen geführt, wie wir am Samstag die Meisterschale hoch halten werden«. Der Mathematiklehrer aus Lörrach wusste, dass genau dies noch möglich war, eher würde er nicht aufgeben, mit Wunderglaube sollte dies nichts zu tun haben. Und plötzlich starrten Zehntausende im Olympiastadion an die Anzeigetafel: *Unterhaching – Leverkusen 1 : 0*, der bemitleidenswerte Ballack verursachte ein Eigentor, nun machte sich im großen Rund die pure Euphorie breit, Hoeneß putzte wieder und wieder seine Brille, wies energisch die Ordner zurück, die schon Vorkehrungen treffen wollten für die Meisterfeier, unzählige Fans hingen mit dem Ohr in Unterhaching, endlos nervende Zeiten der Ungewissheit, unterbrochen nur durch die Pausen auf beiden Spielplätzen, dann traf Markus Oberleitner zum 2 : 0 für Unterhaching und leistete damit einen unvergesslichen Beitrag zur 16. Meisterschaft des großen Münchner Bruders, des FC Bayern. Auf der fernen Südsee-Insel Samoa weckte Sybille Beckenbauer ihren schlafenden Ehemann, der in diesen Tagen auf WM-Mission 2006 unterwegs war, um ihm die Sensation von München mitzuteilen. Für Momente sprachlos, zeigte der Bayern-Boss seine unermessliche Freude ganz unkonventionell: Er rannte aus dem Hotelzimmer und tanzte nackt auf dem Flur. Auch Trainer Hitzfeld feierte ausgiebig, für seine Verhältnisse schon fast ausgelassen, aber irgendwann an diesem verrückten Abend flogen seine Gedanken acht Jahre zurück, ins Wedaustadion, wo er als Trainer von Borussia Dortmund vier Minuten vor Saisonende die Meisterschale zum Greifen nahe sah, ehe Stuttgarts Christoph Daum ihm die Schüssel vor der Nase wegschnappte, derselbe Christoph Daum, der jetzt in Unterhaching eine fast identische Szene durchleben musste.

Die Bayern aus München werden den Unterhachingern bis in alle Ewigkeit dankbar sein. Das Netz des »goldenen Tores« stieg zur Ehre eines beinahe heiligen Gegenstandes auf, es wurde in kleine Reliquien zerlegt und in einer limitierten Fanauflage von 1400 Unikaten abgegeben: *Meistertalisman. Dies ist Ihr ganz persönliches Stück original ›Meistermacher-Tornetz‹. Es stammt aus der Nordkurve des Sportparks. Hier fiel am 20. Mai 2000 um 16.57 Uhr das 2:0 gegen Leverkusen, das den FC Bayern endgültig zum Meister machte. Für die Echtheit garantiert die SpVgg Unterhaching.*

Noch am »Tag von Unterhaching«, mitten im Festtrubel, schaute Ottmar Hitzfeld nach vorne, auf die kommende Saison. »Neues Ziel«, schwor er und ballte die Faust in der Hosentasche, »ich will alle drei Titel, die Champions League, den Pokal und die deutsche Meisterschaft.«

Am 1. November 2000 hatten die Bayern als Pokal-Verteidiger in der 2. Runde beim Oberligisten 1. FC Magdeburg anzutreten, im Ernst-Grube-Stadion lieferten sie eine blamable Partie ab und schieden mit

3 : 5 im Elfmeterschießen aus. Kein Triple für Ottmar Hitzfeld, der am Tag nach dem Pokal-Aus in Magdeburg in der »Münchner tz« ungewohnt kritische Worte lesen musste: *Rein, raus. Mal zwei, mal drei, mal vier. Bei sieben liegt der Rekord. Grad lustig ist's, wie Ottmar Hitzfeld von Spieltag zu Spieltag mit seinen Angestellten rotiert. Ottmar, der Gamblerkönig von der Säbener Straße [...] So verzockt sich der Pädagoge.* Aber der Pädagoge reagierte glänzend, kein einziges aggressives Wort nach außen, dafür jede Menge motivierende Aufbauarbeit nach innen, denn bloß zwei Tage nach der Pokal-Schlappe kam Borussia Dortmund nach München, für Ottmar Hitzfeld eine emotionale Angelegenheit, bedeutete der Auftritt des BVB im Olympiastadion doch zugleich auch die erste Begegnung Hitzfelds mit seinem einstigen Westfalen-Leitwolf Sammer, jetzt aber ein Wiedersehen zwischen zwei Berufskollegen. Meister Hitzfeld schlug erbarmungslos zu, mit einer 2:6-Packung musste sein einstiger Schüler nach Hause zurückkehren, allerdings begleitet von einer bemerkenswerten Aussage aus Hitzfelds Munde: »Matthias wird als Trainer eine große Zukunft haben.«

Ottmar Hitzfeld, sonst kein Mann, der als großer Redner in der Öffentlichkeit auftritt, ließ sich vom Sportmagazin »Kicker« dazu bewegen, zum Jahreswechsel 2000/01 ein paar Gedanken zu äußern: [...] *So müssen wir uns zum Ende dieses ereignisreichen Fußballjahres 2000 unbedingt die Frage stellen, wie wir unser Metier künftig sehen und ausüben wollen. Auch im Fußball geht die Entwicklung hin zu Big Brother, alles und jedes soll transparent gemacht werden. Und deshalb müssen wir in bestimmten Fällen sagen: bis hierher und nicht weiter! Die Kabine zum Beispiel muss ein heiliger Ort und somit für Kameras und Mikrophone verschlossen bleiben. Wenn sich die Spieler zuweilen anschreien, geht dies die Öffentlichkeit nichts an. Ich weiß nicht, wie lange wir solche Bestrebungen, die auch hierzulande laufen, noch zurückhalten können; in zehn Jahren fällt womöglich auch diese Schranke. Aber dagegen müssen wir uns wehren, für kein Geld der Welt dürfen wir die Kabinentür für die Medien und die Öffentlichkeit aufmachen. [...] Bei allem Trend hin zum Entertainment sehe ich den Fußball doch weiterhin als Sport. Die große Unterhaltung allein reicht nicht, die gewonnenen Punkte, also der sportliche Erfolg sorgen für die elementare Sicherheit. Und wenn wir Fußballer und Fußballschaffenden gleichsam als Helden gelten, müssen wir vorbildliche Heroen sein. Obwohl es um sehr viel geht, muss eine gewisse Ethik eingehalten werden. Zugegeben, ich bin auch kein Heiliger und flippe manchmal aus in Richtung Schiedsrichter, aber insgesamt müssen doch Respekt und Anstand gewahrt werden. […] Insgesamt wünsche ich dem deutschen Fußball für 2001 weniger Skandale. Da unser Sport im nun zu Ende gehenden Jahr doch sehr gelitten hat* [– Hitzfeld spricht die Affäre Daum an –], *sind wir, die wir tagtäglich in der Verantwortung stehen, verpflichtet, alles zu tun, damit die Bundesliga in toto, die Klubmannschaften sowie die Nationalelf wieder das glanzvolle Image vergangener Tage bekommen.*

Nicht derart tragisch, wie »die Mutter aller Bayern-Niederlagen«, das 1:2 in Barcelona gegen ManU, dafür umso schändlicher war »das Debakel von Lyon«, die 0:3-Pleite in der Zwischenrunde der Champions League gegen Olympique Lyon, das mit Abstand schlechteste Spiel des FC Bayern München unter Ottmar Hitzfeld. Entprechend traf der Zorn des »Kaisers« bei seiner mitternächtlichen Bankett-Rede alle Bayern-Spieler, die an diesem Abend in Lyon vom Gegner in Grund und Boden gespielt wurden. Auch Trainer Hitzfeld saß im Saal, er hörte zu, wie der Präsident seine Mannschaft vor Medienleuten und einem erlesenen Publikum zusammenstauchte, zerfetzte und erniedrigte. »Es kann in Hitzfeld nicht anders ausgesehen haben, als dass er wütend war über diese Rede«, mutmaßt Philipp Selldorf. Doch Ottmar Hitzfeld kommentiert ganz nüchtern: »Das ist die Art von Franz!« Hitzfelds Art war es zu keiner Zeit und wird es nie sein. »Als Angestellter von Bayern München musst du so was mal entgegennehmen können, ob du Spieler bist oder Trainer, der Franz durfte das sagen, irgendwann während seiner fulminanten Ansprache erinnerte ich mich an Werner Hofstetter, den Präsidenten des SC Zug, gegen dessen Tiraden die Worte Beckenbauers ein liebliches Säuseln im Abendwind waren, ich musste innerlich schmunzeln ob des Gedankens an meinen ersten Präsidenten. ›Das hast du doch schon damals bestens überstanden‹, sagte ich mir.« Spätnachts baten einige Medienleute, Hitzfeld möge nochmals mit ihnen sprechen. Selldorf bewunderte den Trainer: »Er setzte sich, ohne zu zögern, mit uns an einen Tisch und das wohl gemerkt nach einem desaströsen Spiel seiner Mannschaft und nach dem fürchterlichen Donnerwetter Beckenbauers. Äußerst subtil gab Hitzfeld Gegensteuer, desavouierte seinen Präsidenten in keinem Punkt seiner Standpauke und stellte sich doch schützend vor sein Team, ein Akt der Diplomatie auf höchstem Niveau, er wusste, das präsidiale Gewitter würde seine Wirkung nicht verfehlen und auch ihm als Trainer nur nützen.«

Kurz nach dem Debakel in Lyon glaubte die »Bild«-Zeitung *die ersten Risse im Bayern-Präsidium* ausmachen zu können, und die »Münchner AZ« wusste gar: *Jetzt rotiert Hitzfeld selbst.* Auch wenn sie noch so gewollt hätten, den Medien oder gar irgendwelchen Splittergruppen innerhalb des Kaders wäre es nach der »Nacht von Lyon« nie gelungen, einen Keil ins Bayern-Präsidium zu treiben.

Wie im verlorenen Champions-League-Finale von Barcelona hatte Ottmar Hitzfeld schon zu BVB-Zeiten in Dortmund die Klingen mit ManU-Coach Sir Alex Ferguson gekreuzt. Im laufenden Champions-League-Wettbewerb der Saison 2000/01 war es wieder einmal so weit. Ottmar Hitzfeld gastierte mit den Bayern im Old Trafford, entführte in dieser Viertelfinalpaarung mit einem 1:0 drei Punkte und doppelte im Rückspiel mit einem 2:1-Sieg gleich nach. Die Revanche für Barceloan war geglückt.

Wann immer Ferguson und Hitzfeld, diese beiden wahren Gentlemen des europäischen Klubfußballs aufeinander treffen, zelebrieren sie ihre Begegnung. Das heißt dann stets, der Jüngere ist beim Älteren eingeladen, Hitzfeld zu Gast bei Ferguson. »Die Tee-Gespräche mit Alex sind Highlights in meinem Trainerleben«, schwärmt Hitzfeld, »sie verbreiten die Atmosphäre feierlicher Momente. Ich habe Ferguson schon bewundert, als ich noch Spieler war, er war für mich schon immer der Inbegriff des edlen und feinen Menschen auf der

Trainerbank eines Fußballstadions, in den letzten Jahren haben wir einander etliche Duelle geliefert und dabei stets den Respekt voreinander bewahrt.« Ehrenvoll war die Einladung Fergusons an seinen deutschen Kollegen, aus Anlass seines 25 Jahre-Jubiläums als Manager bei Manchester eine Weltelf gegen das ManU des Jubilars coachen zu dürfen. »Wenn wir gegeneinander spielen, pflegen wir ein kleines Ritual, eine halbe Stunde vor Spielbeginn gehen die Mannschaften auf den Rasen, um sich aufzuwärmen, das ist der Moment, der es Alex und mir erlaubt, uns Zeit zu nehmen für einen Smalltalk, an dem auch einige Präsidiumsmitglieder teilnehmen, auf unserer Seite habe ich gerne Pressesprecher Markus Hörwick dabei. Nach englischer Tradition schenkt Alex Tee ein, und wir unterhalten uns über die Familien, über aktuelle weltgeschichtliche Ereignisse, auch darüber, wie es uns beiden sportlich gerade ergeht, kaum zu glauben, diese Gespräche verlaufen in einer entspannten Atmosphäre, obwohl wir uns nur kurze Zeit später als Gegner wieder sehen, zugegeben, irgendwo liegt schon auch die Ohnmacht der Trainer vor dem Fight im Raum, aber die Teamsitzungen sind vorbei, die Mannschaften eingestellt, wir können beiden nur noch abwarten, bis das Spiel beginnt, diese Tee-Runden mit Alex Ferguson werte ich als Ausdruck unserer gegenseitigen Sympathie.«

Am letzten Spieltag der deutschen Meisterschaft 2000/01 reisten die Münchner als Tabellenführer mit einem Vorsprung von drei Punkten auf den FC Schalke 04 nach Hamburg. Mit Ausnahme des gelbgesperrten Salihamidzic ließ Trainer Hitzfeld jene Elf ran, die er auch vier Tage später im Finale der Champions League einzusetzen gedachte. Wieder mischte die SpVgg Unterhaching im Knüller um die Meisterschale mit, führte nach einer halben Stunde auf Schalke mit 2 : 0. Was sollte den Bayern in Hamburg da noch passieren? Die Hanseaten hatten sich den Verbleib in der 1. Bundesliga gesichert. Die Mannschaft von Ottmar Hitzfeld musste mindestens einen Punkt holen. 76. Minute im Parkstadion, Schalke führte jetzt mit 4 : 3, in Hamburg stand die Partie noch immer 0 : 0. Ottmar Hitzfeld erinnert sich an die letzten fünf Minuten des Spiels gegen den HSV: »Ich hatte ein gutes Gefühl, wir hatten über weite Strecken die Begegnung kontrolliert.« Dann aber die 90. Minute: Sergej Barbarez' Kopfball landete zum 1 : 0 für den HSV im Tor. Erstarren auf der Bayern-Bank. »Ich dachte an die zu Ende gehende Saison«, schildert Ottmar die bangen Schlussminuten von Hamburg. »Die Arbeit eines ganzen Jahres drohte, zerstört zu werden.« Schlusspfiff in Gelsenkirchen, Schalke gewann 5 : 3, war im Augenblick deutscher Meister. In Hamburg schießen Hitzfeld tausend Gedanken durch den Kopf. »Nur 20 Sekunden habe ich ans Verlieren gedacht, an eine grausame Auswirkung für Mailand, dann glaubte ich wieder an das Unmögliche.« – »Los, weiter, weiter, immer weiter«, brüllte Kahn, spurtete zur Mittellinie, peitschte seine Mitspieler nach vorne. Schiedsrichter Markus Merk zeigte drei Minuten Nachspielzeit an. Auf Schalke drehten alle durch, feierten den deutschen Meister FC Schalke 04, doch in Hamburg war noch nicht Schluss, indirekter Freistoß für die Bayern, »Patrik, du schießt!«, ordnete Effenberg an,

Ottmar Hitzfeld stand am Spielfeldrand und dachte: »Wenn der reingeht, gewinnen wir auch in Mailand!« Andersson lief an und drosch die Kugel zum 1:1 ins Tor. Der 17. Titel, zum dritten Mal hintereinander deutscher Meister. »Ich sah nur noch einen Ball im Netz zappeln, ich kann mir heute noch nicht erklären, wie Patrik Andersson seinen Freistoß an einer derart massiven Mauer von Spielern vorbei ins Tor schießen konnte, das war eine gewaltige Explosion von Gefühlen, darum rannte ich ja auch auf den Platz, was sonst nicht meine Art ist, ich schrie meine Freude ungebremst heraus, erst später realisierte ich, was auf Schalke eigentlich los war, konnte ich innerlich meine Glücksgefühle empfinden, ich dankte jedem meiner Spieler für die vergangene Saison.«

Ob er noch wisse, was er am Mittwoch, 12. Mai 1976, gemacht habe, wollte ein Medienmann am Tag nach dem neuerlichen Gewinn der deutschen Meisterschaft von Ottmar Hitzfeld in Erfahrung bringen. Hätte der Journalist ihm nicht ausgerechnet jetzt diese Frage vorgelegt, da Hitzfeld sich mit nichts anderem als mit der Champions League beschäftigte, wäre es ihm vielleicht gelungen, den Bayern-Trainer in Verlegenheit zu bringen, so lachte Hitzfeld und meinte: »Ich habe an jenem Tag wohl beim VfB Stuttgart mein Training absolviert, ob ich aber abends vor dem Fernseher saß und den 1:0-Sieg des FC Bayern im Europacup-Endspiel der Meister in Glasgow gegen AS St. Etienne mitverfolgte, weiß ich nicht mehr mit Sicherheit.« Wie hätte Ottmar Hitzfeld reagiert, wenn ihm damals jemand angekündigt hätte, der nächste Bayern-Trainer, der ein Vierteljahrhundert nach Dettmar Cramer mit den Münchnern wieder den wichtigsten europäischen Wettbewerb gewinnt, sei er selber und die drei Glasgow-Helden Beckenbauer, Hoeneß und Rummenigge bildeten im Jahre 2001 eine der erfolgreichsten Führungscrews im europäischen Klubfußball?

Bayern-Coach Ottmar Hitzfeld musste seine Spieler nach dem Gewinn der deutschen Meisterschaft nicht mehr eigens für das Champions-League-Finale in Mailand einstimmen. »Ich hatte nur eine Sorge, eine geradezu süße: Meine Spieler durften nicht zu euphorisch werden, ich musste dafür sorgen, dass sie auf dem Boden blieben.« Am 23. Mai 2001 kamen per Flieger, mit Bussen, Autos oder mit der Bahn zehntausende von Fußballfans aus ganz Europa ins Giuseppe-Meazza-Stadion in Mailand, das den ehrwürdigen Dom dieser Stadt zumindest für Stunden in den Schatten stellte. Ein Meer in Rot-Weiß auf der einen, eine Front in Rot-Gelb auf der anderen Seite. *Heute ist ein guter Tag, um Geschichte zu schreiben,* stand auf einem riesigen Transparent inmitten des Bayern-Blocks zu lesen. Zur Einstimmung sang ein feierlich in Schwarz gekleideter Chor die berühmte Passage aus Giuseppe Verdis »Nabucco«, vor 159 Jahren in derselben Stadt uraufgeführt: »Va, pensiero, sull'ali dorate ..., Zieh Gedanke auf goldenen Schwingen ...« Die Gedanken der Bayern, gefangen von der Schmach von Barcelona, mögen endlich wieder frei werden. Torhüter Oliver Kahn zog mit seinen überirdischen Elfmeter-Paraden von Mailand endgültig in die Gefilde der Titanen ein.

Und Ottmar Hitzfeld? Der Bayern-Trainer ein Hohepriester der Weltreligion Fußball? Hitzfeld eignet sich nicht als priesterliche Figur, dazu wäre er in seiner Rolle als Trainer zwar prädestiniert, aber er ist kein Selbstdarsteller, keine Heldenfigur, er ist ein Mensch geblieben, dem die Fans mit Bewunderung, die Spieler mit Achtung, die Medienleute mit Respekt und die Präsidiumsmitglieder mit Anerkennung begegnen. Auch wenn seine fußballerischen Leistungen in der Schweiz schon länger der Vergangenheit angehören, ist Ottmar Hitzfeld in seiner Wahlheimat noch immer sehr beliebt. Zwischen 1991 und 1997 fuhr Kurt Mäder aus dem Kanton Aargau ganze 35 Mal am Steuer seines Reisebusses die 1300 Kilometer lange Strecke nach Dortmund und zurück, jeweils mit 70 begeisterten Ottmar-Fans. »Die Leute wollten ›de Ottmar‹ sehen und Anteil nehmen an seinem großen Erfolg«, erzählt Mäder, selber ein stiller Bewunderer des einstigen Aarau-Trainers. »Ottmar kam fast immer zu uns ins Hotel und sprach mit uns, eine einmalige Geste dieses bescheidenen Menschen im gigantischen Fußballzirkus, meine Reisegäste sagten einhellig: ›Wir kommen nur wegen Ottmar!‹ Nach dem Wechsel ihres Idols nach München kippten sie alle um und wurden Bayernfans.«

Von Florian, einem echten Bayernfan, bekam Ottmar Hitzfeld Ende 2000 einen Brief, der den Stellenwert des Fußballs dokumentiert und die Verehrung Hitzfelds vor Augen führt: *Hallo, Herr Hitzfeld! Ich finde, Sie sind der beste Trainer der Welt, und hoffe, dass Sie dem FC Bayern noch eine Weile erhalten bleiben, denn der FC Bayern ist mein Ein und Alles. Ich bin auch Mitglied. Das Spiel* [6 : 2-Sieg der Bayern über Borussia Dortmund] *war das beste, das ich je in München gesehen habe. Ich habe Ihnen einen Glückspfenning beigelegt, der Ihnen in der Bundesliga und in der Champions League Glück bringen soll! Also frohe Weihnachten und einen guten Rutsch ins neue Jahr! Ihr Florian*

Fußball kann Menschen helfen, nicht abzustürzen, sich zu orientieren, ein Zuhause zu haben, von Gleichgesinnten getragen zu sein, für viele Menschen bedeutet Fußball aber noch viel mehr, er ist ihr »Ein und Alles«, wie Bayernfan Florian schrieb. Ottmar Hitzfeld ist überzeugt, »wenn Fußball zum letzten Lebenssinn eines Menschen wird, dann ist er eine Religion, dann ist Fußball eine der größten Weltreligionen, wenn jemand allerdings den christlichen Gott bittet, der eigene Klub möge gewinnen, bekommt dieser Gott ein Gerechtigkeitsproblem, wie will er es sonst dem Bittsteller des gegnerischen Vereins erklären, dass er dessen geliebte Mannschaft verlieren ließ?« Im Westfalenstadion sah sich Ottmar Hitzfeld oft wie in einem Tempel, »die Borussia-Lieder haben religiösen Charakter, sie gingen mir enorm unter die Haut und gingen speziell nach großen Siegen tief in meine Seele hinein, noch immer klingt der Refrain eines Liedes aus Dortmunder Zeiten in meinen Ohren: *Leuchte auf, mein Stern Borussia, leuchte auf, zeig mir den Weg, ganz egal, wohin er uns auch führt, ich werd immer bei dir sein.«* Der Gedanke an die biblische Legende von den Heiligen Drei Königen liegt nahe, auch sie sind auf ihrer Wanderung einem Stern gefolgt. Traditionsbewusste Schweizer singen zu Ehren des heiligen Nikolaus von Flüe, des Landespatrons der Eidgenossen, ein Lied, dessen Ähnlichkeiten zur Borussiahymne verblüffend ist: *Vom Himmel blickt ein heller Stern auf unsre Berg und Tale, der sendet Hilf und Trost uns gern mit seinem Gnadenstrahle [...] O klarer Stern, so strahle du auf unsern dunklen Wegen uns deinem Himmelsfrieden zu und bring uns Glück und Segen.* Der Refrain der offiziellen Bayern-Hymne reiht sich nahtlos ein: *FC Bayern – Stern des Südens, du wirst niemals untergehen, weil wir in guten wie in schlechten Zeiten zueinander stehen. FC Bayern, deutscher Meister, ja, so heißt er, mein Verein, ja so war es und so ist es und so wird es immer sein.*

Nach drei Jahren bei den Bayern hatte Ottmar Hitzfeld einen geradezu beängstigenden Nimbus erreicht, er galt als einer, der alles richtig machte, Hitzfeld war unfehlbar geworden. In München ging die bange Frage um: Hört er jetzt auf, oder macht er weiter? In der »Welt am Sonntag« meldete sich Udo Lattek zu Wort und meinte, in der Stunde des größten Erfolgs wäre für Ottmar der ideale Moment des Abschiednehmens gekommen. Es sei etwas vom schwierigsten, eine satte Mannschaft neu zu motivieren. »Man muss einen neuen Konkurrenzkampf im Team schüren«, lässt Lattek an seiner Trainererfahrung teilhaben, »und läuft dennoch Gefahr, nicht mehr hundertprozentig nach Leistung, sondern auch ein bisschen nach Dankbarkeit für gemeinsam erreichte Erfolge aufzustellen.« Tatsächlich meldete sich Ottmar Hitzfeld im Frühsommer 2001 bei Uli Hoeneß und eröffnete dem Manager: »Ich will aufhören!« Doch der Manager konterte: »Nein! Das kommt überhaupt nicht in Frage.« Hitzfeld ging es nicht um den eleganten Abgang auf dem Höhepunkt, »ich wollte nicht gehen, weil ich in Zukunft fast nur noch verlieren konnte, das ist nicht meine Art, ich spürte in den Tagen und Wochen nach Mailand einen unwahrscheinlichen Substanzverlust, schon der Krimi in Hamburg kostete mich viel Kraft, ich wollte den Erfolg des Vereins nicht aufs Spiel setzen, die Reaktion von Uli Hoeneß empfand ich als Kompliment, also stellte ich mich einer noch nie da gewesenen Herausforderung: zum vierten Mal hintereinander deutscher Meister, Verteidigung der Champions-League-Trophäe und erneuter Sieg im Weltpokalfinale.«

Im November 2001 geriet die Ehe der Hitzfelds in eine ernste Krise. Ottmar Hitzfeld gestand seiner Frau, sich mit einer anderen Frau getroffen zu haben. Mehr als drei Jahre lang trug Ottmar Hitzfeld allein ein Geheimnis mit sich herum. Welche Möglichkeiten hatte er, damit umzugehen? Sollte er seinen Fehltritt ganz für sich allein behalten? Wäre das für ihn machbar gewesen? Als Prominenter?

Womit Ottmar Hitzfeld als öffentliche Persönlichkeit hat rechnen müssen, trat ein. Er wurde vor die Entscheidung gestellt, Schweigegeld zu bezahlen oder seine privaten Dinge in den Medien lesen zu müssen. Das war die Nuss, die Hitzfeld zu knacken hatte. Und er knackte sie gründlich und schnell. Schweigegeld zu bezahlen kam für ihn nicht in Frage. So blieb nur eines, das öffentliche Geständnis.

Zweifellos ist Ottmar Hitzfeld in der Chefetage des FC Bayern München ein geschätzter Mann. Beckenbauer, Hoeneß und Rummenigge standen zu Hitzfeld. Sie erklärten sich bereit, ihrem Trainer bei seinen äußerst delikaten persönlichen Schwierigkeiten zu helfen. Das war in einer Zeit, in welcher sich ausgerechnet auch der FC Bayern auf sportlichem Krebsgang befand, in sieben Spielen fuhr die Mannschaft noch ganze drei Punkte ein. Als am Dienstag, 27. November 2001, im fernen Tokio das Weltpokalfinale zwischen Boca Juniors Buenos Aires und dem FC Bayern München über die Bühne ging, rieb sich ganz Deutschland die Augen, nicht des Spiels wegen – Bayern München gewann 1:0 – die »Bild«-Zeitung informierte die Öffentlichkeit mit der Schlagzeile: *Hitzfeld und das schöne Model – Die überraschendste Affäre Deutschlands.* Kaum jemand hätte beim Thema »außereheliche Beziehung« an Ottmar Hitzfeld gedacht. Zuvorkommend, freundlich, sympathisch, wahrhaftig, sauber – öffentliche Bilder über den Gentleman und Ehrenmann aus Lörrach – Hitzfeld? Ein Seitensprung? Niemals!

Nach außen managte Ottmar Hitzfeld seine Affäre glänzend. Ohne zu beschönigen, stellte er sich der Öffentlichkeit. Kein Vertuschen, keine Halbwahrheiten, hart an der Grenze, dasjenige, was passiert ist, auf der Ebene von Schuld und Unschuld abzuwickeln, stets bemüht, zu bekennen, einen Fehler begangen zu haben.

Freunde haben die Hitzfelds wegen der Affäre keine verloren. Gut gemeinte Ratschläge kamen von allen Seiten. Wirklich helfen können sie einander nur selber. Das vermag nicht einmal das Refugium in Lörrach. Das Familienmuster im Umgang mit schwierigen Lebenssituationen ist von jeher geprägt vom Motto: »Wir sind hart im Nehmen, jeder wird mit sich selber fertig.«

Gleichzeitig mit der Affäre hatte Ottmar Hitzfeld zu dieser Zeit auch eine Menge Probleme als Trainer des FC Bayern München. Denn gegen Ende der Hinrunde der Saison 2001/02 brachten den Klub namhafte Verletzungen in Nöte. Jeremies, Scholl und Effenberg fielen für Wochen aus. Kaum aus Tokio als Weltpokalsieger zurückgekehrt, stand für den Fußballtrainer Ottmar Hitzfeld eine Frage erster Güte an: Soll »Effe« nach seiner dreimonatigen Verletzungspause wieder spielen oder nicht? Hitzfeld wusste, Effenberg kriegt seine Fitness nicht übers Training, er braucht Spielpraxis. »Man vergaß die Vorbildfunktion von Stefan Effenberg«, moniert sein Trainer, »viele sahen nur noch den bösen, arroganten und alternden Star, Stefan verkörperte die Erfolgsbesessenheit, das zeigte er durch seine Mimik und seine Gesten, die immer zwei Gesichter widerspiegelten, die Mannschaft brauchte neben Oliver Kahn einen Reißer wie ›Effe‹, hätte ich ihn auf der Tribüne belassen, wer garantierte, dass dies besser gewesen wäre? Dann wären Stimmen laut geworden, die gefordert hätten: Effenberg muss spielen!« Ludger Schulze sieht es anders: »Hitzfeld hat sein Wohl und Wehe zu lange mit Stefan Effenberg verknüpft, was ihn bei einigen Spielern in Misskredit brachte, große Teile der Mannschaft kamen zur Überzeugung: So wie er jetzt mit Stefan umgeht, liegt der Trainer erstmals, seit er hier ist, falsch, die meisten Spieler haben es nicht mehr nachvollziehen können, dass Hitzfeld Stefan Effenberg, der eindeutig seinen Zenit überschritten hatte, immer noch stützte, sie haben erkannt, dass auch Hitzfeld nicht unfehlbar ist, es stellte sich eine gewisse Distanz zwischen dem Trainer und Teilen der Mannschaft ein.« Schulze betont in seiner Einschätzung aber klar: »Das alles hat zwar am Lack des Trainers gekratzt, in den Augen der Spieler blieb er aber ihr Trainer, hinter dem sie stehen und für den sie auf dem Platz ihr Bestes geben.«

Ungewöhnlich hart kritisierte Robert Schwan, Ex-Manager des FC Bayern und jahrzehntelang persönlicher Berater von Franz Beckenbauer, im Februar 2002 den Bayern-Trainer. ›*Er versagt in seinem Job, die richtige Mannschaft auf den Platz zu schicken*‹, war einer Teletextmeldung zu entnehmen. Schwan sah in Hitzfeld den Hauptverantwortlichen für die Bayern-Krise. ›*Ich bin entsetzt, dass der Mann ein Tabu-Thema ist*‹, ereiferte sich Schwan. Trainer Hitzfeld registrierte die Stimme aus Kitzbühel sehr wohl und meinte: »Ich habe zu viel Respekt vor älteren Leuten, als dass ich zurückschlage.«

»Die eine oder andere Mannschaft wäre nach einer derart erfolgreichen Saison, wie wir sie 2000/01 spielten, und bei der namhaften Verletztenliste, die wir in meinem vierten Jahr bei den Bayern zu verzeichnen hatten, abgesackt«, mutmaßt Ottmar Hitzfeld, »wir mischten in der Spielzeit 2001/02 bis zuletzt um den neuerlichen Titel mit,

Mit Stefan Effenberg, 2001

der dritte Rang eröffnete uns die Möglichkeit, uns über eine Ausscheidungsrunde erneut für die Champions League zu qualifizieren, überdies stießen wir bis ins Pokal-Halbfinale vor und schieden erst im Champions-League-Viertelfinale aus.«

Ende der Saison 2001/02 dachten viele Beobachter, der Herbst für die Arbeit Ottmar Hitzfelds sei gekommen. Aber mit der Verpflichtung von Michael Ballack, Zé Roberto und von Sebastian Deisler eröffneten sich dem FC Bayern München auf Jahre hinaus neue und viel versprechende Perspektiven. Motivation genug für Ottmar Hitzfeld, in München eine zweite Schaffensperiode einzuleiten.

Das geflügelte Wort vom »besten Bayern-Kader aller Zeiten« machte die Runde. Niemand wollte widersprechen. Als die »Roten« dann auch noch im blütenweißen Dress auftraten – für die Königlichen im fernen Madrid hart an der Grenze der Provokation –, stieg die Euphorie bei den Bayern und ihren Fans zu Beginn der Saison 2002/03 nochmals beträchtlich. Sicher fegten die Münchner nach einem Untentschieden im Startspiel gegen Borussia Mönchengladbach hintereinander Bielefeld, den Hamburger SV, den Stadtrivalen TSV 1860 München, den 1. FC Nürnberg und Energie Cottbus vom Platz. Schon rechneten die Sportjournalisten damit, die Bundesliga könnte in einen langweiligen Alleingang der Bayern ausarten. Auf diesem Höhenflug kam der Auftakt zur Champions League gerade recht. Das »weiße Ballett« empfing Deportivo La Coruña zum Tanz im Münchner Olympiastadion. Die Spanier traten den Bayern allerdings arg auf die Füße. Das Hitzfeld-Team geriet mit 0:2 in Rückstand, besann sich, holte den Rückstand wieder auf, verlor aber am Ende die Partie mit 2:3. Die nächste Ernüchterung folgte beim französischen Meister RC Lens. Der FC Bayern flog mit nur einem Punkt nach Hause. Langsam geriet der Verein in eine gefährliche Lage. Einerseits behaupteten die Bayern in der Bundesliga die Spitzenposition, die Leistungen in der Champions League zeigten andererseits kontinuierlich nach unten. Im Hinspiel gegen den AC Milan gelang endlich mal ein gutes Spiel, dennoch gewannen die Mailänder im Münchner Olympiastadion mit 1:2. Die Stars von der Isar fanden sich plötzlich auf dem ungewohnten dritten Platz in ihrer Champions-League-Gruppe. Parolen, wonach der FC Bayern dann Flagge zeigt, wenn es wirklich darauf ankommt, wurden bemüht. Die Wirklichkeit sah aber anders aus: Nächste Niederlage gegen Milan, erneut mit 2:1 und ausgerechnet im Giuseppe-Meazza-Stadion, wo die Bayern 16 Monate zuvor mit dem Sieg in der Champions League einen der großen Triumphe der Vereinsgeschichte errungen hatten. Nach dem Sieg gab sich der Mathematiklehrer Ottmar Hitzfeld überzeugt: »Obwohl wir erneut über weite Strecken besser spielten als der AC Milan und dennoch verloren haben, ist unsere Ausgangslage durch den Sieg von Lens über La Coruña besser geworden.« Doch alles Rechnen nutzte nichts. Die Bayern gerieten auch in La Coruña auf die Verliererstraße und schieden nach der 2:1-Niederlage in Spanien bereits nach Beendigung der 1. Runde aus dem Champions-League-Wettbewerb aus. Da gleichzeitig Lens die Mailänder schlug, belegte der FC Bayern München nur den letzten Gruppenplatz, der nicht einmal mehr zur weiteren Teilnahme am UEFA-Cup berechtigte. Karl-Heinz Rummenigge, der in die Fußstapfen von Franz Beckenbauer als Bankettredner trat, brachte es auf den Punkt: »Die Leistung des FC Bayern München auf europäischer Ebene ist eine Schande.«

Nur drei Tage nach dem brutalen Sturz aus Europas Königsklasse stolperte der Rekordmeister mit einer 0:2-Niederlage in Bremen auch in der nationalen Meisterschaft. War Robert Schwan im Frühjahr 2002 noch weit und breit der Einzige, der sich darüber ärgert, dass Hitzfelds Arbeit bei den Bayern nicht kritisiert wurde, mehrten sich jetzt die Stimmen, die öffentlich über die Entlassung des Trainers spekulierten. »Die Verantwortlichen müssen reagieren«, zeigte sich Ottmar Hitzfeld bei einem unserer häufigen Telefongespräche erstaunlich gelassen, »ich muss mich innerlich auf eine Entlassung einstellen.«

»Warum tut er sich das noch an?«, fragten sich viele Menschen, die Ottmar Hitzfeld mögen und nun mit ansehen mussten, wie dem Mann erstmals in seiner Laufbahn die Entlassung drohte. Die Argu-

mente der Leute sind verständlich: Hitzfeld hat doch alles erreicht. Finanziell hat er ausgesorgt. Er hat längst bewiesen, ein Weltklasse-Trainer zu sein. – Allein, ein Ottmar Hitzfeld gibt nie auf. Die Frage, warum er sich das noch antue, ist falsch gestellt. Hitzfeld tut sich nichts an. Er ist kein Masochist. Die prekäre Lage, in der er sich mit seiner Mannschaft im Herbst 2002 befand, stellt ihn vor eine Aufgabe, die er niemals aus der Hand geben würde, und er weiß genau: »Ich habe gegenüber dem Verein, den Medien und den Fans nur ein einziges Argument: wieder zum Siegen zurückzufinden. Mir sind ja nicht die die Trainerqualitäten abhanden gekommen, die Kommunikation mit meinen Spielern fließt nach wie vor, nach einer Niederlagenserie sind eben auch Bayern-Spieler verunsichert.«

Das weite Rund des Olympiastadions war am Mittwoch, den 6. November 2002 kaum zu einem Drittel gefüllt, als der FC Bayern die Mannschaft von Hannover 96 zum Pokalspiel empfing. Die Münchner starteten sehr verhalten, aber kaum gelangen der Hitzfeld-Truppe ein paar gute Spielzüge, begannen die Fans auf den Rängen zu singen und feierten insbesondere den in den vergangenen Tagen kritisierten Trainer: »Ooooottmar, du bist der beste Mann!«

Der 2 : 1-Sieg im Pokalwettbewerb gegen Hannover wirkte wie Balsam, denn die drei Tage später stattfindende Heimpartie gegen den aktuellen Deutschen Meister Borussia Dortmund entschieden die Bayern ebenfalls mit 2 : 1 für sich, im letzten Gruppenspiel der Champions League zogen sie sich mit einem 3 : 3 gegen den RC Lens leidlich aus der Affäre, schlugen im darauf folgenden Bundesligaspiel den VfL Wolfsburg mit Ex-Bayernspieler Stefan Effenberg 1 : 0 und standen Anfang Dezember 2002 mit acht Punkten Vorsprung souverän an der Tabellenspitze. Keiner sprach mehr von einer Bayern-Krise und schon gar niemand beharrte noch auf der Entlassung von Trainer Hitzfeld.

In souveräner Manier holte der Lörracher im Mai 2003 mit seinem Team das Double. Die Meisterschaft gewannen die Bayern mit 16 Punkten Vorsprung auf den VfB Stuttgart, im Pokalendspiel bezwangen sie den 1. FC Kaiserslautern mit 3 : 1.

Mit seinen drei Toren in der Champions League schoss der Holländer Roy Makaay die Bayern in ihrem eigenen Stadion schon früh auf die Verliererstraße. Nach einem Transferpoker im August 2003 gelang es den Bayern, ausgerechnet die »Schreckgestalt« aus La Coruna zu verpflichten. Die Präsenz des Stürmers Makaay schaffte enormen Druck auf die etablierten Angreifer Elber, Pizarro, Santa Cruz und Zickler. Über die Klinge sprang schließlich Giovane Elber. Musste er? Wollte er? In der Planung von Trainer Hitzfeld konnte der Brasilianer keine entscheidende Rolle mehr spielen: »Elber und Makaay sind beide Strafraumspieler, die passen nicht zusammen.« Ungewöhnlich klar und dezidiert erklärte Hitzfeld der Öffentlichkeit das Ende der Zusammenarbeit mit Elber: »Als Trainer musste ich Farbe bekennen und die Entscheidung der Bayern-Führung mittragen.« Hitzfeld ließ Vernunft walten. »Natürlich tat es mir für den

Menschen Elber weh, mich gegen sein Verbleiben in München zu entscheiden, Giovane ist ein Spieler, den die gegnerischen Verteidiger nur schwer ausrechnen können, er kam bei seinen Mannschaftskollegen stets gut an, gab sich kommunikativ, machte viel Spaß, war aber auch launisch, ab und an kokettierte er bewusst mit anderen Vereinen, um vor einer Vertragsverlängerung mit guten Karten am Tisch zu sitzen, ein Pokerspieler wie ich.« Giovane Elber, der in sechs Jahren für den FC Bayern 91 Tore schoss, ist ein Mensch, der viel Vertrauen braucht. »Ich habe ihn oft gelobt, weil ich wusste, Giovane braucht das, um optimale Leistungen zu erbringen«, versichert Hitzfeld, »ich konnte mit ihm auch über Fragen diskutieren, die nichts mit Fußball zu tun hatten, wir verstanden uns persönlich bestens, leider konnte ich nicht nach seinen Verdiensten handeln und warten, bis Elbers Vertrag im Sommer 2004 ausgelaufen wäre und mich erst dann um einen neuen Stürmer kümmern, das wäre naiv gewesen und hätte niemandem genutzt, dem Verein nicht, Giovane nicht, der immerhin einen weiteren Top-Vertrag erhielt.« In einem ausführlichen Gespräch erläuterte Ottmar Hitzfeld seinem scheidenden Stürmer die Entscheidung des FC Bayern München. Ende August 2003 spielte Elber zum letzten Mal im Bayerndress, ehe er zu Olympique Lyon wechselte.

Der 6. Spieltag der Saison 2003/04 brachte dem Meister im Olympiastadion bloß ein 3 : 3 gegen Leverkusen ein. Noch immer standen die Bayern nicht auf dem ersten Platz. Woran lag es? Ein 65-jähriger Fan schien es zu wissen. »Sehr geehrter Herr Hitzfeld«, begann er seinen sorgenvollen Brief an den Bayern-Trainer, »vor dem Spiel gegen Leverkusen stellte ich mit Schrecken fest, dass Sie wieder Ihren braunen Anzug trugen. Ich dachte, das kann nicht gut ausgehen. Immer wenn Sie braun gekleidet an der Seitenlinie standen, haben die Bayern schlecht gespielt, wenn nicht verloren. Bitte, ziehen Sie diesen braunen Anzug nicht mehr zum Fußball an. Er bringt nur Unglück.« Angesprochen auf diesen Brief, schmunzelt Ottmar Hitzfeld: »Nicht nur mein Anzug, sogar meine Schuhe waren braun.« – »Und diese ominösen Schuhe hast du dir von unserem Sohn Matthias geliehen«, lacht Beatrix Hitzfeld, »sie waren zwei Nummern zu groß. Das kommt davon, wenn man alles gleich aussortiert.« Tatsächlich trug der Bayerntrainer schon früher Brauntöne, zum Beispiel agierte er auch im Herbst 2002 beim Auswärtsspiel in der Champions League gegen La Coruna in einem eleganten braunen Mantel an der Seitenlinie. Prompt verlor der FC Bayern das Spiel. Der ältere Bayern-Fan war in Sachen »brauner Anzug« bei weitem nicht ein einsamer Rufer in der Wüste. In der Geschäftsstelle an der Säbener Straße trafen etliche Anrufe ein, Herr Hitzfeld möge doch bitte schön nicht mehr dieses fatale Braun tragen. Die Fans, die in dieser Angelegenheit ihre Sorgen ausdrücken, bekommen von der Farbpsychologie Rückenwind. Braun dämpft die Vitalkraft, sagen die »Gurus der Branche«. Nicht gerade geeignet für einen Trainer, der seine Spieler zu Höchstleistungen anzuspornen hat. Die farbpsychologische Aussage, ein Mensch trage braun, wenn er unsicher sei und Stabilität suche, entspricht in keiner Weise dem weit verbreiteten Bild, das die Menschen von Ottmar Hitzfeld haben. Ein Hitzfeld, der in 13 Jahren Bundesliga und nach mehr als fünf Jahren Bayern München so ziemlich alles durchlebt hat, was Deutschlands größter Zirkus bietet, kann nicht mehr so schnell aus der Bahn geschleudert werden. Die Wahl der braunen Farbe deutet überdies auch auf eine Eigenschaft hin, die dem Trainer der Bayern wohl jedermann attestiert: zweckbezogenes Denken und die Fähigkeit zu klarer Beurteilung.

Nach den beiden empfindlichen Niederlagen innerhalb von vier Tagen gegen Schalke in der Meisterschaft und gegen Olympique Lyon in der Champions League musste Trainer Hitzfeld reagieren, denn als nächster Gegner kreuzte Borussia Dortmund in München auf. Gegen den BVB durfte sich der Bayern-Trainer keine Niederlage mehr leisten. Ihm war klar, »jetzt muss ich ein Zeichen setzen, für eine Überraschung sorgen, die Mannschaft musste aus dem Alltagstrott herausgerissen werden, sie wurde von allen Seiten angegriffen.« Der FC Bayern fuhr in ein außerordentliches Trainingslager nach Rottach-Egern am Tegernsee. Für Ottmar Hitzfeld war das »die richtige Maßnahme zum richtigen Zeitpunkt, eine Intuition.« Gerade weil Hitzfeld schon über fünf Jahre Cheftrainer bei den Bayern ist und auch er sich darum bemühen muss, dass sich alltägliche Abläufe nicht abnutzen und die Spieler lähmen, zeigte er sich mit der Idee Tegernsee von seiner unkalkulierbaren Seite. »Ich wollte die Spieler abschotten, sie sollten nicht auf Schritt und Tritt mit negativen Einflüssen konfrontiert werden, es war dringend nötig, zur Ruhe zu kommen.« Die Tegernsee-Botschaft Hitzfelds an die Mannschaft lautete: »Ich vertraue jedem Einzelnen von euch voll und ganz! Jeder wird sich gegen Dortmund so konzentrieren, dass wir als Team stark sind! Jeder reißt den andern mit, es gibt keine Führungsspieler, jeder ist Führungsspieler! Alle seid ihr Nationalspieler! Ich appelliere an das Selbstbewusstsein eines jeden von euch!« Lauter aufbauende, positive Signale. »Beim ersten Training am Tegernsee spürte ich eine neue Konzentration«, erzählt Ottmar Hitzfeld, »ich hatte das Gefühl, die Spieler verstehen mich, sie haben begriffen, mehr noch: Sie haben akzeptiert.«

Am darauf folgenden Samstag schlug der FC Bayern die Borussia mit 4 : 1. Keine Spur von mangelnder Kondition, was schon als versteckter Vorwurf an die Adresse des Chefcoachs gerichtet wurde.

Wie schon fast genau ein Jahr zuvor reiste ausgerechnet die Dortmunder Borussia, das ehemalige Team von Ottmar Hitzfeld, wie ein frühzeitiger Weihnachtsengel an die Isar, um mit einer deutlichen Niederlage die Bayern zumindest wieder aufzubauen. Manager Michael Meier stellte im Fernsehen lapidar fest: »Der BVB scheint auf den FCB wie ein Talisman zu wirken.«

Ende November 2003 gastierte der 1. FC Köln im Münchner Olympiastadion. Für Ottmar Hitzfeld kein gewöhnliches Bundesligaspiel, war doch sein Kontrahent auf dem Trainersessel der »Geissböcke« einer seiner ehemaligen Spieler bei Grasshoppers Zürich. »Ich habe Marcel Koller schon lange nicht mehr gesehen«, sinniert Hitzfeld, »vor ein paar Jahren besuchte er uns während seiner Trainerausbildung eine Woche lang an der Säbener Straße, um unsere Trainingseinheiten zu studieren, im Jahre 2000 gelang es ihm, den FC

St. Gallen zum Schweizer Meister zu machen.« Hitzfeld gratulierte seinem einstigen Mittelfeldspieler zum Trainerjob in Köln. Wie im Falle von Matthias Sammer ergab sich schon wieder die spannende Konstellation »Schüler gegen Lehrer«. Koller gelang es allerdings, seinem früheren Chef ein 2 : 2 abzutrotzen. Hoch erfreut, einen Punkt aus München an den Rhein entführen zu dürfen, kam der sonst eher zurückhaltende Marcel Koller in Stimmung. »Bei allem Respekt gegenüber Ottmar«, erzählte er, »an eine kuriose Geschichte erinnere ich mich sehr gerne. Im Winter 1988/89 bestritten wir im Zürcher Hallenstadion ein Eishockeyspiel. Zum ersten Mal sahen wir Grasshoppers-Spieler unseren Chef in argen Nöten. Reichlich unsicher und mit zittrigen Knien stolperte Ottmar über das Eis, immer wieder bekundete er größte Mühe, seinen Stock richtig zu führen. Der Höhepunkt des Spaßes war, als unser Trainer zu einem Penalty anlaufen durfte, es dauerte ganze zwei Minuten, bis Ottmar vor dem gegnerischen Tor auftauchte, bis dahin musste er ein paar Mal stoppen, um das Gleichgewicht nicht zu verlieren. Irgendwie gelang es ihm dann unter tosendem Beifall, die Scheibe doch noch zu versenken.«

Vor 21 Jahren trat Ottmar Hitzfeld zum ersten Mal als Fußballlehrer vor eine Mannschaft. Ein Teil der damaligen Spieler des SC Zug war praktisch genauso alt wie ihr Trainer. Im Alter von 55 Jahren entspricht der Abstand zwischen Hitzfeld und seinen Spielern der Beziehung zwischen einem Vater und seinen Söhnen. Die Tatsache, Tag für Tag mit dem Kader zusammen zu sein, lässt Hitzfeld den Altersunterschied nicht als Graben empfinden. »Mit jungen Menschen zusammenarbeiten zu dürfen, werte ich als Privileg, mein Arbeitsumfeld ist geprägt von einer frischen Lebendigkeit, der Umgang mit meinen Spielern hält mich selber jung, ihre Herkunft aus den verschiedensten Erdteilen eröffnet spannende Horizonte, die mir als Lehrer vielleicht nicht offen gestanden hätten. Zugegeben, oft bin ich mit Problemen einzelner Spieler konfrontiert, die ich selber schon zehn- oder zwanzigmal durchlebt und zu denen ich eine gewisse Distanz entwickelt habe, aber es tauchen auch neue Herausforderungen auf, eine davon ist Sebastian Deisler.« Der Mittelfeldspieler musste sich im November in psychiatrische Behandlung begeben, ausgerechnet in einer Phase, in der seine Leistungskurve auf dem Platz deutlich nach oben wies. Hitzfeld nahm nach der Partie gegen den BVB mit Genugtuung zur Kenntnis, »der Knoten bei Sebastian ist geplatzt! Und dann dieser persönliche Schicksalsschlag! Sebastian liegt mir verständlicherweise ganz besonders am Herzen, er stammt auch aus Lörrach, ist ebenfalls Steinbock, mit seinem Vater habe ich die Schulbank gedrückt.« Ottmar Hitzfeld ist sehr erleichtert, seinen kranken Spieler bei Prof. Dr. Florian Holsboer in qualifizierten Händen zu wissen. »Jetzt geht es nicht darum, die schmerzliche Abwesenheit des Spielers Deisler zu beklagen«, macht Hitzfeld deutlich, »der Mensch Sebastian und seine vollständige Genesung stehen im Zentrum, Klubführung und Trainer stoßen dabei an Grenzen, wir sind keine Fachleute, die Sebastian Deisler bei der Lösung seiner schwierigen Lebensprobleme helfen können, ich freue mich auf den Tag, wenn er wieder voller Tatendrang und Freude für den FC Bayern seine Fußballschuhe schnürt.«

Jahrzehnte lang sind sie schon ein treues Paar, Ottmar und der Ball. So manche knifflige Aufgabe löste Stürmer Hitzfeld einst als Spieler auf dem Feld, Millionen kennen das Bild vom Mann aus Lörrach, der als Gentleman-Trainer von Erfolg zu Erfolg eilt, geschickt im Umgang mit seinen Spielern, clever im taktischen Bereich und souverän auf dem Parkett der Medien. Die Zeit wird kommen, da auch für Ottmar Hitzfeld das letzte Spiel gespielt, der letzte Ball ausgerollt ist und irgendwo auf einer Anzeigetafel die Abschiedsworte aufleuchten: *Ottmar, wir danken dir!* Diese eine Aufgabe steht dem Mann, der den Fußball seit Kindertagen innig liebt, noch bevor: Abschied zu nehmen vom Ball und ein Leben aufzubauen jenseits der Stadien, fern von Presseterminen, ohne täglichen Kontakt mit seinen Jungs auf dem Trainingsplatz.

Rituale helfen, Abschied zu nehmen. Vielleicht besucht Ottmar Hitzfeld noch einmal all die Stationen seines Wirkens; taucht an einem gewöhnlichen Tag an der Säbener Straße auf und sieht sich zusammen mit den Fans das Training des FC Bayern München an, steht unerkannt in gelb-schwarzer Fanbekleidung auf der Südtribüne des Westfalenstadions, an seiner Seite Sohn Matthias, der in den neunziger Jahren so manches Mal dort stand und seinem Vater die Daumen drückte; fährt mit der Straßenbahn zu einem Spiel des Grasshoppers Club Zürich, kauft sich vor dem Hardturm-Stadion eine Bratwurst und genießt das Derby, wird von den Verantwortlichen des FC Aarau eingeladen, vor einem Meisterschaftsspiel noch einmal den legendären „Aarau-Ankick" zu demonstrieren; hebt mit seinem Besuch einer Partie seines einstigen SC Zug die Moral des heutigen Teams, das inzwischen unter dem Namen Zug 94 ein bescheidenes Dasein auf dem letzten Platz der Amateurliga fristet; bittet seine Pokerfreunde ins Luzerner Hotel „Drei Könige" und frönt wieder einmal seiner alten Leidenschaft, eröffnet zusammen mit seiner Frau in Lugano ein Grotto und geht ab und an auf einen Sprung ins Stadio Cornaredo, wenn ihn die Sehnsucht nach Fußball packt; lädt in Stuttgart die Medienleute ein, die damals über ihn schrieben, und verteilt an sie noch einmal so feine Brötchen, von seiner Frau Beatrix liebevoll zubereitet; fährt eines Tages mit seinem Auto auf genau denselben Parkplatz, auf dem er 1971 vor seinem ersten Training mit dem FC Basel parkte, und schreitet schließlich gemessenen Schrittes noch einmal jenen Weg ab, den er einst im Laufschritt zurückgelegt hat: von der alten Basler Straße 20 zum Fußballplatz des TuS Stetten.

Champions-League-Finale Bayern München – FC Valencia 1 : 1 n.V.
Elfmeter 5 : 4
Mittwoch, 23. Mai 2001 in Mailand
Stadio Giuseppe Meazza: 74 500 Zuschauer (ausverkauft)

Die Mannschaften

FC Bayern München: Kahn, Kuffour, Andersson, Linke, Sagnol (46. Jancker), Effenberg, Hargreaves, Lizarazu, Salihamidzic, Elber (100. Zickler), Scholl (108. Sergio)

FC Valencia: Cañizares, Angloma, Ayala (89. Djukic), Pellegrino, Carboni, Baraja, Aimar (46. Albelda), Mendieta, Kily Gonzalez, Sanchez (66. Zahovic), Carew

Tore: 0:1 (3. Handelfmeter, Mendieta), 1:1 (50. Handelfmeter, Effenberg)
Elfmeterschießen: Sergio verschießt, 0:1 Mendieta, 1:1 Salihamidzic, 1 : 2 Carew, 2 : 2 Zickler, Zahovic scheitert an Kahn, Andersson scheitert an Cañizares, Carboni scheitert an Kahn, 3 : 2 Effenberg, 3 : 3 Baraja, 4 : 3 Lizarazu, 4 : 4 Kily Gonzalez, 5 : 4 Linke, Pellegrino scheitert an Kahn

Kommentar Ottmar Hitzfeld:

»Vor dem Endspiel in der Champions League lastete ein riesiger Druck auf dem gesamten Verein FC Bayern München. Wir haben die Top-Teams von Manchester United und Real Madrid ausgeschaltet und waren im Finale in Mailand die Favoriten. Nicht genug damit. Eine ungleich größere Belastung kam noch dazu. Zwei Jahre zuvor sind wir im Endspiel von Barcelona an ManU gescheitert. Diese Niederlage hinterließ tiefe Spuren und eine diffuse Unsicherheit. Das Herzschlagfinale in der letzten Meisterschaftsrunde, das dem FC Bayern in Hamburg die dritte Meisterschaft in Folge eintrug, verlieh meiner Mannschaft aber derart Flügel, dass sie an den Sieg in Mailand zu glauben begann. Entschlossen brannten die Spieler darauf, die Scharte von Barcelona auszuwetzen und nach 25 langen Jahren endlich wieder die beste Mannschaft auf dem Kontinent zu sein und München zur Fußballhauptstadt Europas zu machen. Ich habe nie damit gerechnet, schon nach zwei Jahren die Chance dazu zu bekommen. Alle Spieler, die Klubführung und ich zogen an einem Strick, wir waren überzeugt, die wertvollste Krone im europäischen Klubfußball zu holen.

Mit einem Elfmeter gegen uns fing das Finale für mein Team denkbar ungünstig an. Drei Minuten später bekamen wir einen Elfmeter zugesprochen. Mehmet Scholl scheiterte an Canizarez. Alles schien sich gegen uns zu verschwören. ›Barcelona‹ drohte, sich einzuschleichen. Normal bricht eine Elf in solchen Momenten zusammen. Die Mannschaft war aber so konzentriert und von Ehrgeiz gepackt, dass sie nicht lockerließ.

In der Halbzeit lagen wir 0:1 zurück, ich musste reagieren und taktische Maßnahmen ergreifen: Ich nahm Verteidiger Willy Sagnol raus, brachte Stürmer Carsten Jancker und beorderte Hasan Salihamidzic in die Abwehr, um von hinten Druck zu machen. Mehmet Scholl wollte ich nicht auswechseln, um keinen Sündenbock zu schaffen.

Die vollzogenen Wechsel verstärkten mit Beginn der zweiten Halbzeit den Glauben der Mannschaft, das Rad umdrehen zu kön-

nen. Vier Minuten nach Wiederbeginn zeigte der Schiedsrichter schon wieder auf den Elfmeterpunkt. Stefan Effenberg verwandelte den Strafstoß und bracht uns ins Spiel zurück. Bis zum Schluss der regulären Spielzeit waren wir die bessere Mannschaft, auch in der Verlängerung gab der FC Bayern den Ton an, Valencia war aber in der Defensive sehr stark, kein Wunder, kassierte das Team von Kollege Hector Cuper in dieser Champions-League-Saison die wenigsten Tore. Es war fast logisch, dass es zum Elfmeterschießen kam. Jeden Schuss, den Valencia dabei versenkte, fühlte ich wie einen Stich ins Herz. Eine solche Dramatik pur wie diese Endphase in Mailand habe ich in meiner ganzen Laufbahn nicht erlebt. Obwohl Paulo Sergio seinen Elfmeter in den Mailänder Nachthimmel schoss, Patrik Andersson den seinigen in die Arme von Cañizares, war ich total überzeugt, dass wir am Ende als Sieger vom Platz gehen. Letztlich haben wir unserem Torhüter Olli Kahn den Sieg in der Champions League zu verdanken.

Erst viele Stunden nach dem Schlusspfiff löste sich in mir ein bis anhin nie gekannter Druck. Dann war ich völlig ausgelaugt. Ein letztes Mal in der abgelaufenen Saison mobilisierte ich alle Kräfte, um den Triumph in München zu genießen.«

In der »Münchner Tageszeitung« vom 25. Mai 2001 war zu lesen: *Den Gaudimax zu spielen ist einfach nicht Hitzfelds Fall. Nie, zu keiner Zeit. [...] Gerade in bewegenden Momenten, fragt man sich, wo der Mensch Hitzfeld geblieben ist. Seine Mannschaft zelebrierte den Triumph im Stadion, er stand regungslos auf dem Feld. Ähnlich wie einst Franz Beckenbauer nach dem WM-Gewinn 1990. Zuerst schüttelte er Schiedsrichter Dick Jol die Hand, danach ging er von Spieler zu Spieler. Nur bei Olli Kahn hielt er sich länger auf. Tauschte ein paar Worte aus und umarmte ›den Held des Abends, bei dem wir uns bedanken müssen‹. Seine Untergebenen standen im Vordergrund, sie sollten den Augenblick genießen, er hielt sich zurück, obwohl ›ich sehr aufgewühlt war‹. Seine Arbeit war getan, das Ziel erreicht. Der Dank des Präsidiums folgte. Uli Hoeneß, Kalle Rummenigge und Franz Beckenbauer attestieren ihrem Ottmar einen gottesähnlichen Status. Um 23.46 Uhr reckte Effe den Henkeltopf in den Himmel, Hitzfeld schaute zu. Die Mannschaft lief die Ehrenrunde, Hitzfeld schaute zu. Als ob nichts geschehen wäre. [...] Stefan Effenberg musste fast Gewalt anwenden und Sammy Kuffour zu Hilfe nehmen, um den Coach in die Fankurve zu schleifen. Sie ließen ihn hochleben, er lächelte.*

Alle Erfolge von Ottmar Hitzfeld

Als Spieler

1972 Schweizer Meister mit dem FC Basel
Olympiateilnehmer DFB-Auswahl
1973 Schweizer Meister mit dem FC Basel
Torschützenkönig der Schweizer Nationalliga A
1975 Pokalsieger mit dem FC Basel
1977 Meister 2. Bundesliga mit dem VfB Stuttgart und Aufstieg
1979 B-Meister mit dem FC Lugano und Aufstieg

Als Trainer

1984 B-Meister mit dem SC Zug und Aufstieg
1985 Pokalsieger mit dem FC Aarau
1989 Pokalsieger mit Grasshoppers Zürich
Supercupsieger
1990 Schweizer Meister mit Grasshoppers Zürich
Pokalsieger mit Grasshoppers Zürich
1991 Schweizer Meister mit Grasshoppers Zürich
1994 Trainer des Jahres in Deutschland
1995 Deutscher Meister mit Borussia Dortmund
Supercupsieger
Trainer des Jahres
1996 Deutscher Meister mit Borussia Dortmund
Supercupsieger
Trainer des Jahres
1997 Champions-League-Sieger mit Borussia Dortmund
Welt-Clubtrainer des Jahres
1998 Ligapokalsieger mit dem FC Bayern München
1999 Deutscher Meister mit FC Bayern München
Ligapokalsieger
Trainer des Jahres

2000 Deutscher Meister mit Bayern München
Pokalsieger
Ligapokalsieger
Trainer des Jahres
2001 Champions-League-Sieger mit Bayern München
Deutscher Meister mit Bayern München
Weltpokalsieger
Welt-Clubtrainer des Jahres
Bester Trainer der Champions League

Dank an

René Baumann, Franz Baur, Franz Beckenbauer, Helmut Benthaus, Dr. Peter Bosiljanoff, Otto Demarmels, Eugen Desiderato, die Direktion für Bildung und Kultur des Kantons Zug, Stefan Effenberg, Andy Egli, Uwe Fajga, Franz Friedrich Fischer, Beat Ghilardi, Fredi Gröbli, Martin Hägele, Peter Hausherr, Michael Henke, Peter Herzog, Bernd Hitzfeld, Vroni Hitzfeld, Volker Hitzfeld, Dr. Winfried Hitzfeld, Uli Hoeneß, Werner Hofstetter, Markus Hörwick, Christoph Hunziker, Oliver Kahn, Yvonne und Thomas Koller, Ruedi Kuhn, Iso Lenzlinger, Petra Lozza, Lars Lunde, Kurt Mäder, Michael Meier, Dr. Hans-Wilhelm Müller-Wohlfahrt, Günter Netzer, Dr. Gerd Niebaum, Rolf Osterwalder, Fritz Peter, Alexander E. Räber, Peter Ramseier, Dr. Christian Raschle, Freddie Röckenhaus, René Ritter, Karl-Heinz Rummenigge, Matthias Sammer, Werner Schepperle, Ludger Schulze, Philipp Selldorf, Dr. Stefan Sonderegger, Kurt Staub, Dr. Knut Stirnemann, Edouard Stutz, Dr. Peter Treyer, Erich Vogel, Fredy Wettstein, Paul Wolfisberg, Ruedi Zahner

Mein besonderer Dank an

Ottmar und Beatrix Hitzfeld, die mir geduldig Rede und Antwort standen, meiner Frau Elisabeth, die mich in den beiden Jahren des Entstehens dieses Buches ertragen und unterstützt hat, und Daniel Imboden, der mich immer wieder kritisch vorantrieb oder bremste, je nach Spielstand.

Bildnachweis:

Privatarchiv Ottmar Hitzfeld: Seite 19, 21, 22, 30, 32, 34/35, 36, 49, 50, 56, 58, 61, 62, 65, 75, 77, 80, 81, 91, 101, 106, 123, 124, 129, 131, 142, 149, 169, 198, 201, 207, 209, 231, 273, 297, 325
Pressefoto Rauchensteiner: Seite 253, 258, 267, 268, 283, 287, 292, 298, 299, 311, 314
Ullstein Bilderdienst: Seite 291, 305
Blick Sportredaktion: Seite 178, 182
Pressebild Kurt Schmidtpeter: Seite 55
Pressefoto Willi Klemm: Seite 78
Otto Lüscher: Seite 165
Sportphoto FIRO: Seite 263
Bernd Feil/M.i.S.: Seite 317
Dr. Peter Bosiljanoff: Seite 251
BONGARTS/Martin Rose: Seite 327

Der Verlag hat sich bemüht, sämtlichen urheberrechtlichen Ansprüchen gerecht zu werden. Sollten Ansprüche dabei versehentlich nicht berücksichtigt worden sein, so bitten wir um Kontaktaufnahme mit dem Verlag.

Wolfgang Hars
Männer wollen nur das Eine und Frauen reden sowieso zu viel
Eine Faktensammlung
Band 15695

Sind Männer intelligenter als Frauen? Können Frauen rechts und links nicht auseinanderhalten? Sind Frauen eifersüchtiger als Männer? Wollen Männer immer nur das Eine? Fragt ein Mann nie nach dem Weg? Sind Blondinen dumm? Erben Söhne ihre Intelligenz vom Vater? Wolfgang Hars klärt auf!

»Die Ergebnisse seiner Recherche stehen jetzt in einem Buch, das klein genug ist, um es in der Jackentasche zu tragen, und unterhaltsam genug, um in der Kneipe daraus vorzulesen.«
Der Spiegel

Fischer Taschenbuch Verlag

fi 15695 / 1

Florian Illies
Anleitung zum Unschuldigsein
Band 15696

Wenn »Generation Golf« das Tagebuch einer vergangenen Kindheit und Jugend war, dann ist »Anleitung zum Unschuldigsein« die Reise in unser inneres Absurdistan, in dem uns die Gewissensbisse täglich lustvoll quälen. Dieses Buch zeigt Wege zurück in die Unschuld. Mit vielen tollen Übungen!

»Eine hochkomische Lektüre.«
Die Welt

»Ein Buch, das man auswendig lernen sollte!«
Rheinischer Merkur

»Nie waren Schuldgefühle schöner.«
Amica

Fischer Taschenbuch Verlag

fi 15696 / 1